『통보』60년의
여정

『통보』 60년의 여정

박세욱 · 이연주 번역 및 주석

한국학술정보

『통보』를 읽기 전에

『통보』('T'oung pao', '퉁바오')는 말 그대로 지식인들이 '전쟁'하는 방법을 보여주는 저널이다. 그리고 이들의 '전쟁'에서 소위 인문학은 문·사·철에 국한되지 않는다. 동아시아의 정치, 경제, 고고학, 인류학, 민족학, 민속학, 종교, 역사, 언어, 문학, 음악, 미술, 수학, 천문학이 마치 '태극'처럼 『통보』에 어우러져 있다. 따라서 일독만으로도 서구 유럽인들이 관심사가 어디에 있었고, 무엇을 위한 '경쟁'이었는지를 확인할 수 있을 것이다. 더불어 한 걸음 더 나아가, 『통보』에 읽힌 한국은 그들에게 어떤 모습이었을까 하는 물음을 던지며, 지금까지 우리의 연구를 돌아보게 한다.

유럽인들이 중국에 출현하면서부터 중국어는 알파벳으로 표기되어야 했다. 그래도 가장 체계적인 시도라면 1607년 마테오 리치가 북경에서 간행한 『서자기적西字奇跡』일 것이다. 이러한 필요성은 19세기 두 영국 외교관이자 중국학자의 손에서 완성되었다. 토마스 프랜시스 웨이드Thomas Francis Wade(1818~1895)는 1864년부터 베이징에서 공사대리를 담당했고, 1883년 은퇴할 때까지 특사, 전권대사, 중국 주재 영국 무역 최고 감독관으로 활약했다. 1867년 그는 베이징 중국어 교재 『Yü-yen Tzǔ-erh Chi語言自邇集』(런던, 트뤼브너 출판사)을 내면서 중국어를 로마자로 표기하는 시스템을 개발했

다. 이러한 웨이드의 중국어 표기 방식은 영국의 외교관이지 중국학자였던 허버트 알렌 자일스Herbert Allen Giles(1845~1935)에 의해 완성되었다. 그 결과물이 바로 1892년 런던에서 출판된 『중-영 사전A Chinese-English Dictionary』이다. 이로써 우리는 이들의 표기법을 '웨이드-자일스 표기법'이라 부른다. 이 표기 방식은 1980년대 후반까지 서양 언어로 작성된 중국 관련 텍스트에 적용되었다. 심지어 리치 연구소利氏學社에서 1990년 편찬한 『중국어 프랑스어 사전漢法綜合辭典』에도 웨이드 자일스 표기 방식이 적용되었다. 중국에서 개발한 표기인 '한어 병음漢語拼音'은 1956년 공식화되었지만, 이 방식이 보편 적용되기까지는 반세기를 기다려야 했다.

『통보』에 기고한 중국학 학자들의 국적은 다양했다. 주로 프랑스, 독일, 네덜란드, 영국 순으로 보면 무리하지 않다. 자일스의 사전이 1892년 출간되기 두 해 전에 『통보』는 창간되었고, 다른 국적의 학자들 사이에 그들만의 표기 방식이 존재했다. 예를 들어 1902년 극동 프랑스학교에서 발표한 표기법이 있었고, 1930년대에는 세인트 페테르부르크 소비에트 동방 연구소에서 개발한 방식도 있었다. 요컨대, 『통보』 속의 자료들은 웨이드-자일스 방식으로도 통일되지 않았다. 게다가 이제 웨이드-자일스 방식의 표기는 알아보기 어렵게 되었다. 따라서 이들이 '필사적'으로 연구하고 기록한 극동의 자료들은 그 가치와 의미를 되새기기 힘들어졌다. 이것이 본서와 같은 정리된 자료집이 필요한 이유이다.

『통보』의 전체 서명은 "동아시아(중국, 일본, 한국, 인도차이나, 중앙아시아 그리고 말레이시아)의 역사, 언어, 지리 그리고 민족학 연구를 위한 아카이브Archives pour servir à l'étude de l'histoire, des langues, la geographie et l'ethnographie de

l'Asie Orientale (Chine, Japon, Corée, Indo-Chine, Asie Centrale et Malaisie)"이다. 참고로 자일스의 사전에 『통보』의 '통通' 자는 't'ung'으로 표기했다(1,211쪽). 따라서 서명으로 사용한 't'oung'과는 다른 표기이다. 'u'를 'ou'로 표기하는 것은 프랑스인들의 발음 방식이다. 이 전체 명칭으로부터 우리는 '통通' 자의 의미가 유럽과 동아시아의 '소통'임을 확인할 수 있다. 다시 말하자면 유럽의 지식인들은 이 정기 간행물을 통해 동아시아의 문화를 이해하는 교량으로 삼았다. 물론 양방향이 아니라 '서西'에서 '동東'으로의 일방통행이었지만 말이다. 또한 여기 '동아시아'의 범주 속에 '인도'를 넣지 않고 있다는 점에 주목할 필요가 있다.

『통보』의 초대 두 편집장은 네덜란드 중국학자이자 자연사 학자였던 구스타프 슐레겔Gustaaf(Gustav)Schlegel(1840~1903)과 프랑스 동양학자였던 앙리 코르디에Henri Cordier(1849~1925)가 맡았다. 창간 당시 슐레겔은 라이덴 대학의 중국어 교수였고, 코르디에는 파리 동양어 특수 대학École spéciale des Langues orientales의 교수로 있었다. 이들은 1889년 오슬로에서 두 편집장과 두 편집인으로 출발하여, 이듬해 네덜란드 라이덴에서 창간호를 간행했다. 그러나 '통' 자의 발음 표기는 향후 이 저널의 중심이 어디에 있을지를 예고했다.

확실히 19세기 프랑스 파리는 동양학 연구의 중심이었다. 그들은 이미 1822년 연 2회 발간하는 『아시아 저널Journal asiatique』을 가지고 있었다. 이 간행물의 전체 명칭은 "동양 민족들의 역사, 철학, 언어 그리고 문학에 관한 요약, 설명, 논문집Recueil de Mémoires, d'Extraits et de Notices relatifs à l'Histoire, à la Philosophie, aux Langues et à la Littérature des Peuples Orientaux"이다. 이 저널의 창간호에서 확인할 수 있는 것처럼, 프랑스어로 쓰였고, 아랍과 인도를 중심에 두

고 있다. 그러나 프랑스 동양학자들은 더 다양한 학자들의 목소리와 극동아시아에 중점을 둔 논고들을 실을 공간이 필요했다. 그만큼 19세기 후반 극동의 시장성은 커져 있었기 때문일 것이다. 이러한 목적성은 『통보』 창간호에 실린 두 편집장, 앙리 코르디에와 구스타프 슐레겔의 알림 글에서 분명하게 드러난다.

> 우리가 새로운 저널을 창간하는 것은 사적인 허영심 때문도 아니고, 이미 존재하는 아시아 정기 간행물의 숫자를 무용하게 늘리려는 욕심 때문도 아니다. 단지 우리가 출간하는 저널이 극동의 사람들을 연구하는 데 있어서 어려운 결함들을 채워줄 것이라는 확신 때문이다.

> 우리는 이 새로운 저널이 중국학자뿐만 아니라 중앙아시아, 인도차이나 그리고 말레이시아의 민족들이나 옛날부터 서아시아에 살았던 지금은 사라진 민족들을 연구하는 학자들에게 주목받을 수 있다고 확신한다.

『통보』는 2024년 제110책으로 이어지며 발간되고 있다. 이 '110책'은 1900년부터 헤아린 숫자이다. 이전 1890~1899년, 10년, 10책은 첫 번째 시리즈이다. 따라서 전체는 '120책'인 셈이다. 권수가 1900년부터 다시 시작하므로, 편의상 '구'와 '신'으로 표기하도록 한다. 그렇다면 왜 1900년부터 권수를 다시 메기며 새 출발 했을까? 아마도 구『통보』의 논문 채택을 둘러싸고 이런저런 말들이 오갔던 것 같다. 다음은 『통보』의 초대 편집장의 한 사람인 앙리 코르디에가 쓴 신『통보』의 서문이다.

> 우리는 이 학술지의 두 번째 10년을 시작합니다. 같은 편찬자와 같은 교정자

들이[1] 1889년 요람을 크리스티아나Christiania(오슬로)에 두었다가 이듬해 라이덴으로 최종 확정된 이 간행물을 이끕니다. 우리는 우리의 학술지가 특히 학문적 성격을 유지하려 노력할 것입니다. 우리는 공정하기를 원했지만, 이러한 공정성에도 학문의 엄격함을 이기지 못하고, 이따금 불만과 갈등을 일으키기도 합니다. 이것이 바로 현재의 역사이고, 과거의 역사였으며, 미래의 역사일 것입니다. 어쨌든 우리는 결코 허영심이나 사적인 원한을 품고 (감정으로) 논고를 채택한 적이 없으며 우리의 평가는 말할 것도 없습니다.

그러나 실수하는 것이 인간입니다errare humanum est. 간혹 우리가 틀렸을 수도 있었을 것입니다. 우리의 글을 읽어주셨던, 바라는 바지만, 우리의 글을 또 오랫동안 읽어주실 분들의 양해를 구합니다.

프랑스 중심 『아시아 저널』의 한계를 극복하고자 탄생시킨 이 신생 『통보』는 10년 동안 안정을 취하지 못했다. 그 원인은 무엇보다도 내용의 부실함이었다. 출발은 중국학을 지향했지만, 중국의 고문을 읽어낼 두 편집장의 능력이 부족했다. 이들 중 구스타프 슐레겔은 라이덴에서 일본학 학자 요한 요셉 호프만Johann Joseph Hoffmann(1805~1878)에게 일본어와 중국어를 배웠다. 1857년 한 차례의 중국 여행을 통해 자연사의 표본를 확보했고, 1861년 푸저우와 광저우 방언을 배운 뒤 이듬해 자카르타 바타비아 통역관으로 일했다. 한편 앙리 코르디에는 1869년 20세 때 상하이 영국 은행에서 일하면서 현지 신문을 발간했고, 황립 아시아 협회Royal Asiatic Society의 북중국 분야 사서를 지냈으며, 1876년경 파리로 돌아왔다. 이 두 편집장은 사실 중국 전문학자들이 아니었다. 중국학 학술지로서의 실질적인 출발은 에두아르 샤반

---

1   이 학술지의 실무 편집자는 데 스톱펠라르P. de Stoppelaar와 반 우르트A. P. M. van Oordt였다고 위의 서문 주석에서 밝혔다.

Édouard Chavannes(1865~1918)의 참여로 시작되었다.

샤반은 편집장의 한 사람인 구스타프 슐레겔이 1903년 고혈당 질환으로 죽자 1904년(제5책)부터는 부편집장으로 참여한 프랑스의 중국학자이다. 결국 출발과는 달리 두 명의 프랑스 학자가 『통보』를 이끌었는데, 샤반은 중국 자료를, 코르디에는 유럽 자료를 다루었다. 확실히 샤반의 논고들은 이전 슐레겔의 논문들과 비교할 수 없는 높은 수준이었다. 『통보』는 이제 명실상부한 중국학 전문 학술지로 거듭났다. 이후 샤반이 1918년에 죽고 1919~1920년(제19책)까지는 코르디에가 혼자 담당하다가 이듬해 1921년(제20책)부터 프랑스 학자인 폴 펠리오Paul Pelliot(1878~1945)가 부편집장으로 합류했는데, 『통보』는 이때부터 도약의 시기를 맞아 유럽의 자료와 중국의 자료들이 잘 어우러지며 양방향으로 '통通'했다. 그러나 이 찬란한 영광은 오래가지 못하고 주 편집장이었던 코르디에가 1925년(제24책)에 죽음에 따라 폴 펠리오가 주 편집장이 되어 혼자서 『통보』를 이끌었다. 그러다가 1937년(33책)부터 네덜란드 중국학자 얀 율리우스 로드베익 뒤벤다크Jan Julius Lodewijk Duyvendak(1889~1954)가 부편집장으로 참여했는데, 뒤벤다크는 1910년부터 파리로 옮겨 에두아르 샤반과 앙리 코르디에에게 수학하며 중국학을 심화시켰다. 그러나 뒤벤다크의 실력은 펠리오의 권위와 명성을 넘어서지 못했으며, 그의 합류 뒤에도 신 『통보』는 프랑스 학자들, 특히 펠리오에 크게 좌우되었다.

한편 1900년 프랑스는 하노이에 극동 프랑스학교École Française d'Extrême-Orient를 세우고 이듬해 창간된 『극동 프랑스학교 학보Bulletin de l'École française d'Extrême-Orient』가 더 전문적이면서, 특히 현지에서 동아시아의 정보와 연구

를 쏟아내기 시작했다. 따라서 20세기로 접어들면서, 『통보』는 새로운 전환점이 필요했다. 그러나 『통보』는 두 차례의 전쟁에서도 저력을 보였다. 전통의 『아시아 저널』이 연 2회 발간하는 것과는 달리 『통보』는 연 5회(3, 5, 7, 9, 12월) 간행되어 그만큼 빠르게 최신 정보를 전하고자 했다. 『통보』 각호는 대체로 다음과 같이 구성되었다.

1. '중심 논문': 중심 논문들을 구 『통보』, 제2책(1891년)부터 '심층 논문 Articles de Fonds'이라고 표기했으나, 이 표제는 다음 해(1892년) 3책 3호부터 사용하지 않았다. 중심 논문들을 제일 먼저 배치하는 것에 그쳤다.

2. 단편 모음Mélanges: 이 난은 짧은 논고나 단상을 모아 놓았다. 다른 잡지에서 발표된 동아시아 관련 기사들도 발췌하여 수록하기도 했다.

3. 잡록Variété: '단편 모음'과 구분이 어렵다. 이 난은 제23책(1924년), 4호를 마지막으로 없어졌다. 이전에는 주로 국제동양학자 학술대회 보고나 예고가 주로 실렸고, 동아시아와 관련된 시사적 문건들도 채록되기도 했다.

4. 소식Chronique: 이 난은 동아시아와 관련된 최신 정보나 소식을 나라별로 기술했다. 당시 독자들에게 가장 호기심을 자극했을 것으로 추측되는 이 난은 제23책(1924년) 5호부터 명목은 유지하지만, 이전 나라별로 기술하던 방식을 버리고, 편집장이었던 펠리오의 손에서 학계의 동향을 한두 페이지로 기술하는 것으로 그쳤다. 한마디로 유명무실해졌다. 이마저도 제27책(1930년), 4-5호에서 종언을 고한다. 사실 이 부분이 '우리'가 가장 주의 깊게 들여다봐야 할 코너이다. 특히 1890~1910년의 소식란은 한국 서울의 정황을 실시간으로 전하고 있다는 점에서 매우 중요하다.

5. 통신Correspondance: 동아시아와 관련된 서간문 코너로, 주로 동아시아를 여행 중이거나 탐사 중인 학자들이 보낸 서신이나 보고서 등을 수록했다. 이 난은 제18책(1917년) 3호를 마지막으로 끝난다. 우리가 보기 어려운 서신 원문을 보여주는 점에서 그 의미를 찾을 수 있다. 특히 1910년대 프랑스와 중국 정부 사이에 오간 공문들도 보인다.

6. 고인의 약력 또는 부고Nécrologie: 서양의 동양학자 또는 중국학자들의 죽음을 알리는 난이다. 망자의 업적이나 주요 행적을 요약했다. 이를 통해 우리에게 알려지지 않았던 유럽의 동아시아 관련 학자들의 행적을 추적할 수 있다.

7. 서평란Bulletin critique: 동아시아 관련 도서나 논문을 해제하는 난이다. 주로 편집장이 서평을 집필했다. 따라서 편집장이 얼마나 연관 도서들에 대해 정확한 독해력을 가졌는지를 가늠해 볼 수 있는 코너이다. 간행된 수많은 연관 도서 중에서 편집장이 읽은 책들은 한정적일 수밖에 없었다. 그가 어떤 책을 선택했는지는 당시 『통보』의 편집 방향과 자신의 연구 방향과 같은 선상에 있었다. 당시 학술적 흐름을 추적하는 데 매우 중요한 가늠자가 된다. 이 난은 역시 제23책(1924년) 5호를 마지막으로, 아래 소개할 '도서 목록Bibliographie'과 통합되었다.

8. '도서 목록Bibliographie': '비블리오그라피'란 크게 '서지학', '참고문헌', '도서 목록'을 의미한다. 제23책 이전까지는 '도서 목록'이 적합하다. 그러나 제23책 이후부터는 「서평란」이 없어지고 통합되면서, 해설을 붙인 서지학에 가깝다. 이제 서지학 코너에는 상당히 심층적 해설을 붙인 서평과 제21책(1922년) 4호부터 이 코너에 등장하는 '서지학적 주석Notes bibliographiques'이 중심을 이루었고, 구『통보』제9책(1898년) 2호부터

등장하는 '신간 도서Livres Nouveaux'가 실렸다. 1926년부터 펠리오가 단독 편집장이 되면서 이 서지학 코너는 한 편의 논문에 가까운 서평들이 쏟아졌다. 이는 오늘날까지 관련 학자들에게 좋은 연구 실마리가 되고 있다. 당시 펠리오가 『통보』에 발표한 논문들 대부분이 간행된 도서에 대한 서평 형식의 논고들이었다.

9. 질의응답Notes and Queries: 이 코너는 독자들이나 회원들의 난제 또는 관심사에 대한 물음과 답변으로 구성되었다. 상당히 흥미로운 이 난은 제20책(1921년) 5호로 없어졌다. 바로 펠리오가 부편집장으로 참여한 다음 해의 일이다. 이후는 정오표, 색인 순으로 구성되었다.

『통보』의 중심은 신『통보』이고, 이 신『통보』의 핵심은 샤반과 펠리오의 『통보』이다. 그러나 구『통보』의 10년 또한 그 자체로 의미가 있다. 이 시기 구스타프 슐레겔의 중요 성과는 무엇보다도, 1898년 3호부터 시작된 바로 중국 역사서에서 직접 동남아 연관 기술을 찾아내 지리학적 설명Geographical Notes을 시도한 작업일 것이다. 그의 고증과 추정은 많은 오류를 남겼지만, 그의 초보적 논고들은 중요한 첫걸음이었다. 슐레겔의 원고는 프리드리히 히어트Friedrich Hirth(1845~1927)의 『제번지 역주Chau Ju-Kua: his work on the Chinese and Arab trade in the twelfth and thirteenth centuries, entitled Chu-fan-chï』와 연관 연구로 이어졌고, 뒤벤다크의 『마환 영애승람Ma Huan re-examined』으로 이어졌다. 또 구스타프 슐레겔은 중국 본토보다는 중국 주변에 더 많은 관심을 보이면서 한국 소식과 연구가 집중적으로 모이고 있었다는 점에서 구『통보』의 가치는 충분하다. 예를 들어, 1898년 모리스 쿠랑Maurice

---

1 이 '신간 도서' 코너는 제24책(1925~1926년)부터 '새로 들어온 책들Livres reçus'로 명칭을 바꾼다.

Courant(1865~1935), 「9세기까지의 한국-일본과의 관계 및 일본 문명 기원에 대한 영향La Corée jusqu'au IXe siècle-Ses Rapports Avec le Japon et son Influence sur les Origines de la Civilisation Japonaise」, 1900년 「한국 종교의 개요 및 역사Sommaire et historique des cultes Coréens」 등이 수록되었다. 마지막으로 구 『통보』 소식란에 전해진 한국 서울의 실시간 소식들은 우리의 근대사 연구에 중요한 자료이다.

우리는 60년에 걸친 『통보』의 자료 목록들을 번역하고 이해를 위해 간략한 주석을 붙이는 데 그쳤다. 원래의 바람이라면, 여기에서 더 나아가 각 게재물에 대한 해제를 붙이고 한국 관련 자료를 모두 번역하여 실었으면 했다. 그러나 너무나 품이 많이 드는 작업이고, 다양한 분야를 두루 섭렵하기에 두 사람은 역부족이었다. 수록된 모든 자료에 대한 해제와 한국 관련 자료의 번역 작업은 다음 기회로 미루기로 한다. 우리의 작업은 첫걸음에 불과할 뿐이다. 이를 토대로 『아시아 저널』과 『극동 프랑스학교 학보』로까지 나아가, 학문 소통의 더 큰 장이 마련되기를 고대한다. 이 책의 운명은 그렇게 결정될 것이다.

마지막으로 우리의 텍스트를 성실하게 읽고 독일어 부분을 교정해 주신 배정호 철학박사님께 감사드린다. 그리고 여러 어려운 여건에도 우리의 노력에 함께 해 준 한국학술정보의 인문학적 혜안에 경의를 표한다.

본 작업에 대한 세심한 지적과
많은 참여를 갈망하며

2024년 7월
박세욱 · 이연주

차 례

머리말: 『통보』를 읽기 전에 …………………………………………… 04

구 『통보』 (1890~1899)

구 『통보』 제1책 (1890) ……………………………………………… 21

구 『통보』 제2책 (1891) ……………………………………………… 30

구 『통보』 제3책 (1892) ……………………………………………… 40

구 『통보』 제4책 (1893) ……………………………………………… 49

구 『통보』 제5책 (1894) ……………………………………………… 59

구 『통보』 제6책 (1985) ……………………………………………… 71

구 『통보』 제7책 (1896) ……………………………………………… 81

구 『통보』 제8책 (1897) ……………………………………………… 93

구 『통보』 제9책 (1898) ……………………………………………… 103

구 『통보』 제10책 (1899) …………………………………………… 111

신 『통보』 (1900~1950)

신 『통보』 제1책 (1900) ……………………………………………… 123

신 『통보』 제2책 (1901) ……………………………………………… 134

일러두기

- 본서는 구『통보』(1890~1899년) 10책과 신『통보』(1900~1950년)의 39책, 총 49책, 60년 간의 연구 목록을 번역하고 이해를 위해 약간의 주석을 붙인 책이다. 주로 프랑스 국립도서 관 아카이브 갈리카Gallica에서 제공하는 41책과 브릴Brill 출판사에서 운영하는 아카이브 DB를 활용했다.
- 향후 검색이 가능하도록 가능한 한자를 넣어 번역했다.
- 고유명사의 한글 표기는 국적에 따라 그 나라의 언어에 맞게 발음 표기했다. 그러나 이미 우 리에게 굳어진 표기는 그대로 따랐다.
- 인명 표기는 가능한 전체 성명을 찾아 표기하고 생몰연대를 붙였다.
- 역자들이 추가로 표기한 정보는 {} 사이에 표시했다.
- 책은 '『』', 논문이나 편은 '「」'로 표기했다. 표기가 중복되는 경우는 홑따옴표로 표기한 곳도 있다.

CONCORDANCE DES VOLUMES ET DES ANNÉES
DU T'OUNG PAO

Volumes	Années	Volumes	Années	Volumes	Années
A I	1890	VII	1906	XXIII	1924
A II	1891	VIII	1907	XXIV	1925-1926
A III	1892	IX	1908	XXV	1927-1928
A IV	1893	X	1909	XXVI	1929
A V	1894	XI	1910	XXVII	1930
A VI	1895	XII	1911	XXVIII	1931
A VII	1896	XIII	1912	XXIX	1932
A VIII	1897	XIV	1913	XXX	1933
A IX	1898	XV	1914	XXXI	1934-1935
A X	1899	XVI	1915	XXXII	1936
I	1900	XVII	1916	XXXIII	1937
II	1901	XVIII	1917	XXXIV	1938
III	1902	XIX	1918-1919	XXXV	1939
IV	1903	XX	1920-1921	XXXVI	1940-1942
V	1904	XXI	1922	XXXVII	1942-1944
VI	1905	XXII	1923		

신 「통보」, 제37책-별책(1944),
총 색인에 붙어있는 연대와 권수 대조표

通報

구 『통보』

(1890~1899)

通 報

T'oung pao

ARCHIVES

POUR SERVIR À

L'ÉTUDE DE L'HISTOIRE, DES LANGUES, DE LA GÉOGRAPHIE ET DE L'ETHNOGRAPHIE DE L'ASIE ORIENTALE

(CHINE, JAPON, CORÉE, INDO-CHINE, ASIE CENTRALE et MALAISIE).

RÉDIGÉES PAR MM.

GUSTAVE SCHLEGEL

Professeur de Chinois à l'Université de Leide

ET

HENRI CORDIER

Professeur à l'École spéciale des Langues orientales vivantes et à l'École libre des Sciences politiques à Paris.

Vol. I.

LEIDE, E. J. BRILL. 1890.

구 「통보」 (1890~1899)

구 『통보』
제1책 (1890)

──── 제1호 (1890) ────

I~IV 편집장들의 일러두기Avertissement des directeurs

1~14 프리드리히 히어트Friedrich Hirth(1845~1927), 「중국의 종이발명 die Erfindung des Papiers in China」

15~28 앙리 코르디에Henri Cordier(1849~1925), 「18세기 미얀마의 프랑스인들les Français, en Birmanie au XVIIIe siècle」[1]

29~40 구스타프 슐레겔Gustav Schlegel(1840~1903), 「중국 캡틴 여기태呂岐太에 대한 중국인 탄-이옥-보Tan-Iok-po의[2] 격문Philippica des Chinesen Tan-Iok-po, Gegen den Kapitän der Chinesen Li-Ki-Thai」

41~55 앙리 르뒥Henri Leduc, 「통킹을 통해 윈난까지Au Yun-nan par le Tong-king」[3]

---

1 앙리 코르디에의 이 연재물에는 다음과 같은 주기 사항이 딸려있다. 해군성과 식민성의 기록물에 따랐다고 하며, 첫 번째 편은 1782년 2월 12일~1786년 3월 28일까지 군함 부함장을 지낸 플루에스Sr. Flouest의 명에 따른 수송선 '로이 라 발렌Roy la Baleine'호의 수행 일지에서 발췌했다고 하며, 페구Pégu 왕국, 관습, 샤랑트 마리팀 사람들, 종교, 관례 그리고 이 파이스Paijs 주민들의 교역에 관한 기술을 붙였다고 밝혔다.

2 슐레겔이 '탄-이옥-보'로 발음 표기한 사람은 39쪽에 실린 원문의 서명에 따르면, '진욕보陳欲報'로 되어 있다.

3 이 기록은 1890년 1월 30일 파리에서 작성되었다. 47쪽부터 1890년 1월 28일 프랑스 공화국 회보, no 27에 발표된 로쉐Rocher의 「운남으로의 여행에 관한 기술Notes sur un voyage au Yun-nan」이 딸려있다.

잡록Variété

56~62   국제동양학자 학술대회Congrès internationaux des orientalistes - 앙리 코
           르디에(다음에 계속됨)

소식Chronique

63~65   독일; 영국; 벨기에; 프랑스; 일본; 네덜란드와 네덜란드 식민지

고인의 약력 또는 부고Nécrologie

66~68   대령 헨리 율 경Colonel Sir Henry Yule(1820~1889) - 앙리 코르디에

68   빠베 드 꾸르테이Pavet de Courteille(1821~1889) - 앙리 코르디에

69~70   피터 안톤 틸레Pieter Anton Tiele(1834~1889) - 구스타프 슐레겔

70~72   모리스 자므텔Maurice Jametel(1856~1889) - 샤를 쉐퍼Charles
           Schefer(1820~1898)

72~74   파브르 신부M. l'Abbé Favre(1812~1887) - 샤를 쉐퍼

서평란Bulletin critique

75~76   『안남 제국과 안남 민족L'Empire d'Annam et le peuple Annamite』(파리,
           1889) - 구스타프 슐레겔

76~79   {진계동陳季同(1851~1907)}의 『중국 이야기Contes Chinois』(파리,
           1889) - 구스타프 슐레겔

79~86   『노복 진주삼珍珠衫과 당나라 해원解元 | La tunique de perles, Un
           Serviteur méritant, et Tang, le Kiai-youen』(파리, 1889) - 구스타프 슐
           레겔

87~94   앙리 코르디에, 도서 목록Bibliographie[1]

---

1   앙리 코르디에게 기획한 란으로 1889년간 출간된 주요 도서, 리뷰 기사, 학회지 등등의 목록이라는 설명
     이 딸려있고, 별도의 주석에는 이 '도서 목록' 코너는 매년 갖추어 낼 것이다. '*'으로 표기한 저술들은 우

질의응답Notes and Queries

95~96   1. 『사림광기事林廣記』에 나오는 용어 설명; 2. 중국의 인구; 3. 프리드리히 히어트의 『중국과 동로마China and the Roman Orient』에서 아직 확인되지 않은 용어나 산물들에 관한 설명

──── 제2호 (1890) ────

99~117   지라르 드 리알Girard de Rialle (1841~1904), 「17세기 베네치아로 간 중국 사절단Une mission chinoise à Venise au XVIIe siècle」

118~136   구스타프 슐레겔Gustav Schlegel (1840~1903), 「중국의 편액과 주련에 관하여On Chinese signboards and house-sentences」(다음에 계속됨)

137~142   프리드리히 히어트Friedrich Hirth (1845~1927), 「인도차이나반도의 청동북銅鼓에 관하여Ueber hinterindische Bronze-trommeln」

잡록Variété

143~147   국제동양학자 학술대회Congrès internationaux des orientalistes - 앙리 코르디에

소식Chronique

148~163   독일; 미국; 프랑스; 이탈리아; 중국; 네덜란드

고인의 약력 또는 부고Nécrologie

164   에드워드 콜본 바버Edward Colborne Baber (1843~1890) - 앙리 코르

리가 보지 못한 책들이다.

디에

165   에마누엘 포르흐함머Emanuel Forchhammer(1851~1890) -앙리 코
       르디에

165   프랑수아 따갈리아뷔François Tagliabue(1822~1890) -앙리 코르
       디에

서평란Bulletin critique

166~167   프리드리히 히어트Friedrich Hirth(1845~1927), 『중국 연구
          Chinesische Studien』(뮌헨, 라이프치히, 1890) -S.[1]

167~168   롤랑 보나파르트 왕자Prince Roland Bonaparte(1858~1924), 『모리스
          에 세운 최초의 네덜란드 식민지Le premier établissement des Néerlandais
          à Maurice』(파리, 1890) -S.

질의응답Notes and Queries

169~172   4. 공자와 맹자에 관하여 -구스타프 슐레겔; 5. 마르코 폴로의 마
          다가스카르, 6. 『대청율례大淸律例』의 302-1 조문에 관하여; 7.
          『격치경원格致鏡原』(권21, 11쪽)에 인용된 『다록茶錄』에서 보이는
          운각韻脚과 죽면粥面에 관한 질문.

——— 제3호 (1890) ———

173~188   아돌프 기욤 포르데르만Adolphe Guillaume Vorderman(1844~1902),[2]

---

1   여기 서평 코너에서는 '-S'라고만 약칭하고 있는데, 아마도 구스타프 슐레겔일 것이다.
2   구스타프 슐레겔은 저자 포르데르만에 관하여, 바타비아의 의사이자, 암스테르담 왕립 과학 아카데미의
    통신 회원이라고 소개했고, 저자의 허락을 받아 네덜란드어로 된 텍스트를 번역했다고 밝혔다. 또한 별
    도의 주석으로 포르데르만은 현재 자바와 마두라Madura의 의료 사업 감독관이라고 한다.

「중국의 디프테리아 치료법散喉咽 | The Chinese treatment of diphtheritis」(다음에 계속됨)

189~217 앙리 코르디에Henri Cordier(1849~1925), 「18세기 미얀마의 프랑스인들: 출판된 기술과 자료Les Français en Birmanie au XVIIIe siècle: Notes ett Documents publiés」(28쪽에 이어, 제3장~6장)

218~238 조지 필립스George Phillips(1804~1892),[3] 「마르코 폴로의 자이툰Zaitun을 장주漳州로 추정함: 마르코 폴로의 여정을 스케치한 지도를 붙임The identity of Marco Polo's Zaitun with Changchau-with a sketch-map of Marco Polo's route」

단편 모음Mélanges

239~247 얀 야콥 마리아 드 흐루트Jan Jakob Maria de Groot(1854~1921), 「파자破字로 보는 중국 점술에 관하여On Chinese divination by dissecting written characters」

잡록Variété

248~251 안남의 「모이족Les Moïs」 - 라인하르트 대령Colonel Reinhardt[4]

251~253 「윈난과 통킹 간의 교역Le Commerce entre le Yunnan et le Tonkin」[5]

소식Chronique

253~263 독일; 중앙아시아; 영국; 캄보디아; 중국; 미국; 프랑스; 일본; 네덜란드와 네덜란드 식민지들; 시암; 통킹

---

3 푸저우Foochou의 영사로 소개되었다.

4 라인하르트는 안남과 통킹의 전 총독이며, 이 글은 1890년 7월 21일 자 「르 땅Le Temps」의 기사에서 발췌한 것이라고 밝혔다.

5 1890년 8월 19일 자 「르 땅Le Temps」의 기사

서평란Bulletin critique

267~265　앙리 코르디에, 「중국에 관한 기술Notice sur la Chine」[1] – 구스타프 슐레겔

질의응답Notes and Queries

266~276　8. 『금고기관今古奇觀』의 문장들에 관하여 – 앙리 코르디에; 9. 맥고麥糕, 두부荳腐, 두건荳乾에 관하여 – 구스타프 슐레겔; 10. 양아鑲牙에 관하여; 11. 카라–코룸에서 수집한 비문들Inscriptions recueillies à Kara-Koroum: 야드린쵸프Yadrintzoff가 가져온 사본들 속에 나타난 다른 기호 일람표 – 가브리엘 드베리아Gabriel Devéria

──── 제4호 (1890) ────

277~296　요한 게라르트 프리드리히 리이덜Johann Gerard Friedrich Riedel(1832~1911), 「인도네시아 사람들의 토지소유권에 대한 특유한 사고Les idées spécifiques du droit de propriété foncière chez les Indonésiens」

297~328　아돌프 기욤 포르데르만Adolphe Guillaume Vorderman(1844~1902), 「중국의 디프테리아 치료법散喉咽 | The Chinese treatment of diphtheritis」 (188쪽에 이어, 다음에 계속됨)

단편 모음Mélanges

329~334　빌리 방Willy Bang(1869~1934), 「만주Mandschurica」

1　1890년 파리에서 출판된 『대백과사전La Grande Encyclopédie』에서 발췌한 텍스트이다.

335~336 구스타프 슐레겔Gustav Schlegel(1840~1903), 「중국의 색맹 Colorblindness in China」

잡록Variété

337~339 「일본인들의 신중함에 대한 사고Idées japonaises sur la pudeur」

소식Chronique

340~342 독일; 벨기에; 영국; 코친차이나; 프랑스; 통킹

고인의 약력 또는 부고Nécrologie

343 장 페르디낭 드니스Jean Ferdinand Denis(1798~1890) -앙리 코르 디에

서평란Bulletin critique

344~345 에밀 몽테귀Emile Montégut, 「존 만데빌 경Sir John Maundeville」[2] -앙 리 코르디에
346~347 빌리 방Willy Bang, 『우랄 알타이 연구Uralaltaische Forschungen』(라이 프치히, 1890) -프란츠 퀴너트F. Kühnert

도서 목록 Bibliographie

348 중국, 한국, 일본 등의 신간 도서들

---

2 이 글은 에밀 몽테귀Emile Montégut가 존 맨더빌에 관하여 『두 세계에 관한 리뷰Revue des Deux Mondes』 1889년 11월 15일 호(296~312쪽)과 12월 1일 호(547~567쪽)에 발표한 인물과 철학 두 편의 기고 문을 말한다. 이 잡지의 '역사적 그리고 문학적 호기심Curiosités historiques et littéraires'이라는 코너에 실 렸다.

제5호 (1890)

349~390 아돌프 기욤 포르데르만Adolphe Guillaume Vorderman(1844~1902), 「중국의 디프테리아 치료법散喉咽 | The Chinese treatment of diphtheritis」(188쪽에 이어, 끝)

391~405 구스타프 슐레겔Gustav Schlegel(1840~1903), 「말레이어의 중국어 차용어Chinese Loanwords in the Malay Language」

잡록Variété

406~410 국제동양학자 학술대회Congrès internationaux des orientalistes 보고

410 「동양어의 방언Vernacular Oriental Language」

410~411 「1892년 런던에서 개최될 제9회 국제동양학자 학술대회」

소식Chronique

412~418 독일; 중앙아시아; 벨기에; 영국; 중국; 한국; 미국; 프랑스; 일본; 네덜란드

고인의 약력 또는 부고Nécrologie

419 존 프랜시스 데이비스 경Sir John Francis Davis(1795~1890) - 구스타프 슐레겔

419 아메데 바르비에 뒤 보까주Amédée Barbié du Bocage(1832~1890) - 앙리 코르디에

서평란Bulletin critique

420~430 프란츠 퀴너트Franz Kühnert, 「중국어 옛 음가의 지식에 관하여Zur Kenntniss der älteren Lautwerthe des Chinesischen」(『왕립과학아카데미, 철

구 『통보』
제2책 (1891)

——— 제1호 (1891) ———

심층 논문Articles de Fonds

1~48 앙리 코르디에Henri Cordier(1849~1925), 「18세기 미얀마의 프랑스인들(2)Les Français en Birmanie au XVIIIe siècle. Seconde Partie」(권1, 217쪽에 이어).

49~80 프란츠 퀴너트Franz Kühnert(1852~1918), 「중국의 달력Der Chinesische Kalender」

잡록Variété

81~88 「봉발로 씨의 귀국Le Retour de M. Bonvalot」[1] - 앙리 코르디에

89~90 「중국과 중앙아시아의 비한어계 문자The Non-Chinese Writings of China and Central Asia」 - 테리앙 드 라쿠페리Terrien de Lacouperie

소식Chronique

63~65 독일과 오스트리아; 미국; 영국; 중국; 프랑스; 코친차이나와 캄보디아; 안남; 통킹; 일본; 자바; 네덜란드와 네덜란드 식민지들; 러

---

1 가브리엘 봉발로Gabriel Bonvalot(1853~1933): 프랑스의 탐험가로, 1889년 유럽인으로서는 처음 티베트고원을 탐사했다. 그의 탐험 기록은 2년 뒤 『파리에서 통킹까지-미지의 티베트를 가로질러De Paris au Tonkin à travers le Tibet inconnu』라는 서명으로 출간되었다.

시아; 시암

서평란Bulletin critique

100~105   루돌프 랑에Rudolf Lange, 『일본어 속어 교본Lehrbuch der Japanischen Umgangssprache』(베를린, 1890) - 에드문트 나우만 박사Dr. Edmund Naumann

105~109   에른스트 파버Ernst Faber(1839~1899), 「선사시대 중국Prehistoric China」(『왕실 아시아협회 중국 분회 저널Journal of the China Branch of the Royal Asiatic Society』, 24, 1889~1890, {141~220쪽}) - 구스타프 슐레겔

110~111   에두아르 샤반Edouard Chavannes의 『사마천의 봉선제에 관한 논의Le traité sur les Sacrifices Fong et Chan de Se-ma Tsien』[2] (북경, 1890) - 앙리 코르디에

질의 응답 Notes and Queries

112   1. 아랍과 중국의 다루기 힘든 소 젖 짜는 방법에 관하여 - 구스타프 슐레겔

——— 제2호 (1891) ———

심층 논문 Articles de Fonds

113~124   폴 르모조프Paul Lemosof(1856~1912)가 불어로 번역한 코흐E. Koch의 「중국 문장이 새겨진 두 개의 돌Deux pierres avec inscriptions

---

2   『북경 동양학회 저널Journal of the Peking Oriental Society』에서 발췌하여 단행본으로 출간된 자료라고 한다.

chinoises」

125~126 구스타프 슐레겔Gustav Schlegel(1840~1903), 「카라 발가순의 중국
어 비문에 대한 해석Note sur les inscriptions chinoises de Kara Balgasoun」

127~139 드 흐루트J. J. M. De Groot, 「중국 불교 성직자의 투지Militant Spirit of
the Buddhist Clergy in China」

단편 모음Mélanges

140~148 구스타프 슐레겔Gustav Schlegel(1840~1903), 「『천하노정天下路程』,
1694년 중국의 {요한} 머레이天下路程 T'ien-hia Lu-ching, a Chinese
"Murray" for 1694」

148~151 구스타프 슐레겔, 「자바에서의 중국어-말레이어 그리고 자바어
문헌Chinese-Malay and Javanese Literature in Java」

151~154 한 평화의 친구, 「인도적 전쟁에 관한, 한 중국인의 견해A Chinese
opinion upon the question of humane warfare」

잡록Variété

155~156 제9회 국제동양학자 학술대회Le 9e Congrès international des orientalistes
에 관한 보고서Compte-Rendu

155~157 1891년 1월 23일 지리협회 회기 보고: 「에드워드 블랑Edouard Blanc
의 중앙아시아 여행Voyage de M. E. Blanc dans l'Asie centrale」

157~161 1891년 1월 31일 파리 지리협회 보고: 「봉발로 씨의 파리 지리학
회 가입 환영회Réception de M. Bonvalot à la Société de Géographie de Paris」

161 구스타프 슐레겔, 「유럽과 중국의 은어Secret Languages in Europe and
China」

162 구스타프 슐레겔, 「명나라 무덤들The Ming Graves」

소식Chronique

163~170   독일과 오스트리아; 아메리카; 영국; 중국; 코친차이나; 프랑스; 이
           탈리아; 네덜란드와 네덜란드 식민지들; 시암; 동남아시아의 해협
           식민지들

고인의 약력 또는 부고Nécrologie

171~172   오귀스트 도종Auguste Dozon(1882~1890)

서평란Bulletin critique

173~175   요리토모Yoritomo[1]의 『족자: 일본 풍경Kakemono. Japansche tafereeltjes』
           (헤이그, 1891) - 구스타프 슐레겔
175~177   『인도네시아-중국 달력(Un calendrier indonésien-chinois』- 구스타프
           슐레겔

질의 응답 Notes and Queries

178   2. 여와女媧의 석탄石炭 발견설에 관하여

———— 제3호 (1891) ————

심층 논문 Articles de Fonds

179~207   루돌프 랑에Rudolf Lange, 「『코킨와카슈古今和歌集』의 여름 시가
           Sommergedichte aus der Sammlung Kokinwakashu」

---

1   프리드리히 폰 벤크슈테른Friedrich von Wenckstern(ed.), 『일본 제국에 관한 문헌 목록A Bibliography of the
    Japanese Empire』(브릴, 1895, 168쪽)에 따르면, 요리토모는 자바에서 산 네덜란드인 페르케르크 피스토
    리우스A. W. P. Verkerk Pistorius의 필명이라고 한다.

208~228　빌리 방Willy Bang(1869~1934), 「아시아 언어 연구에 대하여Beiträge zur Kunde der Asiatischen Sprachen」

229~231　가브리엘 드베리아Gabriel Devéria가 번역한, 「키우에 테긴의 비석La Stèle Funéraire de Kiuèh T'e ghin」,[1] 13세기 『쌍계취은집雙溪醉隱集』에서 발췌한 야율주耶律鑄[2]의 설명

232~233　조셉 드니케Joseph Deniker(1852~1918), 「예니세이 비문에 대한 주석Note sur les inscriptions du Yenissei」

단편 모음Mélanges

234~243　테리앙 드 라쿠페리Terrien de Lacouperie, 「유리와 석탄에 관한 고대사와 중국의 여와의 오색 돌 전설에 관하여On the Ancient History of Glass and Coal and the Legend of Nü-Kwa's Coloured Stones in China」

244~246　구스타프 슐레겔, 「중국이냐 엘람이냐China or Elam」

잡록Variété

247~248　「중국인들의 서신 서식Les formules épistolaires des Chinois」

소식Chronique

249~258　독일과 오스트리아; 영국; 중국; 프랑스; 자바; 일본; 러시아; 통킹

고인의 약력 또는 부고Nécrologie

259　　레옹 베쏭Léon Besson(1869~1891)[3]

1　Kiuèh T'e ghin, '闕特勤'의 웨이드식 표기. 고대 튀르크어로 후돌궐의 장군이자 왕인 퀼테긴Kültegin(684~731)을 말한다.

2　야율주耶律鑄(1221~1285)는 야율초재耶律楚材의 아들이다.

3　동양어학교l'Ecole des Langues Orientale 졸업생이었다고 한다.

259   어네스트 밀로Ernest Millot(1836~1891)

서평란Bulletin critique

260~268   『생 프랑수아 수도사 오도릭 포르노네 형제의 14세기 아시아 여
행Les Voyages en Asie au XIVe siècle du bienheureux frère Odoric de Pordenone,
religieux de Saint-François』(파리, {1891}) - 구스타프 슐레겔

268~270   헤르만 플라우트Hermann Plaut, 『일본어 독본, 라틴 철자로 쓰인 동
화와 이야기의 일본어 풀이, 주석과 어휘 첨부Japanisches Lesebuch,
Märchen und Erzählungen in japanischer Umgangssprache und lateinischer
Umschrift nebst Anmerkungen und Wörterbuch』(슈투트가르트 & 베를린,
1891) - 구스타프 슐레겔

270~271   케오르그 폰 데르 가벨렌츠Georg von der Gabelentz(1840~1893), 『언
어학: 과제, 방법 그리고 지금까지의 성과Die Sprachwissenschaft』(라
이프치히, 1891) - 구스타프 슐레겔

271~273   요한 슈멜츠J. D. E. Schmeltz(1839~1909), 「라이덴 국립 민속박
물관의 한국 소장품Die Sammlungen aus Korea im ethnographischen
Reichsmuseum zu Leiden」(『민족학을 위한 국제 아카이브Internationales
Archiv für Ethnographie』, IV, 1891, 45~65쪽과 105~138쪽) - 구스
타프 슐레겔

질의 응답 Notes and Queries

274   3. 메이어스Mayers가 『중국과 일본에 관한 질의 응답Notes and
Queries on China and Japan』(I, 120쪽)에서 언급한 '설당인귀전說唐
仁貴傳'은 설인귀薛仁貴 전기를 말한 것이다

274   4. 1891년 4월호『중국 잡록Chinese Recorder』,[4] 190쪽의 번역문 교정

---

4   이 잡지는 1867년 푸저우에서 『선교 잡지: 동방 선교로부터 얻은 지식의 아카이브와 일반 정보의 매체

─── 제4호 (1891) ───

심층 논문 Articles de Fonds

275~278 구스타프 슐레겔, 「언어에서 반어법의 원인에 관한 연구On the Causes of Antiphrasis in Language」

279~323 앙리 코르디에, 「존 맨더빌Jean de Mandeville」

단편 모음Mélanges

324~330 도쿄 통신원의 「일본의 의회 보고Parliamentary Reporting in Japan」

330~334 줄리우스 멘데스 프라이스Julius M. Price(1857~1924), 「북경에서의 로버트 하트 경Sir Robert Hart at Peking」

335~340 앙리 도를레앙Henri D'Orléans(1867~1901), 「중국의 현황La situation actuelle en Chine」

잡록Variété

341~342 동양학 학술대회The Oriental Congress

소식Chronique

343~349 독일; 오스트리아; 벨기에; 중국; 프랑스; 네덜란드와 네덜란드 식민지들; 러시아; 시암; 스위스

The Missionary Recorder: A Repository of Intelligence from Eastern Missions, and Medium of General Information」라는 명칭으로 미국 감리교 간행물로 출발했다. 1868년부터 『중국 잡록과 선교 저널Chinese Recorder and Missionary Journal』로 개명하여 1872년 5월까지 발행되었다. 1874년부터 상하이에서 연 2회 장로교 간행물로 다시 출발하여, 1868년부터는 월간으로 발행되어 1941년 12월까지 이어졌다. 1939년부터 『중국 잡록과 교육 리뷰The Chinese Recorder and Educational Review』로 이름을 바꾸면서 폭넓은 독자를 확보했다. 중국 근현대 연구에 중요한 자료로 평가된다.

고인의 약력 또는 부고Nécrologie

350~351   조지 알렉산더 빌켄George Alexander Wilken(1847~1891)

351   루이스 알렉산드르 가르니에Louis Alexandre Garnier[1]

351   존 포프 헤네시 경Sir John Pope Hennessy(1834~1891).

서평란Bulletin critique

352~354   빌리방Willy Bang, 『우랄-알타이어 연구Études ouraloaltaiques』 -프란
츠 퀴너트Franz Kühnert(1852~1918).

질의 응답Notes and Queries

355~356   5.「한국의 7대 불가사의The "seven wonders" of Corea」 -앙리 코르
디에

356   6. 런던 타워에 있는 청동 대포에 새겨진 글 - 앙리 코르디에

———— 제5호 (1891) ————

심층 논문Articles de Fonds

357~389   에제르만J. L. J. F. Ezerman과 판 베툼B. A. J. Van Wettum, 「중국 황제와
연호의 알파벳 리스트An Alphabetical List of the Emperors of China and of
Their Year-Titles or Nien-Hao 年號」

390~400   앙리 코르디에, 「18세기 마얀마의 프랑스인들Les Français en Birmanie
au XVIIIe siècle」(48쪽의 결론)

---

1   메콩강을 탐험한 프랑수아 가르니에Francis Garnier(1839~1873)의 아버지이다.

단편 모음Mélanges

401~403 구스타프 슐레겔, 「중국의 크리스마스-트리Christmas-trees in China」

403~410 구스타프 슐레겔, 「북부 아이노에 관한 설명과 삽도『북하이도설
北蝦夷圖說 | Illustrations and descriptions of the Northern Aïnos』」

잡록Variété

411~433 제9회 국제동양학자 학술대회The statutory 9th international Congress of
Orientalists - 앙리 코르디에

433~434 제10회 국제동양학자 학술대회X^{ME} Congrès of Orientalists에 관하여.

소식Chronique

435~446 독일; 중앙아시아; 벨기에; 영국; 중국; 프랑스; 일본; 네덜란드와
네덜란드 식민지들; 시암

통신Correspondance

447~450 「무호의 폭동Emeute de Ou-hou 蕪湖」

450~458 「강남지방의 폭동Les émeutes dans la province de Kiang-nan」

458~459 「언어에서 반어법 문제에 관해 아벨 교수가 구스타프 슐레겔 교
수에게 보낸 편지Lettre du professeur Cari Abel au professeur G. Schlegel sur
la question de l'Antiphrase dans le language」

고인의 약력 또는 부고Nécrologie

460~464 알로이스 피스테Aloys Pfister(1833~1891) - 앙리 코르디에

464 게오르그 로젠Georg Rosen(1821~1891) - 구스타프 슐레겔

---

1 원본에는 페이지가 매겨져 있지 않다. 편의상 붙였음을 밝힌다.

구『통보』
제3책 (1892)

—— 제1호 (1892) ——

심층 논문 Articles de Fonds

1~38 　프리드리히 빌헬름 카알 뮐러Friedrich Wilhelm Karl Müller, 「『화이역어華夷譯語』로 간행된 파이巴夷와 파포八百어의 어휘Vocabularien der Pa-Yi und Pah-Poh-Sprachen, aus dem 『hua-i-yi-yü』 veröffentlicht」.

39~64 　피에르 르페브르 퐁탈리스Pierre Lefèvre-Pontalis(1864~1938), 「타이어 자모와 어휘에 대한 몇 가지 연구Etude sur quelques alphabets et vocabulaires Thaïs」

단편 모음Mélanges

65~66 　구스타프 슐레겔, 「중국과 아랍의 이야기들에 보이는 거대한 바닷가재蝦 | La Langouste géante dans les récits Chinois et Arabes」

67~73 　구스타프 슐레겔, 「흠차대신欽差大臣 임칙서林則徐의 1839년 3월 18일 포고령에 보이는 '선의'라는 의미의 '신信'자The Word "Good Faith"(信) in Commissioner Lin's Proclamation of 18th March 1839」

잡록Variété

74~75 　「중국의 현 황제L'Empereur actuel de la Chine」

75~76 　「일본의 비행 기구L'Aérostation au Japon」

소식Chronique

77~93 독일; 중앙아시아; 아시아에서의 러시아; 영국; 중국; 스페인; 프랑스; 인도차이나; 네덜란드

서평란Bulletin critique

94~97 모이즈 슈왑Moïse Schwab(1839~1918), 『9세기 스페인에서 중국으로 가는 유태인의 여정Itinéraire juif d'Espagne en Chine au IXe siècle』 - 드 후예J. de Goeje

통신Correspondance

98~100 조셉 드니케Joseph Deniker(1852~1918), 「니콜라이 라드린체프 Nicolaï Iadrintzev(1842~1894)의 몽골지역 탐사 기록을 번역함」

——— 제2호 (1892) ———

심층 논문 Articles de Fonds

101~168 구스타프 슐레겔, 「지리 문제: 중국 사료에 보이는 이민족들 Problèmes géographiques: Les Peuples Étrangers Chez les Historiens Chinois」. I. 부상국扶桑国

단편 모음Mélanges

169~180 구스타프 슐레겔, 「통킹 주변에 있는 중국 성들의 교통로와 그 수단에 관한 주석Note: Sur les moyens et les voies de communication des provinces de la Chine à voisinant le Tong-King」 - 1892년 2월 16일 자의 『프랑스 공화국의 공식 저널Journal officiel de la République française』에

수록된 오류가 많은 보고서에 따른 교감과 주석

181~182   앙리 코르디에, 「앙굴렘Angoulême에 있는 중국 서적들Livres Chinois à Angoulême」

잡록Variété

183~184   구스타프 슐레겔, 「중국의 신조어Coining of New Chinese Terms」
184~185   「포르투갈에서 열린 제10차 동양학자 학술회의Xᵐᵉ Congrès international des Orientalistes」 - 리스본, 1892년 9~10월

소식Chronique

186~195   독일과 오스트리아; 아메리카; 영국; 캄보디아; 중국; 프랑스; 일본; 네덜란드; 러시아; 시암; 해협식민지

서평란Bulletin critique

196~199   카알 아렌트Carl Arendt, 『북방 중국어 핸드북, 새로운 관방 중국어와 서신체의 기초 지식Handbuch der nord-chinesischen Umgangssprache mit Einschluss der Anfangsgründe des neuchinesischen officiellen und Briefstils』 (슈투트가르트 & 베를린, 1891) - 구스타프 슐레겔
199   피에르 유젠 라메르쓰Pierre-Eugène Lamairesse(1817~1898), 『부처 이전의 인도L'Inde avant le Bouddha』 - 구스타프 슐레겔
199~201   피에르 유젠 라메르쓰Pierre-Eugène Lamairesse(1817~1898), 『인도차이나의 불교에 따른 부처의 생애La Vie du Bouddha, suivie du Bouddhisme dans l'Inde-Chine』(파리, 1892) - 구스타프 슐레겔
201~207   드 흐루트J. J. M. de Groot, 『중국의 종교 체계, 고대 형식, 변화, 역사와 현황. 관련된 예 의식, 풍속과 사회제도. 제1권. 죽은 자에 대한 처치The Religious System of China, Its Ancient Forms, Evolution, History and

Present Aspect, Manners, Customs and Social Institutions Connected Therewith, Volume I, Book I. Disposal of the Dead』(라이덴, 1892) –구스타프 슐레겔

질의 응답Notes and Queries

208   1. 「던리Darnley 섬[1]과 크라프토Krafto[2]에서 죽은 사람들의 미라 만들기Momification des morts à Darnley-Island et à Krafto」 –구스타프 슐레겔

208~210   2. 「쿠릴 사람들의 코걸이Anneaux nasaux dans les Kouriles」 –구스타프 슐레겔

210   3. 네덜란드 대사가 일본 황제에게 바친 네덜란드 왕의 초상화: 상미상相美像에 관하여 –구스타프 슐레겔

─────── 제3호 (1892) ───────

211~237   샤를 조셉 드 아를레즈Charles-Joseph de Harlez(1832~1899), 「공자의 『춘추』 그리고 『좌전』에서의 중국 종교La Religion Chinoise: Dans le Tchün-tsiu de Kong-tze et dans le Tso-tchuen」

238~309   알베르트 그륀베델Albert Grünwedel(1856~1935), 「롱Róng[3]–영어 어휘 사전A Róng-English Glossary」

잡록Variété

310~312   인도차이나 총독 장 마리 앙뜨완 드 라네쌍Jean Marie Antoine de

---

1   오스트레일리아, 에럽 아일랜드Erub Island.
2   러시아 사할린Sakhalin 섬.
3   '롱Róng어'란 인도의 시킴Sikkim과 서벵골, 네팔, 그리고 부탄의 렙차Lepcha인들이 사용하는 히말라야계 언어이다.

Lanessan(1843~1919)이 식민지 차관에게 올린 보고서Gouverneur
Général de l'Indo-Chine, Rapport adressé au sous-secrétaire d'état des colonies」

소식Chronique

313~315   독일과 오스트리아; 버마; 중국; 프랑스; 일본; 네덜란드; 러시아;
동남아시아 해협식민지

통신Correspondance

316~317   모이즈 슈왑Moise Schwab이 『지리학 리뷰Revue de Géographie』의 편집
장에게 보낸 편지

고인의 약력 또는 부고Nécrologie

318   카알 폰 디트마르Karl von Ditmar(1822~1892) - 구스타프 슐레겔

질의 응답 Notes and Queries

319~320   4. 코걸이Anneaux nasaux에 관하여 - 구스타프 슐레겔
320~321   5. 오룡강烏龍江에 관하여 - 구스타프 슐레겔
321   6. 포르투갈인들이 1545년 6월에 발견하고 '페로 피달고Pero
Fidalgo'라고 명명한 루손(呂宋)에 관하여 - 구스타프 슐레겔

──── 제4호 (1892) ────

322~380   아우구스트 그라마츠키August Gramatzky, 「『코킨와카슈古今和歌集』
에 보이는 고대 일본의 겨울 노래Altjapanische Winterlieder aus dem
Kokinwakashū」

381~417 구스타프 슐레겔, 「일본 마카도와 쇼군의 알파벳 목록, 또 그들의 통치 시기 동안 채택된 연호의 알파벳 목록Alphabetical List of the Mikados and Shoguns of Japan, as Also an Alphabetical List of the Year-Titles or Nen-go Adopted during Their Reign」

단편 모음Mélanges

418~421 가브리엘 드베리아Gabriel Devéria, 「대청大淸 왕조의 황실 묘역 Sépultures Impériales de la Dynastie Ta Ts'ing」

422~429 구스타프 슐레겔, 「에냉Hennin 즉 아시아, 중국, 유럽의 고깔형 여성 모자Hennins or Conical Lady's Hats in Asia, China and Europe」

잡록Variété

430~433 「국제동양학자 학술대회Congrès international des Orientalistes」 - 구스타프 슐레겔

소식Chronique

434~439 독일과 오스트리아; 아메리카; 영국; 중국; 한국; 프랑스; 일본; 네덜란드와 네덜란드 식민지들; 포르투갈

서평란Bulletin critique

440~442 에드워드 실베스터 모르스Edward Sylvester Morse(1838~1925), 「테라코타 지붕 타일의 더 오래된 형태에 관하여On the Older Forms of Terra-Cotta Roofing Tiles」(『에섹스 연구소 학보Essex Institute Bulletin』, 1892, 1-3월호, 제24권) - 구스타프 슐레겔

443~446 프란츠 요제프 베르스호픈Franz Joseph Wershoven(1851~1926), 『시암어 교습서와 독일-시암어 자습서Lehr- und Lesebuch der Siamesischen

Sprache und Deutsch-Siamesisches Wörterbuch zum Selbststudium』(빈, 부다페스트 & 라이프치히, 1892) – 구스타프 슐레겔

질의 응답 Notes and Queries

447~448   7. 부상扶桑에 관한 잘못된 비평에 관하여 – 구스타프 슐레겔

———— 제5호 (1892) ————

449~465   테리앙 드 라쿠페리Terrien de Lacouperie, 「한국, 아이노 그리고 부상扶桑 문자에 관하여On the Corean, Aïno and Fusang Writings」

467~489   드 흐루트J. J. M. De Groot, 「중국 불교의 동물에 대한 자비Miséricorde envers les animaux dans le Bouddhisme chinois」

490~494   구스타프 슐레겔, 「지리 문제Problèmes géographiques」. II. 문신한 사람들의 나라[文身國]

495~510   구스타프 슐레겔, 「지리 문제Problèmes géographiques」. III. 여인들의 나라[女國]

잡록Variété

511~512   「국제동양학자 학술대회The International Congress of Orientalists」 – 구스타프 슐레겔

512~513   사마천Sse-ma Tsièn에 관하여 – 앙리 코르디에

소식Chronique

514~516   독일과 오스트리아; 벨기에; 중국; 한국; 프랑스; 인도차이나; 일본; 네덜란드와 네덜란드 식민지들

고인의 약력 또는 부고Nécrologie

517~520   르 마르퀴스 데르베이 생드니Le Marquis d'Hervey saint-Denys
　　　　　　(1822~1892) - 앙리 코르디에

서평란Bulletin critique

521~527   린도르 세루리에르Lindor Serrurier(1846~1901), 『라이덴대학의 탁
　　　　　　월한 교수인 고 호프만 박사의 주석에 따른 일-영사전Japanese-
　　　　　　English Dictionary According to the Annotations of the Late Dr. J. J. Hoffmann,
　　　　　　Extra-Ordinary Professor at the University of Leyden』(3책, 라이덴, 1892)
　　　　　　-구스타프 슐레겔
527~528   게오르그 후트Georg Huth(1867~1906), 『몽골의 불교사Geschichte
　　　　　　des Buddhismus in der Mongolei』(스트라스부르크, 1892) - 구스타프
　　　　　　슐레겔
528~529   피에르 유젠 라메르쓰Pierre-Eugène Lamairesse(1817~1898), 『부처
　　　　　　이후의 인도L'Inde après le Bouddha』(파리, 1892) - 구스타프 슐레겔
529~531   『1890년 핀란드인의 탐사를 통해 수집되고 핀노-우그리아 협
　　　　　　회Société Finno-Ougrienne가 펴낸 오르혼Orkhon의 비문들Inscriptions
　　　　　　de l'Orkhon recueillies par l'expédition finnoise en 1890 et publiées』(헬싱키,
　　　　　　1892) - 구스타프 슐레겔

도서 목록Bibliographie

532~563   「1886~1891까지 5년간의 중국학 연구Half a decade of Chinese Studies,
　　　　　　1886~1891」-앙리 코르디에

통신Correspondance

564~568   「아렌트E. Arendt 교수가 구스타프 슐레겔 교수에게 보내는 편지」

구『통보』
제4책 (1893)

─── 제1호 (1893) ───

1~32   메이에르J. J. Meijer, 「네덜란드령 인도에서 중국인의 정치적 상황La Condition politique: Des Chinois aux Indes Néerlandaises」

33~80   앙리 코르디에, 「타타르 지역(韃靼)에서 훠린(霍林)의 상황Situation de Ho-lin en Tartarie」 - 서문과 주석을 달아 발표된 고빌A. Gaubil S. J. 신부의 미간행 필사본Manuscrit inédit du Père A. Gaubil, S. J., publié avec une introduction et des notes[1]

단편 모음Mélanges

81~82   프리드리히 빌헬름 카알 뮐러Friedrich Wilhelm Karl Müller, 「흐루 너펠트Groeneveldt의 『중국 자료에서 편집한 말레이반도와 말라 카』에 관한 몇몇 주석: 말레이 열도와 말라카에 관한 해설Einige Anmerkungen zu Groeneveldt's: "Notes on the Malay Archipelago and Malacca, Compiled from Chinese Sources"」

83~84   「윈난성의 무역로Routes commerciales de la province du Yun-nan」[2]

---

1   앙리 코르디에는 이 미간행 필사본을 옮기고, 주석을 붙였다(61~80쪽). 여기서 말하는 '훠린'은 카라코 룸Хархорум의 음역 표기로, '화림和林' 표기가 일반적이다.

2   이 문건은 『통보』, I, 40쪽, 앙리 르뒥Henri Leduc, 「통킹을 통해 윈난까지Au Yun-nan par le Tong-king」과 연 관하여, 편집자가 보충한 자료이다.

잡록Variété

84   테리앙 드 라쿠페리Terrien de Lacouperie, 「한국 문자에 대한 의문점 Doubts about the Corean Writing」[1]

소식Chronique

85~94   독일과 오스트리아; 벨기에; 영국과 아일랜드; 중국; 한국; 핀란드; 프랑스; 일본; 네덜란드와 네덜란드 식민지들

고인의 약력 또는 부고Nécrologie

95   알베르 프랑수아 쉐르제Albert François Scherzer(1855~1892)

서평란Bulletin critique

96~99   아놀드 비씨에르Arnold Vissière(1858~1930), 『중국 주산의 기원과 고대 산수의 연원에 관한 연구Recherches sur l'origine de l'Abaque Chinois et sur sa dérivation des anciennes fiches à calcul』(파리, 1892) - 구스타프 슐레겔

99   아놀드 비씨에르 역주, 『안남기유安南紀遊 중국 문인 반정규潘鼎 珪의 통킹 여행기Ngan-nan ki yeou, Relation d'un voyage au Tonkin, par le lettré chinois P'an Ting-kouei 潘鼎珪』(파리, 1890) - 구스타프 슐레겔

99~101 프레데릭 웰스 윌리엄스Frederik Wells Williams(1857~1928), 『중국 과 중세의 길드Chinese and Mediaeval Gilds』[2](뉴헤이븐, 1892) - 구스

---

1   라쿠페리가 「한국 아카이브The Korean Repository」. 1892년 10월호(293~299쪽)에 실린 이익습李益習이란 학자가 발표한 한글 창제에 관한 글을 읽고 그 시기에 관한 의문을 제기한 가장 이른 자료이다. 이익섭 의 글은 아래 한국 통신란에도 언급되어 있다(90쪽).

2   이 책은 1892년 8월과 11월호 「예일 리뷰Yale Review」에서 재인쇄한 책이다.

타프 슐레겔

101~102 카알 플로렌츠Karl Florenz(1865~1939), 『니혼기[日本紀] 즉 일본 연대기Nihongi oder Japanische Annalen』(Tokyo, 1892) - 구스타프 슐레겔

102~104 레지널드 스튜어트 풀Reginald Stuart Poole(1832~1895), 『기원전 7 세기부터 621년까지의 중국 동전 목록Catalogue of Chinese Coins from the VIIth Cent. B.C. to A.D. 621』(런던, 1892) - 구스타프 슐레겔

통신Correspondance

105~113 통킹에서 중국으로 간 한 젊은이가 1892년 7월 22일 통킹 박레 Bac-lé, 1892년 8월 2일 랑선Lạng Sơn, 1892년 8월 16일 용주龍州에 서 아버지에게 보낸 세 통의 편지

질의 응답 Notes and Queries

114 1. 『러시아에서의 커터우[磕頭] | Le Koteou en Russie』 - 구스타프 슐 레겔

—— 제2호 (1893) ——

115~137 앙리 도를레앙Henri D'Orléans 왕자, 「윅Huc 신부에 관하여A propos du père Huc」

138~173 메이에르J. J. Meijer, 「네덜란드령 인도의 중국인의 정치적 상황La Condition politique: des Chinois aux Indes Néerlandaises」{32쪽에 이어}

174~218 구스타프 슐레겔, 「일본어 사전 편찬에 관한 두서없는 초고 Desultory Notes on Japanese Lexicography」

잡록Variété

219~220 테리앙 드 라쿠페리, 1893년 3월 28일 자『땅Temps』실린 황제 접 견에 관한 편지에 관하여

소식Chronique

221~230 독일과 오스트리아; 중앙아시아; 벨기에; 영국과 아일랜드; 중국; 한국; 스페인; 미국; 프랑스; 일본; 네덜란드; 러시아; 시암

고인의 약력 또는 부고Nécrologie

231~232 마담 랑데스Charles Célestin Antony Landes(1850~1893) - 앙리 코르 디에

서평란Bulletin critique

233~235 마르퀴 데르베이 생드니le Marquis d'Hervey-Saint-Denys 번역,『한문 에서 처음 번역한 여섯 편의 단편소설Six Nouvelles nouvelles traduites pour la premiere fois du Chinois』(파리, 1892) - 앙리 코르디에

235~238 데이비드 맥리치David MacRitchie(1851~1925),『아이누인The Aïnos』 (라이덴, 1892) - 구스타프 슐레겔

238~239 라메르쓰Pierre-Eugène Lamairesse(1817~1898) 번역,『프렘 사가르, 사랑의 바다Le Prem Sagar, Océan d'amour』(파리, 1893)[1] - 구스타프 슐레겔

질의 응답 Notes and Queries

240 2. 구스타프 슐레겔, 중국인의 영어Chinese English

---

1 『프렘 사가르Prem Sagar』는 힌두 방언인 가우라비Kauravi어로 쓰인 가장 이른 산문이다.

241   3. 구스타프 슐레겔,「보스턴의 중국인들Les Chinois à Boston」

알림Annonces

242   1891년 런던에서 설립된 일본 협회The Japan Society의 회원 모집 공고

—————— 제3호 (1893) ——————

243~297   샤를 조셉 드 아를레즈Charles-Joseph de Harlez(1832~1899),「공자의 문체Le Style de Kong-Fou-Tze」-공자는 『서경』을 보완하고 『춘추』를 편찬했을까?Kong-tze a-t-il interpolé le Shu-king et composé le Tchun-tsiu

단편 모음Mélanges

298~302   의사 어네스트 마르탱Ernest Martin(1830~1897),「오늘날 베이징과 톈진에서 찾을 수 있는 주요 모피동물에 대한 주석Notes sur les principales fourrures qu'on trouve actuellement à Péking et à Tien-tsin」

소식Chronique

303~310   독일과 오스트리아; 중앙아시아; 영국; 중국; 미국; 포르모사; 프랑스; 일본; 네덜란드와 네덜란드 식민지들; 러시아; 시암; 스위스

고인의 약력 또는 부고Nécrologie

311   찰스 루디Charles Rudy -앙리 코르디에

311   샤를 루이 바라Charles Louis Varat(1842~1893) -앙리 코르디에

서평란Bulletin critique

312~314 시몬 하르트비흐 샤안크Simon Hartwich Schaank(1861~1935), 『몬
트라도 회사(公司). 보르네오 서해안 중국인 단체의 역사와 성격에
관한 기고. 스케치한 지도를 붙임De Kongsi's van Montrado. Bijdrage tot
de geschiedenis en de kennis van het wezen der Chineesche vereenigingen op de
westkust van Borneo. Met eene schetskaart』(바타비아, 1893) - 구스타프
슐레겔

314~316 앙리 아브레Henri Havret | 夏鳴雷(1848~1901), 『중국학 잡록Variétés
sinologiques』(상하이, 1892) - 앙리 코르디에

316 에드워드 실베스터 모르스Edward Sylvester Morse(1838~1925), 『동
양의 화장실Latrines of the East』[1] - 구스타프 슐레겔

통신Correspondance

317~322 호프만Hoffmann과 세루리에Serrurier의 일본어 사전에 관하여, 구
스타프 슐레겔이 일본학 학자 윌리엄 조지 애스턴William George
Aston(1841~1911)에게 받은 편지

——— 제4호 (1893) ———

323~333 구스타프 슐레겔, 「지리 문제: 중국 사료에 보이는 이민족들
Problèmes géographiques: Les Peuples Étrangers Chez les Historiens Chinois」IV.
작은 사람들의 나라小人國

334~343 구스타프 슐레겔, 「지리 문제: 중국 사료에 보이는 이민족들
Problèmes géographiques: Les Peuples Étrangers Chez les Historiens Chinois」V.

---

1   이 논문은 1893년 3월 18일 『미국 건축American Architect』에 실렸다고 한다.

고인의 약력 또는 부고Nécrologie

385~386   왕기야 충허完顔崇厚(1826~1893) - 칭창Tching-Tchang

질의 응답 Notes and Queries

387~388   4.「공자와 『서경』에 관하여Kong-tze et le Chou-king」-샤를 조셉 드
           아를레즈Charles-Joseph de Harlez(1832~1899)

388   5.『타임』 중국 특파원 쿠커G. W. Cooke의 묘비명 - 앙리 코르디에

389   6.「나뭇잎에 쓴 티베트 문자Caractères tibétains sur des feuilles d'arbre」-
           알버트 오귀스트 포벨Albert-Auguste Fauvel(1851~1909)

390   7.「부상扶桑」-구스타프 슐레겔

——— 제5호 (1893) ———

391~401   까미유 앵보 위아르Camille Imbault-Huart(1857~1897),「북경 근처
           명대의 무덤Les Tombeaux des Ming près de Peking」-세 장의 사진을
           붙임

402~405   구스타프 슐레겔,「지리 문제: 중국 사료에 보이는 이민족들
           Problèmes géographiques: Les Peuples Étrangers Chez les Historiens Chinois」IX.
           파란 언덕의 나라青丘國

405~409   구스타프 슐레겔,「지리 문제: 중국 사료에 보이는 이민족들
           Problèmes géographiques: Les Peuples Étrangers Chez les Historiens Chinois」X.
           검은 이의 나라黑齒國

410~412   구스타프 슐레겔,「지리 문제: 중국 사료에 보이는 이민족들
           Problèmes géographiques: Les Peuples Étrangers Chez les Historiens Chinois」XI.
           검은 다리의 나라元股國

413~414   구스타프 슐레겔,「지리 문제: 중국 사료에 보이는 이민족들

Problèmes géographiques: Les Peuples Étrangers Chez les Historiens Chinois」 XII.
로勞 사람들의 나라勞民國 또는 교教 사람들의 나라教民國

단편 모음Mélanges

415~419 구스타프 슐레겔,「관절의 류머티즘에 대한 중국의 처방전A Chinese Receipt against Articular Rhumatism」

420~426 헨리 보렐Henri Borel,「중국인의 우정 맹세Serment d'Amitié Chinois」

잡록Variété

427~430 앙리 르뒥Henri Leduc, 1893년 4월 4일 『땅Temps』에 실린 일본의 교육과 사법에 관한 기사에 관하여

430~432 앙리 르뒥Henri Leduc, 미치A. Michie가 『타임스』에 기고한 중국에서 선교사들의 폭동에 관한 기사 내용

432~433 「중국의 전염병 방역La Police des Épidémies en Chine」 - 1893년 5월 26일 『땅Temps』에서 발췌함

소식Chronique

434~441 독일과 오스트리아; 영국과 아일랜드; 중국; 프랑스; 네덜란드; 러시아; 시암; 스위스; 통킹

고인의 약력 또는 부고Nécrologie

442 쿤라드 리이만스Coenraad Leemans(1809~1893) - 구스타프 슐레겔

442~443 루시앙 유젠 주베르Lucien Eugène Joubert(1832~1893) - 앙리 코르디에

서평란Bulletin critique

444~452 　존 오닐John O'Neill, 『신들의 밤, 우주와 우주 기원에 관한 신화와 상징 탐색The Night of the Gods, an Inquiry into Cosmic and Cosmogonic Mythology and Symbolism』(1책, 런던, 1893) - 구스타프 슐레겔

452~454 　앙리 코르디에Henri Cordier, 『중국 도서 목록Bibliotheca Sinica』(제1책, 파리, 1893) - 구스타프 슐레겔

통신Correspondance

455~456 　베트남 타이빈Thaï-Binh에서 보내온 편지

질의 응답 Notes and Queries

457~458 　8.「코운붐의 라마 사원에 있는 신성한 나무의 잎과 껍질에 쓰인 글자들The characters on the leaves and bark of the sacred trees at the Lama Temple at Kounboum」- 구스타프 슐레겔

458~459 　9.「유럽의 중국인 거류지A Chinese Colony in Europe」

460 　10.「중국의 스테아타이트(凍石) 산업The Chinese Steatite(Soapstone) industry」

461~468 　색인

469 　1894년 유럽과 중국의 일력 {대조}European and Chinese Calendar, 1894

구『통보』
제5책 (1894)

—— 제1호 (1894) ——

1~10   조지 필립스George Phillips, 「몇몇 푸젠의 다리들Some Fuh-kien
Bridges」-2장의 삽도를 붙임

11~42   샤를 조셉 드 아를레즈Charles-Joseph de Harlez(1832~1899), 「『주례』
와 『산해경』Le Tcheou-li et le Shan-hai-king」- 그 기원과 역사적 가
치Leur Origine et Valeur Historique

43~62   조르주 마스페로Georges Maspero(1872~1942), 「루옥비엔 남비
엣 수끼 릿찌에우 니엔끼畧編南越史記歷朝年紀. 안남의 군주 연표
Tableau chronologique des Souverains de l'Annam」

잡록Variété

63~64   「중국 우편 서비스Chinese Postal Service」

65~66   제네바, 제10차 「국제동양학자 학술대회Congrès international des
Orientalistes」- 앙리 코르디에와 구스타프 슐레겔

소식Chronique

67~74   독일과 오스트리아; 안남; 중앙아시아; 영국; 중국; 프랑스; 인도차
이나; 일본; 네덜란드; 시암; 스위스

고인의 약력 또는 부고Nécrologie

75~78   한스 게오르그 코논 폰 데어 가벨렌츠Hans, Georg Conon von der Gabelentz(1840~1893) - 구스타프 슐레겔

78   알렉산더 커닝엄 경Sir Alexander Cunningham(1814~1893) - 구스타프 슐레겔

78~79   다비드 아우구스트 브라운스David August Brauns(1827~1893) - 구스타프 슐레겔

79   구스타프 폰 크라이트너Gustav von Kreitner(1847~1893)」 - 구스타프 슐레겔

서평란Bulletin critique

80~85   앙리 필립 도를레앙Henri Philippe d'Orléans(1867~1901), 『통킹 주변Autour du Tonkin』(파리, 1894) - 구스타프 슐레겔

85~87   『런던 일본학회의 회보와 발표록Transactions and Proceedings of the Japan Society, London』(런던, 1893) - 구스타프 슐레겔

87~89   폴 게오르그 묄렌도르프Paul Georg von Moellendorf(1847~1901), 『텍스트 분석을 붙인 만주어 문법A Manchu Grammar, with Analysed Texts』(상하이, 1892) - 빌리 방Willy Bang

89~92   게오르그 베게너Georg Wegener(1863~1939), 「대청일통여도大淸一統輿圖에 나타나 있는 티베트 북부와 로프 노르 지역Nord-Tibet und Lob-Nur-Gebiet in der Darstellung des Ta-Thsing I-thung Yü thu」(『베를린 지리학회 논문집Zeitschrift der Gesellschaft für Erdkunde zu Berlin』, 28, 1893) - 구스타프 슐레겔

92~93   알베르트 그륀베델Albert Grünwedel(1856~1935), 『인도의 불교 예술Buddistische Kunst in Indien』(베를린, 1893) - 구스타프 슐레겔

93~98   필라스트르P. L. F. Philastre(1837~1902), 「역경易經 즉 주나라의 변화에 관한 책Le Yi-King ou le livre des Changements de la dynastie des

Tcheou」(『기메 박물관 연감Annales du Musée Guimet』, VIII, XXII) –
샤를 조셉 드 아를레즈Charles-Joseph de Harlez

질의 응답Notes and Queries

99~105   1. 사할리엔 섬의 기후Climat de l'île Sachalien[1] – 구스타프 슐레겔

2. 계시 종교에 대한 중국인의 견해A Chinaman's opinion on revealed religion

3. 미국에 있는 중국인 하인들Chinese servants in America

4. 기메 박물관의 극동 컬렉션들Les Collections de l'extrême Orient au Musée Guime: 아이모니에Aymonier 컬렉션; 드 생 폴 리아스de Saint-Pol-Lias 컬렉션; 드 흐루트De Groot 컬렉션; 샤를 바라Charles Varat의 한국 컬렉션 –『토론 저널Journal des débats』

―――― 제2호 (1894) ――――

107~122   샤를 조셉 드 아를레즈Charles-Joseph de Harlez(1832~1899), 「『주례』와 『산해경』Le Tcheou-li et le Shan-hai-king」(42쪽에 이어)

123~134   코르넬리스 마리누스 플레이트Cornelis Marinus Pleyte Wzn (1863~1917),[2] 「바탁 사람들이 쓰는 신비한 막대기의 신화적 기원L'origine mythique du bâton magique en usage chez les Bataks」

---

1 사할리엔Sachalien은 사할린Sakhalin의 독일식 표기이다. 일본어로는 카라푸토樺太島, 중국어로는 쿠예다오庫頁島, 만주어로는 사할리얀Sahaliyan으로 표기한다.

2 코르넬리스 마리누스 플레이트Cornelis Marinus Pleyte Wzn(1863~1917)은 암스테르담 황실 동물학Natura Artis Magistra 협회의 민속박물관 큐레이터로 소개되어있다. 바탁족의 원문과 그 해석이 소개되어 있다.

단편 모음Mélanges

135~146 구스타프 슐레겔, 「중국의 두부와 대두 그리고 르세르프 씨의 콩빵
The Chinese Bean-Curd and Soy and the Soya-Bread of Mr. Lecerf」[1]

147~151 구스타프 슐레겔, 「과학적 제과를 위한 제언Scientific Confectionary」

소식Chronique

152~161 독일과 오스트리아; 아메리카; 중국; 프랑스; 이탈리아; 일본; 네덜란드와 네덜란드 식민지들; 스웨덴; 스위스

고인의 약력 또는 부고Nécrologie

162 세르게이 미카일로비치 게오르지에프스키Sergey Michailovich Georgievsky (1851~1893) - 앙리 코르디에

163 알렉산더 테오도어 폰 미덴도르프Alexander Theodor von Middendorff (1815~1894) - 구스타프 슐레겔

163 자작 브르니에 드 몽모랑Le Vicomte Brenier de Montmorand (1813~1894) - 앙리 코르디에

서평란Bulletin critique

164~169 카알 아렌트Carl Arendt, 『북방 중국어 입문Einführung in die nordchinesische Umgangssprache』(슈투트가르트 & 베를린, 1894) - 구스타프 슐레겔

169~171 조르주 아페르Georges Appert(1850~1934), 『고대 일본Ancien Japon』[2](도쿄, 1888) - 구스타프 슐레겔

---

1 중국 두부와 대두의 영양성분을 분석하고 유럽에서의 적용을 시도한 글로, 두부荳腐, 두건荳乾, 두유荳油를 다루고 그 활용으로 르세르프 씨가 대두로 만든 빵을 소개했다.

2 일본제국 대학교 사서장 키노시타H. Kinoshita와 공동 작업한 책이라고 밝혔다.

171~174 빌헬름 톰센Vilhelm Thomsen(1842~1927), 『오르혼과 예니세이의 비문 해독 Déchiffrement des Inscriptions de l'Orkhon et de l'Iénisséi』(코펜하겐, 1894) - 구스타프 슐레겔

통신Correspondance

175 국제동양학 학회 상임위원회 대표 고틀립 빌헬름 라이트너Gottlieb Wilhelm Leitner(1840~1899)의 공문

질의 응답 Notes and Queries

5. 「중국에서 온 염소 가죽에 의해 전염되는 악성 농포Pustule maligne transmise par des peaux de chèvre venant de Chine」 - 파리 의학 아카데미의 1894년 1월 9일 회의 내용을 발췌함.

6. 아모이(廈門) 통신원의 편지

─── 제3호 (1894) ───

179~201 구스타프 슐레겔, 「지리 문제: 중국 사료에 보이는 이민족들 Problèmes géographiques: Les Peuples Étrangers Chez les Historiens Chinois」. XIII. 니리국泥離國

201~213 구스타프 슐레겔, 「지리 문제: 중국 사료에 보이는 이민족들 Problèmes géographiques: Les Peuples Étrangers Chez les Historiens Chinois」. XIV. 안티헬리언의 나라背明國

213~217 구스타프 슐레겔, 「지리 문제: 중국 사료에 보이는 이민족들 Problèmes géographiques: Les Peuples Étrangers Chez les Historiens Chinois」. XV. 역겨운 오랑캐들의 나라鬱夷國

218~224 구스타프 슐레겔, 「지리 문제: 중국 사료에 보이는 이민족들

Problèmes géographiques: Les Peuples Étrangers Chez les Historiens Chinois」.

XVI. 빛이 가득한 나라含明國

224~233　구스타프 슐레겔,「지리 문제: 중국 사료에 보이는 이민족들
Problèmes géographiques: Les Peuples Étrangers Chez les Historiens Chinois」.

XVII. 오명국吳明國

234~259　오스카 프랑크푸르터Oscar Frankfurter(1852~1922),「시암의 오
일렌슈피겔- 스리 타농사이의 견문Ein Siamesischer Eulenspiegel. Die
Erlebnisse des sri thanonxai」[1]

단편 모음Mélanges

260~271　펠릭스 레가미Félix Régamey(1844~1907),「정치적 암살자Un assassin
politique」[2]

잡록Variété

272~274　쥘리에뜨 아당Juliette Adam(1836~1936),「일본과 중국의 정치 일
화Anecdotes politiques japonaises et chinoises」-1894년 1월 30일『Le
Journal』

소식Chronique

275~284　독일과 오스트리아; 스페인; 프랑스; 프랑스와 시암; 인도차이나;
일본; 네덜란드와 네덜란드 식민지들; 러시아

1　스리 타농사이Sri Thanonxai는 아유타야 왕국 시기의 구전 서사시에 나오는 트릭스터Trickster로 시암 설화
에서 아유타야 왕의 상대적 역할을 맡은 캐릭터이다. 중세 저지 독일에서 구전되는 틸 오일렌슈피겔Till
Eulenspiegel과 비교되는 것은 이 글에서 비롯되었다.
2　이 암살자는 조선인 최초의 프랑스 유학자이자 개화파 김옥균을 암살한 홍종우洪鍾宇를 말한다. 이 문건
은 펠릭스 레가미와의 관계. 홍종우가 파리에서 한 활동을 잘 보여주는 중요한 자료이다. 펠릭스 레가미
는 홍종우가 1854년 서울에서 출생했다고 기록하고 있다. 이 출생 연도는 우리가 알고 있는 1850년과
는 상당한 차이가 있다.

고인의 약력 또는 부고Nécrologie

285   피터 레오폴드 폰 슈렝크Peter Leopold von Schrenck(1826~1894) - 구스타프 슐레겔

286   필립 에두아르 푸코Philippe Edouard Foucaux(1811~1894) - 앙리 코르디에

287   폴 앙브로이즈 비강데Paul Ambroise Bigandet(1813~1894) - 앙리 코르디에

287   브라이언 호턴 호지슨Brian-Hougthon Hodgson(1800~1894) - 앙리 코르디에

287~288   메조프V. E. Mejov[3] - 앙리 코르디에

서평란Bulletin critique

289~291   카알 뮌징거Carl Munzinger, 「일본어의 심리학Die Psychologie der Japanischen Sprache」(『독일 동아시아 자연사 및 민족학 연구회 발표록Mitteilungen der Deutschen Gesellschaft für Natur-und Völkerkunde Ostasiens, Tokyo』, 6, 1894, 2월) - 구스타프 슐레겔

291~298   로도비코 노첸티니Lodovico Nocentini, 「중국인들에게 돌아가는 미국의 발견La scoperta dell' America, attribuita ai Cinesi」(『제네바 제1차 이탈리아 지리학회 보고서Actes du 1er congrès géographique italien à Gènes』, 1892) - 구스타프 슐레겔

——— 제4호 (1894) ———

299~310   오토 프랑케Otto Franke(1863~1946), 「새로운 불교 선전Eine neue

---

3   1894년 6월 세인트 페테르부르크에서 죽은 저명한 러시아 서지학자.

Buddhistische Propaganda」

311~328 카미유 앵보 위아르Camille Imbault-Huart, 「베틀 후추Le Bétel」[1] - 빈
랑La Noix d'arec

단편 모음Mélanges

329~333 프리드리히 빌헬름 카알 뮐러Friedrich Wilhelm Karl Müller, 「파이巴夷
스크립트 개요Ein Brief in Pa-yi-Schrift」
334~340 빌헬름 그루베Wilhelm Grube(1855~1908), 「여진의 언어와 문자에
관한 초고Note préliminaire sur la langue et l'écriture Jou-tchen」

잡록Variété

341~350 제10회 국제동양학자 학술대회Xe Congrès International des Orientalistes
- 앙리 코르디에

소식Chronique

351~355 독일과 오스트리아; 아메리카; 영국; 중국; 프랑스; 일본; 네덜란드
와 네덜란드 식민지들; 러시아

고인의 약력 또는 부고Nécrologie

356~359 뒤트러이 드 행스Dutreuil de Rhins(1846~1894) - 샤를 모노엥Ch.
Maunoin[2]
359 루이 가브리엘 갈데릭 오바레Louis Gabriel Galdéric Aubaret(1825~1894)

---

1 저자는 베틀 후추의 중국 명칭들, 구蒟, 구자蒟子, 구장蒟醬, 필발蓽茇과 토필발土蓽茇, 부류扶留, 배엽蔞葉
을 설명하고 구분했다.
2 샤를 모노엥의 '지리협회의 회장secrétaire général'으로 표기한 것을 근거로, 1867~1896년간 지리학회장
을 지낸 프랑스 지리학자 샤를 모누아르Charles Maunoir(1830~1901)의 오기일 것이다.

- 앙리 코르디에

359~360 케르가라덱 백작Comte de Kergaradec[3]

360 테리앙 드 라쿠페리Terrien de Lacouperie(1844~1894) – 구스타프 슐레겔

서평란Bulletin critique

361~365 빌리 방Willy Bang, 「반항Erwiederung」 – 폴 게오르그 묄렌도르프Paul Georg von Moellendorf(1847~1901)

365~369 하인리히 니쎈Heinrich Nissen(1839~1912), 「중국과 로마 제국 사이의 교역Der Verkehr zwischen China und dem Römischen Reiche」 – 구스타프 슐레겔

질의 응답Notes and Queries

369 7. 일각돌고래의 중국어 명칭Chinese name of Narwhal[4] – 구스타프 슐레겔

──── 제5호 (1894) ────

371~385 판 베튬B. A. J. Van Wettum(1870~1914),[5] 「중국인 커플의 혼례A Pair of Chinese Marriage Contracts」

---

3 알렉산드르 르 쥐모 드 케르가라덱Alexandre Le Jumeau de Kergaradec(1841~1894).

4 일각돌고래Monodon monoceros의 중국 명칭으로 슐레겔은 「정자통正字通」에 보이는 낙사마落斯馬를 들었다.

5 판 베튬B. A. J. Van Wettum(1870~1914)은 네덜란드 학생 통역사로 소개하고 있다. 그의 책으로 「중국과 일본 황제들 목록Alphabetical list of the Chinese and Japanese emperors」(라이덴, 1893)이 있다.

단편 모음Mélanges

386~390 프리드리히 히어트Friedrich Hirth(1845~1927), 「마르코 폴로 시기 킨사이杭州의 해운에 관하여Ueber den Schiffsverkehr von Kinsay zu Marco Polo's Zeit」[1]

390~391 프리드리히 히어트, 「쇄복瑣服이라는 단어Der Ausdruck So-fu」[2]

392 프리드리히 히어트, 「흰 코뿔소Das Weisse Rhinoceros」

393~397 오스카 프랑크푸르터Oscar Frankfurter(1852~1922), 「일곱 악마Die böse Sieben」

잡록Variété

398~399 가오디Kao-ti, 「한 반역자의 죽음La Mort d'un Rebelle」 – 태평천국에 관한 소식

399~400 1894년 11월 5일 피가로 신문에 실린 기사

소식Chronique

401~410 독일과 오스트리아; 벨기에; 영국과 아일랜드; 중국; 프랑스; 인도 차이나; 일본; 네덜란드와 네덜란드 식민지들

고인의 약력 또는 부고Nécrologie

411 윌리엄 드와이트 휘트니William Dwight Whitney(1827~1894) – 구스타프 슐레겔

411 솔로몬 시저 말란Solomon Caesar Malan(1812~1894) –앙리 코르

---

1 킨사이Kinsai는 마르코 폴로가 그의 견문록에서 '퀸사이Quinsai'로 표기하고 기술한 '항주杭州'로 추정되는 곳이다. 김호동 교수는 『마르코 폴로의 동방견문록』(374쪽)에서 이 퀸사이가 황제의 임시거처인 '행재行在'를 음역한 표기라고 설명한다.

2 '쇄복'은 서역 직물 명칭을 옮긴 것으로 원형은 복원되지 않았다. 자세한 것은 박세욱 역주, 『영애승람역주』(하, 124쪽)을 참고.

디에

412   티몰레옹 라이몽디Timoléon Raimondi(1827~1894) - 앙리 코르디에

서평란Bulletin critique

413~414   프리드리히 빌헬름 카알 뮐러Friedrich Wilhelm Karl Müller, 『나앙. 베
            를린 민족학 박물관에 있는 시암의 그림자극 인형Naăng. Siamesische
            Schattenspielfiguren im Kgl. Museum für Völkerkunde zu Berlin』(라이덴,
            1894) - 구스타프 슐레겔
414~416   카알 플로렌츠Karl Florenz(1865~1939), 『니혼기, 혹은 일본 연대기
            Nihongi oder Japanische Annalen』(도쿄, 1894) - 구스타프 슐레겔
416~418   샤를 조셉 드 아를레즈Charles-Joseph de Harlez(1832~1899)가 묄렌
            도르프A. M. von Moellendorff에게 보내는 「답신Réponse」(『통보』, 10월
            호, 361쪽)
418~419   빌리 방Willy Bang이 묄렌도르프A. M. von Moellendorff에게 보내는 「답
            신Antwort」

도서 목록Bibliographie

420~458   앙리 코르디에, 「중국 연구 도서Les Études chinoises(1891~1894)」

질의 응답Notes and Queries

459~460   8. 나뭇잎과 나무껍질에 쓴 글자들Characters on leaves and bark of Trees
            9. 교양 있는 한 일본 숙녀A learned Japanese lady

462~472   색인

1895년 유럽과 중국의 달력 {대조}European and Chinese Calendar

─── 증간 (1894) ───

1~57   프리드리히 히어트Friedrich Hirth, 「중국 문헌에 기록된 이슬람국가
        Die Länder des Islâms nach Chinesischen Quellen」[1]

58~64   후예M. J. de Goeje, 「히어트 교수의 '중국 문헌에 기록된 이슬람국
        가'에 관한 주석」

---

1   히어트 교수가 고증한 이슬람국가는 조여괄趙汝适의 『제번지諸蕃志』에 보이는 대식大食, 마가麻嘉, 층발
    層拔, 필파라弼琶囉, 물발勿拔, 중리中理, 옹만甕蠻, 기시記施, 백달白達, 필사라弼斯羅, 길자니吉慈尼, 물시
    리勿廝離, 노미蘆眉, 목란피木蘭皮, 물사리勿斯離, 알근타遏根陀, 곤륜층기崑崙層期, 다필사茶弼沙, 사가리야
    斯加里野, 묵가렵默伽獵 등이다. 이 연구는 서구 학자로는 최초인 '제번지역주'로 이어졌다(프리드리히 히
    어트Friedrich Hirth와 윌리엄 우드빌 록힐William Woodville Rockhill, 「조여괄: 『제번지』라는 12~13세기 중
    국과 아랍 교역에 관한 그의 저술CHAU JU-KUA: His Work on the Chinese and Arab Trade in the Twelfth and
    Thirteenth Centuries』, 세인트 페테르부르크, 왕립 과학 아카데미 출판부, 1911). 이 나라들에 관한 자세한
    사항은 박세욱, 『제번지역주』를 참고.

구 『통보』
제6책 (1985)

──── 제1호 (1895) ────

1~64   구스타프 슐레겔, 「지리 문제Problèmes géographiques」: 중국 사료에 보이는 이민족들Les Peuples Étrangers Chez les Historiens Chinois. XVIII. 마법의 세 섬三仙山; 영주瀛州; 방장주方丈洲; 봉구蓬丘 또는 봉래산 蓬萊山; 조주祖洲; 생주生洲.

단편 모음Mélanges

65~73   프리드리히 빌헬름 카알 뮐러Friedrich Wilhelm Karl Müller, 「『화한삼 재도회和漢三才圖繪』에서 발췌Aus dem Wakan Sansai Dzuye」: 1. 일본 현지 전설Eine japanische Lokalsage; 2. 도노 요시카都貞継

소식Chronique

74~76   독일과 오스트리아; 영국과 아일랜드; 중국; 한국; 일본; 네덜란드 와 네덜란드 식민지들; 러시아

고인의 약력 또는 부고Nécrologie

77   존 오닐John O'Neill(1837~1895) - 구스타프 슐레겔

78   니콜라우스 야드린체프Nicolaus Yadrintzeff(1842~1894) - 구스타프 슐레겔

78 빈말렌T. C. L. Wijnmalen(?~1895)[1] - 구스타프 슐레겔

서평란Bulletin critique

79~82 바일리Charles Édouard Bailly, 『중국어-프랑스어 사전Dictionnaire Chinois-Français』(5책, 사이공, 1889) - 앙리 코르디에

82~84 니콜라스 벨필드 데니스Nicholas Belfield Dennys(1829~1900), 『영국령 말레이 설명 사전A Descriptive Dictionary of British Malaya』(런던, 1894) - 앙리 코르디에

84 에링통 드 라 크루아Errington de la Croix(1848~1905), 『프랑스어-말레이어, 말레이어-프랑스어 어휘Vocabulaire français-malais et malais-français』(파리, 1889) - 앙리 코르디에

84 프랭크 스웨트넘Frank A. Swettenham(1850~1946), 『영어와 말레이어 어휘, 제1권 영어-말레이어Vocabulary of the English and Malay Languages with Notes』(파리, 1894) - 앙리 코르디에

84~85 아돌프 디르Adolf Dirr(1867~1930), 『안남어 이론과 실용 어법Theoretisch-praktische Grammatik der Annamitischen Sprache』(빈, 부다페스트 & 라이프치히, 1894) - 앙리 코르디에

85~92 「로도비코 노첸티니Lodovico Nocentini의 '오리엔트'에 관한 답변 Réponse à l'article de M. Nocentini dans "l'Oriente"」 - 구스타프 슐레겔

93~95 로더리히 폰 에커트Roderich von Erckert(1821~1900), 『코카서스 종족의 언어Die Sprachen des Kaukasischen Stammes』(빈, 1895) - 빌리 방 Willy Bang

95~98 프리드리히 폰 벵크스테른Friedrich von Wenckstern(1859~1914), 『일본제국의 도서 목록A Bibliography of the Japanese Empire』(런던) - 아우

---

1 빈말렌의 마지막 직책은 헤이그 왕립 도서관장이었고, 동인도의 문헌학, 지리학, 민속학 연구소 소장을 지낸 인물로 기록하고 있다.

구스트 그라마츠키Dr. August Gramatzky (1862~1942)

도서 목록Bibliographie

99~147   앙리 코르디에, 「중국 연구Les Études chinoises (1891~1894)」(II)

질의 응답Notes and Queries

148   중국과 일본 자료에 보이는 검은 손 인장Black Fingerprints on documents in China and Japan – 구스타프 슐레겔

────── 제2호 (1895) ──────

149~163   프리드리히 히어트Friedrich Hirth, 「조여괄趙汝适의 말라바르국Das Reich Malabar nach Chao Ju-kua」[2]

163~164   편집자의 주석 – 구스타프 슐레겔

165~215   구스타프 슐레겔, 「지리 문제Problèmes géographiques」: 중국 사료에 보이는 이민족들Les Peuples Étrangers Chez les Historiens Chinois. XIX. 유구국琉球國[3]

단편 모음Mélanges

216~221   빌리 방Willy Bang, 「알타이어의 'N' 종결사에 관하여Zum auslautenden N im Altaischen」

---

2   남비南毗−고림故臨−호다랄胡荼辣−마라화麻囉華 등을 다루었다.
3   「수서」의 '유구流求'을 분석한 논문으로, 박세욱의 「유구변증설」에도 소개되었다.

——— 제3호 (1895) ———

258~267 카알 힘리Karl Himly, 「『청문감淸文鑑』¹의 게임 편Die Abteilung der Spiele im 『Spiegel der Mandschu-Sprache』」

단편 모음Mélanges

268~295 샤반 자작Vte de Chabannes, 「카스인(Kas, 라오스 토착민) 나라로의 탐험Voyage au pays des Kas(sauvages du Laos)」²

잡록Variété

296~298 가스통 라바디-라그라브Gaston Labadie-Lagrave(1842~?), 「야마 카타 백작Le Comte Yamagata」, {프랭크 레슬리의 월간지Frank Leslie's Popular Monthly}³

소식Chronique

299~304 독일과 오스트리아; 아메리카; 영국; 중국; 미국; 포르모사(타이 완); 프랑스; 일본; 네덜란드와 네덜란드 식민지들; 러시아; 시암

서평란Bulletin critique

305~307 앙리 코르디에, 『중국 도서 목록Bibliotheca Sinica』(제3책, 파리, 1895)-구스타프 슐레겔

307~310 게롤라모 에밀리오 게리니Gerolamo Emilio Gerini(1860~1913), 『쿨 라칸타망갈라, 시암에서 거행되는 삭발 의식Chulakantamangala or the Tonsure Ceremony as Performed in Siam』(방콕, 1895)-구스타프 슐레겔

---

1 전체 명칭은 「어제청문감御制淸文鑑」으로 1673~1708년에 황명으로 편집된 만주어 중심 사전이다.
2 주기 사항에는 1895년 3월 30일과 4월 6일 피가로 신문의 증보 문예란에 실린 기사를 발췌했다고 한다.
3 이 월간지는 1876~1904년까지 발간된 미국 대중 문학 잡지이다.

310~311 에드먼드 버클리Edmund Buckley, 『일본의 남근숭배Phallicism in Japan』(시카고, 1895) - 윌리엄 조지 애스턴William George Aston(1841~1911)

311 스타니슬라스 르 갈Stanislas Le Gall(1858~1916), 『주희: 그의 학설과 영향朱熹 | Le Philosophe Tchou-hi sa doctrine et son influence』{(상하이, 1894)} - 샤를 조셉 드 아를레즈Charles-Joseph de Harlez(1832~1899)

311~313 킨자 린제 히라이Kinza Ringé M. Hirai(1859~1916), 『있는 그대로의 일본Japan wie es wirklich ist』(라이프치히, 1895) - 아우구스트 그라마츠키 박사Dr. August Gramatzky(1862~1942)

도서 목록 Bibliographie

314~332 프리드리히 히어트Friedrich Hirth, 『중국 문헌사 기초: 와일리의 『중국 문헌 설명』[1]에 대한 보충Bausteine zu einer Geschichte der chinesischen Literatur: Als Supplement zu Wylie's "Notes on Chinese Literature"』

질의 응답 Notes and Queries

333~342 2. 중국 황실의 가족The Chinese impérial family[2]; 3. 맨드레이크The Mandrake[3]

343 독자들에게 호소하는 글

---

1 영국 개신교 선교사인 알렉산더 와일리Alexander Wylie(1815~1887)가 중국 문헌들을 해제한 자료로, 1867년 상하이와 런던에서 간행되었다.

2 윌리엄 프레데릭 메이어스William Frederick Mayers(1831~1878)가, 1875년 『경보京報』 부록으로 간행한 자료를 구스타프 슐레겔이 어렵게 구해 수록한 글이다.

3 맨드레이크는 한자로 '압부로押不蘆'로 음역된 뿌리식물로, 최음제로 잘 알려진 식물이다. 일본의 식물학자 미나카타 쿠마구수南方 熊楠(1867~1941)가 1895년 4월 25일 자 『네이처Nature』에 기고한 글(608쪽)을 발췌한 글이다.

——— 제4호 (1895) ———

345~363 카알 힘리Karl Himly, 「『청문감淸文鑒』의 게임 편Die Abteilung der Spiele im 『Spiegel der Mandschu-Sprache』 II」

단편 모음Mélanges

364~368 프리드리히 히어트Friedrich Hirth, 「중국 연구에 관하여Über sinologische Studien」

369~380 샤를 조셉 드 아를레즈, 「최초 중국 사람의 이름과 소위 백성百姓 이라는 것Le nom des premiers Chinois et les prétendues tribus Bak」

381~392 「여왕 폐하가 도쿄에 파견한 장관이 보내온 특보: 1895년 4월 17일 전송된 중국과 일본 사이의 평화조약 사본Despatch from Her Majesty's Minister at Tôkiô, Forwarding Copy of the Treaty of Peace Concluded between China and Japan, April 17, 1895」[4]

소식Chronique

393~402 독일과 오스트리아; 아메리카; 영국과 아일랜드; 중국; 프랑스; 일본

고인의 약력 또는 부고Nécrologie

403~406 모토요시 사이자우Motoyosi Saizau(1866~1895)[5]

407~412 토마스 프랜시스 웨이드Thomas Francis Wade(1818~1895)[6] - 앙리

---

4 바로 청일전쟁의 종결과 함께 체결된 시모노세키 조약이다.
5 모토요시 사이자우는 도쿄 출신으로 원명은 모토요시 사이조우元吉清蔵로, 파리에서 산 시인이다. 이 고인의 약력 또는 부고는 앙리 코르디에가 쓴 것으로 보이는데, 이 귀화한 일본 시인에 대한 가장 많은 정보를 담고 있다.
6 1895년 9월 파리에서 작성된 이 고인의 약력 또는 부고는 『왕립 아시아 학회 저널Journal of the Royal

코르디에

서평란Bulletin critique

413~414 바실 홀 챔벌린Basil Hall Chamberlain(1850~1935), 『루추 사람
Loochooan[1]들의 언어The Loochooan Language』[2] - 윌리엄 조지 애스턴
William George Aston(1841~1911)

414~415 롤랑 보나파르트 왕자Prince Roland Bonaparte(1858~1924), 『13, 14
세기 몽골 시기의 문헌Documents de l'époque Mongole des XIIIe et XIVe
siècles』(파리, 1895) - 구스타프 슐레겔

도서 목록 Bibliographie

416~446 프리드리히 히어트Friedrich Hirth, 『중국 문헌사 기초: 와일리의 『중
국 문헌 설명』[3]에 대한 보충Bausteine zu einer Geschichte der chinesischen
Literatur: Als Supplement zu Wylie's "Notes on Chinese Literature"』(332쪽에
이어)

질의 응답 Notes and Queries

447~448 4. 푸투Pootoo[4] 사당에 관하여 - 구스타프 슐레겔

Asiatic Society』에서 발췌했다고 밝히고 있다.

1 '루추'는 류큐, 즉 오키나와섬의 다른 표기이다. 조지 스미스George Smith가 1850년 오키나와를 견문하고
쓴 『류추와 류추인Lewchew and the Lewchewans』(런던, 1853)의 표지에 '루 추Loo Choo'란 표기를 읽을 수
있다.

2 언제 어디에서 출간되었는지 언급하지 않았다. 챔벌린은 류큐에 1893년에 여행하고, 그 결과를 런던 왕
립 지리학회지에 일부를 발표했다고 한다. 일본의 아시아학회에서 단행본으로 출간하기로 예정되었던
자료라고 밝히고 있다.

3 영국 개신교 선교사인 알렉산더 와일리Alexander Wylie(1815~1887)가 중국 문헌들을 해제한 자료로,
1867년 상하이와 런던에서 간행되었다.

4 푸젠 샤먼시 근처에 있는 '남보타묘南普陀廟'를 말한다.

449~463   조지 필립스George Phillips, 「중세기 푸젠의 두 무역항, 취안저우泉
          州와 장저우漳州 | Two mediæval Fuh-kien trading ports, Chûan-chow and
          Chang-chow」

464~498   알브레히트 폰 데어 슐런부어크 박사Dr. Albrecht von der Schulenburg,
          「『좌전左傳』의 이야기에 따른 무강武姜과 그녀의 두 아들Fürstin
          Kiang und ihre beiden Söhne. Eine Erzählung aus dem Tso-Tschuen」

단편 모음Mélanges

499~508   구스타프 슐레겔, 「중국어에 대한 북경식 맞춤법의 확장적 사용
          에 관하여On the extended use of "The Peking System of orthography" for the
          Chinese language」

잡록Variété

509~510   앙리 슈발리에Henri Chevalier, 「12명의 신장神將에 관한 설명Note sur
          les 12 Sin-tjyang」

소식Chronique

511~515   독일과 오스트리아; 아메리카; 영국과 아일랜드; 중국; 한국; 포르
          모사(타이완); 일본; 네덜란드와 네덜란드 식민지들

서평란Bulletin critique

529~532   빌헬름 라틀로프Wilhelm Radloff(1837~1918)『몽골의 고대 튀르크
          어 비문Die Alttürkischen Inschriften der Mongoleï』(세인트 페테르부르크,
          1895)-구스타프 슐레겔

통신Correspondance

질의 응답Notes and Queries

1896년 유럽과 중국의 일력 {대조}European and Chinese Calendar for the year 1896

구 『통보』
제7책 (1896)

—— 제1호 (1896) ——

1~38   에두아르 샤반Édouard Chavannes(1865~1989), 「기원전 238년~기원전 87년 중국 연대기La Chronologie chinoise de l'an 238 a l'an 87 avant J.-C.」

단편 모음Mélanges

39~46   아나톨 빌퀸Anatole Billequin,[1] 「한국의 도자기에 관한 설명Note sur la porcelaine de Corée」

47~53   구스타프 슐레겔, 「야마野馬와 백구白駒 | The Desert Horses and the White Colt」

잡록Variété

54~55   구스타프 슐레겔, 『베를린 타그플라트Berliner Tageblatt』에 실린 베를린 주재 중국 대사관 문제 담당자와의 인터뷰 내용

55~57   알퐁스 옹베르Alphonse Humbert(1844~1922), 「중국의 철로Les Chemins de fer chinois」

58~59   카미유 앵보 위아르Camille Imbault-Huart, 「1895년 6월 광저우의 인

---

1   산업부와 보자르의 특파원이자 북경대학 화학과 교수.

구「La population de Canton en Juin 1895」

소식Chronique

60~84   독일과 오스트리아; 중앙아시아; 영국과 아일랜드; 중국; 코친-차이나; 한국; 프랑스; 이탈리아; 일본; 네덜란드와 네덜란드 식민지들; 러시아; 시암; 통킹

고인의 약력 또는 부고Nécrologie

85   알베르 마리 부이내Albert Marie Bouinais(1851~1895)

85   앙리 암부르스테Henri Armbruster(1842~1896)

서평란Bulletin critique

86~91   루돌프 드보라크Rudolf Dvořák(1860~1920), 『공자와 그의 학설 Confucius und seine Lehre』(Münster, 1895) - 구스타프 슐레겔

91~94   제임스 레게James Legge(1815~1897), 『이소離騷와 그 저자The Lî sâo Poem and Its Author』(옥스포드, 1895) - 구스타프 슐레겔

94~102   스튜어트 쿨린Stewart Culin(1858~1929), 『한국의 게임, 그에 상응하는 중국과 일본의 게임에 관한 설명을 붙임Korean Games with Notes on the Corresponding Games of China and Japan』(필라델피아, 1895) - 구스타프 슐레겔

통신Correspondance

103~104   마르셀 모니에Marcel Monnier(1853~1918)가 1895년 5월에 『땅 Temps』에 보낸 박닌Bac-ninh에 관한 기술

105~107   스타니슬라스 르 갈Stanislas Le Gall(1858~1916) 신부가 앙리 코르디에H. Cordier에게 보낸 편지

질의 응답 Notes and Queries

108~111   1.「중국의 날짜Dates Chinoises」- 에두아르 샤반

2.「중국 인종의 확산Expansion de la race chinoise」- 구스타프 슐레겔

3.「일본인들의 장수Longévité des Japonais」- 구스타프 슐레겔

4.「식용 백합Le Lis comestible」- 1896년 1월 30일 자『쁘띠 땅Petit Temps』

———— 제2호 (1896) ————

113~134   빌렘 피터 흐루너펠트Willem Pieter Groeneveldt,「『중국 자료에서 편집한 말레이반도와 말라카』에 관한 보충 주석Supplementary Jottings: To the "Notes on the Malay Archipelago and Malacca. Compiled from Chinese Sources"」

135~150   카알 힘리Karl Himly,「『청문감清文鑑』의 게임 편 IIIDie Abteilung der Spiele im 『Spiegel der Mandschu - Sprache』 III」

단편 모음Mélanges

151~157   프리드리히 히어트Friedrich Hirth,「퀼 타긴Köl Tägin의 중국어 비문과 그 비문 작성자에 관하여Ueber den Verfasser und Abschreiber der chinesichen Inschrift am Denkmal des Köl Tägin」

158~161   구스타프 슐레겔,「타긴特勤과 퇴레특륵特勒 | Tägin et Töre」

잡록Variété

162~168   에드몽 플로슈Edmond Plauchut (1824~1909),「포르모사Formose」

소식Chronique

169~174   독일과 오스트리아; 영국과 아일랜드; 중국; 한국; 프랑스; 이탈리아; 일본; 통킹

고인의 약력 또는 부고Nécrologie

175   라인홀트 로스트 박사Dr. Reinhold Rost(1822~1896) -앙리 코르디에

서평란Bulletin critique

176~182   아르투어 폰 로스토른Arthur von Rosthorn(1862~1945), 『4세기에 이르기까지 중국 세력의 서남쪽으로의 확장Die Ausbreitung der chinesischen Macht in südwestlicher Richtung bis zum vierten Jahrhundert nach Chr.』(라이프치히, 1895) -구스타프 슐레겔

182~191   빌헬름 톰센Vilhelm Thomsen(1842~1927), 『오르혼의 비문들 Inscriptions de l'Orkhon』(헬싱키, 1896) -구스타프 슐레겔

191~193   카알 플로렌츠Karl Florenz(1865~1939), 『일본 백국白菊의 노래 Japanische Dichtungen-Weissaster』 -아우구스트 그라마츠키 박사Dr. August Gramatzky(1862~1942)

통신Correspondance

194   샤를 조셉 드 아를레즈Charles-Joseph de Harlez(1832~1899)가 구스타프 슐레겔에게 보내는 편지

알림Annonces

195   브릴Brill 출판사에서 펴낸 『서유기西遊記』 서문에 소개된 「중국 문체에서 대구법La loi du parallélisme en style Chinois」

197~222   샤를 조셉 드 아를레즈, 「『역경易經』 해설L'Interprétation du Yi-king」

223~240   조지 필립스George Phillips, 「중세기 푸젠의 두 무역항, 취안저우泉州
와 장저우漳州, IITwo Mediæval Fuh-Kien Trading Ports. Chüan-Chow and
Chang-Chow. Part II」

단편 모음Mélanges

241~250   프랑케A. Franke, 「중국학 연구와 히어트 교수Die sinologischen Studien
und Professor Hirth」

잡록Variété

251~254   마르셀 모니에Marcel Monnier(1853~1918), 코친차이나 열풍
Cochinchinoiseries」

254~257   「일본의 민족혼-야마토 마다시이Yamato-Damashi-L'âme japonaise」[1]
-라울 빌타르 드 라구에리Raoul Villetard de Laguérie(1858~1913)

257~261   「중국의 정치가: 이홍장Un homme d'état chinois: Li Hong-tchang」-가
오Kao

261~262   1897년 9월 5일~12일간 파리에서 열리는 제11차 국제동양학자
학술회의Congrès international des Orientalistes. Onzième Session 알림

소식Chronique

263~274   독일과 오스트리아; 벨기에; 중국; 한국; 프랑스; 일본; 네덜란드와

---

[1] 일본인들의 집단의식인 동시에 집단무의식이기도 한 야마토 다마시이大和魂는 건국 신화로부터 유래한
다. 일본의 국조신 신무천황神武天皇은 대화(나라 지방)에 국가를 건설했다고 하는데 훗날 '나라奈良의 정
신, 또는 나라를 중심으로 한 화합'이라는 의미의 대화혼 또는 일본 정신으로 진화했다.

네덜란드 식민지들; 러시아; 시암

고인의 약력 또는 부고Nécrologie

275~276 윌리엄 록하트William Lockhart, 雒魏林(1811~1896) -앙리 코르디에

276 콘스탄 드 데켄Constant de Deken(1852~1896) -앙리 코르디에

서평란Bulletin critique

277~280 빌헬름 그루베Wilhelm Grube(1855~1908), 『여진 언어와 문자Die Sprache und Schrift der jučen』(라이프치히, 1896) -구스타프 슐레겔

280~281 에밀 브레트슈나이더Emil Bretschneider(1833~1901), 『중국 식물학 Botanicon Sinicum』(III, 상하이, 홍콩, 요코하마, 싱가포르, 1895) - 구스타프 슐레겔

281~282 에밀 브레트슈나이더Emil Bretschneider, 『중국 지도Map of China』(세인트 페테르부르크, 1896) -구스타프 슐레겔

282~283 앙리 코르디에, 『대영박물관 소장 필사본 중국-한국 지도집 설명Description d'un Atlas Sino-Coréen manuscrit du British Museum』(파리, 1896) -구스타프 슐레겔

283~284 바실 홀 챔벌린Basil Hall Chamberlain(1850~1935), 『류큐어 문법과 사전을 위한 글Essay in Aid of a Grammar and Dictionary of the Luchuan Language』(요코하마, 1895) -구스타프 슐레겔

285~286 프란츠 퀴너트Franz Kühnert(1852~1918), 『중국어 리듬에 관하여 Über den Rhythmus im Chinesischen』(빈, 1896) -구스타프 슐레겔

286~287 판 데어 히이스J. A. van der Chijs(1831~1905), 『바타비아의 예술과 과학 학회의 동전 수집 목록Catalogus der Numismatische verzameling van het Bataviaasch Genootschap van Kunsten en Wetenschappen』(바타비아, 1896) -구스타프 슐레겔

288~290 폴 카루스Paul Carus(1852~1919), 「중국 철학Chinese Philosophy」(『일 원론The Monist』, 6-2, 1896) - 구스타프 슐레겔

290~293 『동양학 평론, 상트페테르부르크 왕립 대학 교수와 강사들 의 연구 논문집Восточныя замѣтки. Сборникъ статей и изслѣдованій профессоровъ и преподавателей факультета восточныхъ языковъ Императорскаго С.-Петербургскаго Университета』(세인트 페테르부르 크, 1895) - 헨드릭 케른Hendrik Kern(1833~1917)

293~294 트루스만Trusman, 『추드¹인들의 비문Tschoudskia pismena』(레발, 1896) - 구스타프 슐레겔

도서 목록Bibliographie

295~322 프리드리히 히어트Friedrich Hirth, 『중국 문헌사 기초: 와일리의 『중 국 문헌 설명』에 대한 보충Bausteine zu einer Geschichte der chinesischen Literatur: Als Supplement zu Wylie's "Notes on Chinese Literature"』(『통보』, 6 책, 446쪽에 이어)

─── 제4호 (1896) ───

325~355 빌리 방Willy Bang, 「몽골의 튀르크어 비문에 관하여Zu den Kök Türk-Inschriften der Mongolei」

356~396 샤를 조셉 드 아를레즈Charles-Joseph de Harlez(1832~1899), 「산스 크리트-중국어로 된 불교 용어. 한범집요漢梵集要, 불교 교리 요약 집Vocabulaire Bouddhique Sanscrit-Chinois」

---

1 추드Chud｜Chude는 12세기 러시아 연대기East Slavic chronicles에서 나온 용어로, 추드 사람들Chuds｜ Chudes을 지칭했다. 이들이 산 지역은 러시아 북서부, 현 에스토니아 카렐리아Karelia에 해당한다.

단편 모음Mélanges

397~407 프랑케A. Franke, 「중국학 연구와 히어트 교수Die sinologischen Studien und Professor Hirth」

407~413 구스타프 슐레겔, 「이홍장李鴻章의 쉐브닝겐 방문La visite de Li Houng-tchang à Schéveningue」

잡록Variété

414~416 앙리 코르디에, 「주중 미국의 전권공사들Les ministres plénipotentiaires des États-Unis en Chine」

고인의 약력 또는 부고Nécrologie

417~423 테오도르 파비에Théodore Pavie(1811~1896) - 앙리 코르디에

423~427 엔리 케르누시Henri Cernuschi(1821~1896) - 앙리 코르디에

427~428 요제프 하아스Joseph Haas(1847~1896) - 앙리 코르디에

428 조셉 페트릭 발 데르마오Joseph Patrick Val d'Eremao(1841~1896) - 구스타프 슐레겔

서평란Bulletin critique

429~430 윌리엄 조지 애스턴William George Aston(1841~1911), 『런던 일본학회 회보 및 발표록, 증보 1, 태초부터 697년까지의 일본 사적에 관한 기록Transactions and Proceedings of the Japan Society, London, Supplement I. Nihongi, Chronicles of Japan from the Earliest Times to A.D. 697』(런던, 1896) - 구스타프 슐레겔

431 『이탈리아의 아시아 학회 잡지Giornale della Società Asiatica Italiana』(제 9권, 피렌체, 1895~1896) - 구스타프 슐레겔

431~434 게오르그 후트Georg Huth(1867~1906), 『지그 메드 남 므카의 티

베트 어문에 따른 몽골 불교사-몽골 정치사에 관한 서문을 붙임Geschichte des Buddhismus in der Mongolei. Mit einer Einleitung: politische Geschichte der Mongolen, Aus dem Tibetischen des Jigs-Med Nam-Mk'a』(베를린, 1896) - 구스타프 슐레겔

434~435 에티엔느 지P. Etienne Zi(1851~1932), 『중국의 무과시험 제도 Pratique des Examens militaires en Chine』(상하이, 1896) -구스타프 슐레겔

436 요하네스 카알 리하트 리임Johannes Karl Richard Riem, 『1881년 테뷰트Tebbut 혜성 III의 초기 출현에 관하여, 중국 역사 기록과 연계하여Über eine frühere Erscheinung des Kometen 1881 III Tebbut. Im Anschluss an die chinesischen Annalen dargestellt』(괴팅겐, 1896) - 구스타프 슐레겔

436~437 하인리히 빙클러Heinrich Winkler, 『세 가지 언어로 된 비문에서 두 번째 열의 언어와 알타이어Die Sprache der zweiten Columne der dreisprachigen Inschriften und das Altaische』(브로츠와프, 1896) -구스타프 슐레겔

소식Chronique

438~480 독일과 오스트리아; 중앙아시아; 벨기에; 영국과 아일랜드; 중국; 한국; 미국; 포르모사; 프랑스; 인도차이나; 일본; 네덜란드와 네덜란드 식민지들; 러시아; 시암; 통킹

도서 목록Bibliographie

481~507 프리드리히 히어트Friedrich Hirth, 『중국 문헌사 기초: 와일리의 『중국 문헌 설명』에 대한 보충Bausteine zu einer Geschichte der chinesischen Literatur: Als Supplement zu Wylie's "Notes on Chinese Literature"』(『통보』, 7책, 332쪽에 이어)

통신Correspondance

508   샤를 조셉 드 아를레즈Charles-Joseph de Harlez(1832~1899)의 편지

─── 제5호 (1896) ───

509~525 에두아르 샤반Édouard Chavannes(1865~1989), 「'기원전 238년~기원전 87년 중국 연대기La Chronologie chinoise de l'an 238 a l'an 87 avant J.-C.'에 대한 오류 수정」

526~561 알베르트 그륀베델Albert Grünwedel(1856~1935), 「세 편의 렙차어 텍스트Drei Leptscha Texte」:『파드마 탕 이그Padma-Than-Yig』[1]에서 발췌한 것과 용어 포함mit Auszügen aus dem Padma-than-Yig und Glossar

단편 모음Mélanges

562~580 「부다 가야의 중국어 비문들Les Inscriptions chinoises de Bouddha-Gayâ」 - 구스타프 슐레겔

581~585 「태풍의 어원Etymology of the Word Taifun」 - 구스타프 슐레겔

잡록Variété

586~588 「19세기 초 유럽의 중국 문헌 사본La reproduction des Textes Chinois en Europe au commencement du siècle」 - 앙리 코르디에.

---

1   『파드마 탕 이그Padma-Than-Yig』는 귀스타브 샤를 뚜쌩Gustave-Charles Toussaint(1869~1938)이 1911년 4월 3일 티베트 리탕Lithaṅ 라마교 사원에서 얻은 티베트 불경 필사본이다. 연꽃에서 태어난 파드마삼바바Padmasambhava의 전기와 관련되어 있다. 그륀베델이 어떻게 이 티베트 불경을 참고했는지는 알려지지 않았지만, 서양학자로는 가장 빠른 언급임에는 분명하다. 이 불경에 관해서는 뚜생이 「극동 프랑스학교 학보Bulletin de l'École française d'Extrême-Orient」(1920)에 발표한 「파드마 탕 이그Le Padma thaṅ yig」를 참고 하시오.

589~591 「불교 서적에 등장한 "메시아"라는 이름The Name of "Messiah" Found in a Buddhist Book; 네스토리우스교 선교사 아담, 장로, 중국의 교황, 불경의 번역The Nestorian Missionary Adam, Presbyter, Papas of China, Translating a Buddhist Sûtra」 - 다카쿠수 준지로Takakusu Junjiro(1866~1945)

고인의 약력 또는 부고Nécrologie

592~593 유젠 시몽G. Eugène Simon(1829~1896) - 앙리 코르디에

593~595 조지 필립스George Phillips(1804~1892) - 구스타프 슐레겔

서평란Bulletin critique

596~597 오토 도너Otto Donner(1835~1909), 『북아시아 튀르크어 자모의 기원에 관하여Sur l'origine de l'Alphabet Turc du Nord de l'Asie』(헬싱키, 1896) - 구스타프 슐레겔

597 알베르투스 빌렘 세이토프Albertus Willem Sijthoff(1829~1913), 『일본 판화집 목록Catalogue d'Estampes japonaises. Collection』(라이덴, 1896) - 구스타프 슐레겔

597 아놀드 비씨에르Arnold Vissière(1858~1930), 「런던에서 찾은 가경 嘉慶 황제가 영국 왕 조지 3세에게 보낸 편지Un message de l'Empereur K'ia-k'ing au roi d'Angleterre Georges III」(『역사적 서사적 지리 학술지 Bulletin de géographie historique et descriptive』, 1895) - 구스타프 슐레겔

597~598 피터 헨드릭 프롬버크Pieter Hendrik Fromberg(1857~1924), 「중국인 들은 유언장에서 무한한 권리를 가질 수 있는가?Mag een Chinees bij uitersten wil over zijn vermogen onbeperkt beschikken」(『네덜란드 동인도의 법률Het Recht In Nederlandsch-indië』, 66권, 1896) - 구스타프 슐레겔

소식Chronique

599~608 　독일과 오스트리아; 중앙아시아; 영국과 아일랜드; 중국; 한국; 포르모사; 프랑스; 일본; 네덜란드와 네덜란드 식민지들; 통킹

통신Correspondance

609~610 　어네스트 마르탱Ernest Martin(1830~1897)이 앙리 코르디에에게 보낸 편지

611 　빌리 방Willy Bang, 톰센Thomsen의 IE19-21 돌궐어 비문에 관하여 Zur köktürkischen Inschrift IE 19-21」

611~612 　빌헬름 그루베Wilhelm Grube(1855~1908)가 구스타프 슐레겔에게 보내는 편지

612~615 　구스타프 슐레겔이 빌헬름 그루베에게 보내는 답장

616 　정오표

617 　색인

1897년 유럽과 중국의 일력 {대조}European and Chinese Calendar for the year 1897

구 『통보』
제8책 (1897)

─── 제1호 (1897) ───

1~52   프리드리히 빌헬름 카알 뮐러Friedrich Wilhelm Karl Müller, 「노Nô 가
        면(能面)에 대한 몇 가지Einiges über Nô-Masken」
53~78   피에르 르페브르 퐁탈리스Pierre Lefèvre-Pontalis(1864~1938), 「태국
        의 인도차이나 침략L'invasion Thaïe en Indo-Chine」

단편 모음Mélanges

79~105 「구스타프 슐레겔, 「부다 가야의 중국어 비문들ⅡLes Inscriptions
        chinoises de Bouddha-GayâⅡ」

잡록Variété

106~107 시몬 하르트비흐 샤안크Simon Hartwich Schaank, 「말레이 편지에 있
         는 스탬프Stamps on Malay Letters」
107~108 에르빈 리터 폰 차흐Erwin Ritter von Zach(1872~1942), 「그루베
         교수의 여진-독일어 어휘에 대한 보충Einige weitere Nachträge zum
         Jucen-Deutschen Glossar Prof. Grube's」

고인의 약력 또는 부고Nécrologie

109~110 빌렘 니콜라스 뒤 리우Willem Nicolaas Du Rieu(1829~1896)-구스

타프 슐레겔

서평란Bulletin critique

111~114 하인리히 빙클러Heinrich Winkler, 『일본어와 알타이어Japaner und Altaier』(베를린, {1894}) - 빌리 방Willy Bang

114~115 빌헬름 그루베Wilhelm Grube(1855~1908), 『니콜라예브스키가 아무르 강가에서 발견한 여진어 비문에 대한 초탐Vorläufige Mittheilung über die bei Nikolajewski am Amur aufgefundenen Jučen-Inschriften』(베를린, 1896)

115~117 게오르그 후트Georg Huth(1867~1906), 「엔타이(宴臺) 여진 비문 해독Zur Entzifferung der Niüči-Inschrift von Yen-tˊai」[1](『세인트 페테르부르크 왕립 아카데미 회보Bulletin de lˊAcadémie Impériale des Sciences de St. Pétersbourg』, 1896) - 구스타프 슐레겔

117~118 아우구스트 콘라디August Conrady(1864~1925), 『인도차이나어의 사역 동사화-명사 술어화 형태론 및 그 음높이 악센트의 관계: 특히 티베트어, 버마어, 시암어, 인도차이나 언어와 중국어의 비교문법을 위한 기고Eine Indochinesische Causativ-Denominative-Bildung und ihr Zusammenhang mit den Tonaccenten: Ein Beitrag zur vergleichenden Grammatik der indochinesischen Sprachen, insonderheit des Tibetischen, Barmanischen, Siamesischen und Chinesischen』(라이프치히, 1896) - 구스타프 슐레겔

118 카알 플로렌츠Karl Florenz(1865~1939), 『일본의 시. 물든 잎Bunte Blätter. Japanische Poesie』(도쿄, 1896?) - 구스타프 슐레겔

111~120 헨리 링 로스Henri Ling Roth(1855~1925), 『사라왁과 영국령 북부 보르네오의 원주민The Natives of Sarawak and British North Borneo』(런던,

---

1 「대 금나라 정대 원년(1224) 과거 급제 명단大金正大元年登科題名碑」.

1896) - 구스타프 슐레겔

소식Chronique

121~127 독일과 오스트리아; 벨기에; 영국과 아일랜드; 중국; 한국; 프랑스;
영국령 인도; 일본; 네덜란드와 네덜란드 식민지들; 필리핀

질의 응답 Notes and Queries

128 1. 「서안부西安府에 있는 네스토리우스교 비Nestorian Monument at
Si-ngan foo」에 관하여

──── 제2호 (1897) ────

129~154 샤를 조셉 드 아를레즈Charles-Joseph de Harlez(1832~1899), 「산스
크리트-중국어로된 불교 용어. 한범집요漢梵集要, 불교 교리 요약
집Vocabulaire Bouddhique Sanscrit-Chinois」(『통보』, 제7책, 396쪽에 이
어)

155~180 카알 힘리Karl Himly, 「『청문감淸文鑑』의 게임 편 IVDie Abteilung der
Spiele im Spiegel der Mandschu-Sprache. IV」(『통보』, 제8책, 105쪽에 이
어)

단편 모음Mélanges

181~218 구스타프 슐레겔, 『부다 가야의 중국어 비문들 IILes Inscriptions
chinoises de Bouddha-Gayâ.II』(150쪽에 이어)

잡록Variété

219~220 1897년 9월 5~12일 파리에서 열릴 「제11차 국제동양학자 학술
회의Congrès international des Orientalistes」 안내문

고인의 약력 또는 부고Nécrologie

221~222 에이쇼 황태후英照皇太后(1835~1897) - 구스타프 슐레겔

서평란Bulletin critique

223~226 꼬랑땡 페티옹P. Corentin Pétillon, 『문학 전고Allusions littéraires』(제1책,
상하이, 1895) - 구스타프 슐레겔

226~229 알베르 체프P. Albert Tschepe, 『오{吳}나라 역사Histoire du pays de
Ou』(상하이, 1896) - 구스타프 슐레겔

229~231 윌리엄 조지 애스턴William George Aston, 『일본기日本紀 | Nihongi』{런
던 일본학회 회보와 회의록, 제2권Transactions and Proceedings of the
Japan Society, London, Volume II} - 구스타프 슐레겔
윌리엄 조지 애스턴William George Aston, 『런던 일본학회 회보 및 발
표록Transactions and Proceedings of the Japan Society, London』(『일본서기
Nihongi』, II, 런던, 1896) - 구스타프 슐레겔

231~232 존 오닐John O'Neill, 『신들의 밤, 우주와 우주 기원에 관한 신화
와 상징 탐색The Night of the Gods, an Inquiry into Cosmic and Cosmogonic
Mythology and Symbolism』(II, 런던, 1897) - 구스타프 슐레겔

233~234 『반성잡지反省雜誌 | The Hansei Zasshi』(12권, 1호, 도쿄, 1897) - 구
스타프 슐레겔

소식Chronique

235~257 독일과 오스트리아; 중앙아시아; 중국; 코친-차이나; 한국; 프랑

스; 일본; 러시아; 시암; 통킹

통신Correspondance

258   구스타프 슐레겔이 편집부에 보낸 편지

질의 응답 Notes and Queries

259   2.「시베리아의 기후The Climate of Siberia」(1896년, 3월 12일,『동아시아 로이드Ostasiatische Lloyd』에서)

─── 제3호 (1897) ───

261~308   구스타프 슐레겔Gustav Schlegel과 에르빈에어빈 리터 폰 차흐Erwin Ritter von Zach,「남발 발행된 만주어와 한어의 두 황실 증서Zwei Mandschu-Chinesische kaiserliche Diplome übersetzt und herausgebenherausgegeben」

단편 모음Mélanges

309~321   에드가르 블로쉐Edgard Blochet(1870~1939),「몽골 경내의 오르혼 강변에서 발견된 페르시아 비문에 관한 주석Note sur une inscription Persane trouvée sur les bords du fleuve Orkhon en Mongolie」

322~340   구스타프 슐레겔,『부다 가야의 중국어 비문들 III-VLes Inscriptions chinoises de Bouddha-Gayâ. III-V』(218쪽에 이어)

잡록Variété

341~342   구스타프 슐레겔,「불교 시조 33인의 명단Names of the 33 First

Buddhist Patriarchs」

고인의 약력 또는 부고Nécrologie

343   얀 피터 니콜라스 란드Jan Pieter Nicolaas Land(1834~1897) - 구스타
      프 슐레겔

343   판 덴 브루크M. J. A van den Broek[1] - 구스타프 슐레겔

344   조르주 랄르망-뒤무티에George Lallemant-Dumoutier(1866~1897) -
      앙리 코르디에

344~345 샤를 어네스트 마르탱Charles Ernest Martin(1830~1897) - 앙리 코르
         디에

서평란Bulletin critique

346~348 가브리엘 드베리아Gabriel Devéria, 「몽골-중국어 비명에 관한 주
         석Notes d'Épigraphie Mongole-Chinoise」(『아시아 저널Journal asiatique』,
         1896, 9~10월호와 11~12월호) - 구스타프 슐레겔

348~350 루돌프 랑에Rudolf Lange, 『일본 문자 쓰기 입문Einführung in die
         Japanische Schrift』(슈투트가르트 & 베를린, 1896) - 구스타프 슐
         레겔

350~352 앙리 아브레Henri Havret(1848~1901), 『서안부西安府의 기독교 비
         석La stèle chrétienne de Si-ngan-fou』(제1책, 상하이, 1895) - 샤를 조
         셉 드 아를레즈Charles-Joseph de Harlez(1832~1899)

소식Chronique

353~358 독일과 오스트리아; 영국과 아일랜드; 중국; 한국; 일본; 네덜란드
         와 네덜란드 식민지들; 시암

---

1   『통보』, 7권, 608쪽에서 네덜란드 동인도사 교수로 언급되었다.

질의 응답 Notes and Queries

359 　　3. 방승方勝의 의미The meaning of 方勝 - 구스타프 슐레겔

——— 제4호 (1897) ———

361~377 　시몬 하르트비흐 샤안크Simon Hartwich Schaank, 「고대 중국어 발음
　　　　　IAncient Chinese Phonetics, partI」

378~411 　앙리 아브레Henri Havret(1848~1901), 「한나라 연표La Chronologie
　　　　　des Han」

단편 모음Mélanges

412~430 　구스타프 슐레겔, 「자일스와 록하르트의 논쟁에서 따져볼 만한 몇
　　　　　가지 문제들Some Moot Points in the Giles-Lockhart controversy」[2]

잡록Variété

431~436 　제롬 토바르Jérôme Tobar 신부, 「'장모長毛' 반란군의 신조Le Credo des
　　　　　Rebelles "aux Longs Cheveux"」[3]

2　이 논고에서 슐레겔은 우의牛衣; 자수가열炙手可熱; 입설정문立雪程門; 늑대와 자칼; 토목형해土木形骸; 불
　양不颺과 관옥冠玉; 목후沐猴; 풍마우불상급風馬牛不相及; 보장步障; 말월피풍抹月披風 등을 설명했다.

3　이 글은 토바르 신부가 1895년 5월 29일 「중국과 콩고 선교Missiën in China en Congo」에 「몽골 중부; 이상
　한 발견물Mongolie Centrale; une découverte curieuse」이란 제목으로 실린 기사에서 본 '황길도의 신조黃吉道
　之理條'라는 12행으로 구성된 기독교 관련 한문 자료를 옮기고 번역하고 주석한 자료이다. 저자도 '황길
　도'가 사람 이름인지, 아니면 하나의 교파인지 판단하지 못했다.

서평란Bulletin critique

437~438   시몬 하르트비흐 샤안크Simon Hartwich Schaank, 『루풍¹ 방언Het Loeh-foeng-dialect』(라이덴, 1897) – 구스타프 슐레겔

438~441   허버트 알렌 자일스Herbert Allen Giles(1845~1935), 『중국인 인명사전古今姓氏族譜 | A Chinese Biographical Dictionary)』(제1책, 런던) – 구스타프 슐레겔

소식Chronique

442~450   독일과 오스트리아; 중국; 한국; 프랑스; 이탈리아; 일본; 네덜란드와 네덜란드 식민지들; 러시아; 스웨덴과 노르웨이; 통킹

질의 응답Notes and Queries

451~455   4. 유럽 스포츠에 관하여 한 중국인의 견해Opinion d'un Chinois sur le Sport européen²

5. 중앙아시아의 타직인들Les Tadjiks de l'Asie centrale

6. 중국에서 달걀흰자 조리Préparation de l'albumine d'oeuf en Chine

7. 안남의 밀랍La Cire en Annam

8. 중국의 첨Le Tchien 鹼 en Chine

9. 일본의 붉은 안료의 전해질 처리Préparation électrolytique du rouge du Japon

알림Annonces

456   1897년 11월 1일에 출간될 주간지 『러시아와 아시아Russie et Asie』

---

1   루풍Loeh-foeng은 루펑陸豐의 네덜란드어 표기로 민남閩南(푸젠 남부와 광둥)의 하위 방언으로 알려져 있다.

2   『동아시아 로이드Ostasiatische Lloyd』, 1897, 5월 14일, 1037쪽으로 출처를 밝혔다.

─────── 제5호 (1897) ───────

457~486 시몬 하르트비흐 샤안크Simon Hartwich Schaank, 「고대 중국어 발음 IIAncient Chinese Phonetics, partII」

단편 모음Mélanges

487~513 구스타프 슐레겔, 「제1부 부다 가야의 첫 번째 중국어 비문La première Inscription de Bouddha-Gayâ」 - 에두아르 샤반의 답변에 대한 반박Réplique à la réponse de M. E. Chavannes

잡록Variété

514~517 구스타프 슐레겔, 「국제동양학 학술대회Le Congrès international des Orientalistes」

서평란Bulletin critique

518~531 빌렘 피터 흐루너펠트Willem Pieter Groeneveldt, 「중국에서의 네덜란드인들De Nederlanders in China」(「『동남아시아 인문 사회과학 저널 (Bijdragen tot de taal-, land- en volkenkunde)』,} 1898) - 구스타프 슐레겔

531~533 코르넬리스 요한 비에이나엔트 프란켄Cornelis Johannes Wijnaendts Francken, 『일본 사람들Het Japansche volk』{(하를렘, 1897)} - 구스타프 슐레겔

533~538 빌헬름 라틀로프Wilhelm Radloff(1837~1918), 『몽골의 고대 튀르크어 비문Die Alttürkischen Inschriften der Mongoleï』(VII, 세인트 페테르부르크, 1897) - 빌리 방Willy Bang

소식Chronique

539~554 중앙아시아; 독일과 오스트리아; 캄보디아; 중국; 한국; 프랑스;
일본; 라오스; 네덜란드와 네덜란드 식민지들; 필리핀군도; 시암;
통킹

통신Correspondance

557~561 「'장모長毛' 반란군의 신조Le Credo des Rebelles "aux Longs
Cheveux"」에 관하여 - 샤를 조셉 드 아를레즈Charles-Joseph de
Harlez(1832~1899)

557~561 정정Berichtigung - 구스타프 슐레겔

알림Annonces

562 제임스 레게James Legge와 카미유 앵보 위아르Camille Imbault-Huart
부고

563 색인

1898년 유럽과 중국의 일력 {대조}European and Chinese Calendar, 1898

구 『통보』
제9책 (1898)

─── 제1호 (1898) ───

1~27 모리스 쿠랑Maurice Courant(1865~1935), 「9세기까지의 한국-일본과의 관계 및 일본 문명 기원에 대한 영향La Corée jusqu'au IXe siècle-Ses Rapports Avec le Japon et son Influence sur les Origines de la Civilisation Japonaise」[1]

28~57 시몬 하르트비흐 샤안크Simon Hartwich Schaank, 「고대 중국어 발음 IIIAncient Chinese Phonetics, PartIII」

잡록Variété

58 구스타프 슐레겔, 「포르모사의 고유 명사들Formosan Proper Names」

고인의 약력 또는 부고Nécrologie

59~63 제임스 레게James Legge(1815~1897) - 구스타프 슐레겔

서평란Bulletin critique

64~65 카알 플로렌츠Karl Florenz(1865~1939), 『일본기, 즉 일본 연대기, 번역과 해석Nihongi, oder Japanische Annalen, übersetzt und erklärt』(도쿄,

---

1 1897년 2월 21일 기메박물관 콘퍼런스.

1896~1897) - 구스타프 슐레겔[1]

65~78 드 호루트J. J. M. De Groot, 『중국의 종교 체계The Religious System of China』(제1책, 라이덴, 1897)[2] - 구스타프 슐레겔

소식Chronique

79~86 독일과 오스트리아; 아메리카; 영국과 아일랜드; 벨기에; 중국; 한국; 일본; 네덜란드와 네덜란드 식민지들; 필리핀 군도; 러시아

질의 응답 Notes and Queries

87 1. 살전撒殿[3]이라는 용어The term 撒殿 Sah tian

2. 승지노僧祇奴[4]라는 용어Sangchi-slaves 僧祇奴 - 구스타프 슐레겔

—— 제2호 (1898) ——

93~102 이삭 윌리엄 영Isaac William Young(1874~1937), 「삼보 동굴三寶洞-la grotte de Sam Po」[5]

103~116 앙리 코르디에, 「일본과 한국의 상황에 대하여: 고빌A. Gaubil 신부가 주석을 붙인 미발표 필사본De la situation du Japon et de la Corée

---

1 『통보』, IV, 101; V; 414; VI, 515쪽을 참고.
2 『통보』, III, 201~207; V; 355쪽을 참고.
3 『송사宋史』, 권489, 「외국·주련국注輦國」(14099쪽)에 기술되어 있다. 자세한 사항은 '중국정사외국전DB'를 참고.
4 『신당서新唐書』, 권222하, 「남만·가릉訶陵」(6302쪽)에 언급된 용어로, '지祇' 자인지, '기祇' 자인지 정확하지 않다. 대체로 아프리카 중부 동안의 '잔지바르'를 가리키는 말로 알려져 있으나 정확히 고증된 것은 아니다. 여기 『신당서』의 가릉訶陵은 자바섬을 말한다.
5 말레이시아 페락Perak, 이포Ipoh에 있는 중국 사원인 '세 부처의 동굴Sam Poh Tong Temple'을 말한다.

177~190   구스타프 슐레겔, 「지리 기술: I. 니코바르와 안다만 제도 Geographical Notes: I. The Nicobar and Andaman Islands」[1]

191~200   구스타프 슐레겔, 「지리 기술: II. 낭아수狼牙修 또는 낭아수狼牙須 그리고 실론Geographical Notes: II. 狼牙修 or 狼牙須 Lang-ga-siu or Lang-ga-su and Sih-lan shan 錫蘭山 Ceylan」

단편 모음Mélanges

201~214   레옹 페르Léon Feer(1830~1902), 「국가도서관 중국 장서 중 불교 서적 특별목록 소개Introduction au Catalogue spécial des ouvrages bouddhiques du Fonds chinois de la Bibliothèque nationale」

215~225   샤를 조셉 드 아를레즈Charles-Joseph de Harlez(1832~1899), 「『의례儀禮』에 다른 기원전 6세기의 중국어Le chinois parlé au VIe siècle A.C., d'après l'I-li」

잡록Variété

226~229   위르뱅 고이에Urbain Gohier(1862~1951), 「유럽과 중국L'Europe et la Chine」[2]

229~230   프랑수아 라울 오브리François Raoul-Aubry, 「문명의 적Les ennemis de la civilisation」[3]

230~232   「좌화坐化, 앉아서의 죽음La transformation assise」

---

1   슐레겔은 중국 사료에 보이는 나찰산羅刹山을 니코바르 제도, 취람산翠藍山을 안다만 제도로 고증하였다.

2   1898년 4월 16일 자 「솔레이Soleil」에 실린 기사.

3   일본인의 오가사와라小笠原 제도 점령에 관한 글. 오가사와라 제도는 보닌 제도로도 알려졌으며, 도쿄에서 남동쪽으로 약 1,000km, 괌에서 북서쪽으로 1,600km 떨어진 곳에 있는 30개 이상의 아열대 및 열대 섬으로 이루어진 일본 군도이다.

232~233   그래디M.-C. Grady, 「아시아의 면화 재배La culture du coton en Asie」

고인의 약력 또는 부고Nécrologie

234   까미유 앵보 위아르Camille Imbault-Huart(1857~1897) – 구스타프 슐레겔

234   샤를 쉐페Charles Schefer(1820~1898) – 구스타프 슐레겔

서평란Bulletin critique

235~240   꼬랑땡 페티옹P. Corentin Pétillon, 『문학 전고Allusions littéraires』(II, 상하이, 1898) – 구스타프 슐레겔

소식Chronique

241~268   독일과 오스트리아; 영국과 아일랜드; 중국; 프랑스; 이탈리아; 일본; 네덜란드와 네덜란드 식민지들; 러시아; 시암; 통킹

질의 응답 Notes and Queries

269~271   3. 도비闍毗라는 불교 용어Le terme bouddhique 闍毗
           4. 주화의 오류Une erreur numismatique[4] – 구스타프 슐레겔

272   정오표

---

4   밀리스H. C. Millies(1810~1868)의 『인도 군도와 말레이반도 원주민의 주화에 관한 연구Recherches sur les monnaies des indigènes de l'archipel Indien et de la Péninsule malaie』(헤이그, 1871), 도판 XXIV에서의 오류.

──── 제4호 (1898) ────

273~287 구스타프 슐레겔, 「지리 기술: III. 하릉Geographical Notes: III. Ho-Ling 訶陵 Kaling」

288~292 구스타프 슐레겔, 「지리 기술: IV. 말리우르와 말라유Geographical Notes: IV. Maliur and Malayu」

293~298 구스타프 슐레겔, 「지리 기술: V. 정기의Geographical Notes: V. Ting-ki-gi 丁機宜 Ting-gii」

299~327 카알 힘리Karl Himly, 「『청문감』의 게임 편 VDie Abteilung der Spiele im "Spiegel der Mandschu-Sprache" V)」(『통보』, 8책, 180쪽에 이어)

단편 모음Mélanges

328~330 앙리 아브레Henri Havret(1848~1901), 「기원전 238년~기원전 87년De l'an 238 à l'an 87 av. J.-C.」

서평란Bulletin critique

331~332 가브리엘 드베리아Gabriel Devéria, 『양주涼州 서하西夏 비석Stèle Si-hia de Leang-Tcheou』(파리, 1898) – 빌리 방Willy Bang

소식Chronique

333~358 독일과 오스트리아; 벨기에; 중국; 한국; 포르모사; 프랑스; 일본; 네덜란드와 네덜란드 식민지들; 필리핀; 러시아; 시암; 시베리아; 통킹

도서 목록 Bibliographie

359~363 신간 도서Livres Nouveaux

질의 응답 Notes and Queries

364   5. 일본의 치과 기술L'art dentaire au Japon

─────── 제5호 (1898) ───────

365~383   구스타프 슐레겔, 「지리 기술: VI. 마일麻逸, 마일동麻逸凍, 마엽옹
麻葉甕 | Geographical Notes: VI. Ma-it; Ma-it-tung; Ma-iëp-ung」

384~396   앙리 슈발리에Henri Chevalier, 「1800년 한국의 화성 성역 의궤華城
城役儀軌 | Cérémonial de l'achèvement des travaux de Hoa syeng, Corée, 1800」
- 번역과 요약

단편 모음Mélanges

397~401   샤를 조셉 드 아를레즈Charles-Joseph de Harlez(1832~1899), 「긴 머
리長毛 반란군의 종교La religion des insurgés Tchang-mao」

402~406   구스타프 슐레겔, 「마조파 또는 마두관세음Ma-tsu-po(媽祖婆) or
Koan-yin with the Horse-Head(馬頭觀世音)」

잡록Variété

407~409   「중국의 황후L'impératrice de Chine」[1]

409~412   「중국의 황제와 그의 조정The Emperor of China and His Court」[2]

서평란Bulletin critique

413~416   폴 비알Paul Vial, 『로로족의 역사, 종교, 풍속, 언어, 문자Les Lolos,

---

1   『통보』, VII, 443쪽을 참고하시오.

2   1898년 9월 28일 자 「글로브Globe」와 같은 일자의 「스탠다드Standard」 기사를 복제한 글.

Histoire, Religion, Moeurs, Langue, Écriture』(상하이, 1898) - 구스타프 슐레겔

소식Chronique

도서 목록Bibliographie

질의 응답Notes and Queries

──── 부록 (1898) ────

구『통보』
제10책 (1899)

──── 제1호 (1899) ────

샤를 조셉 드 아를레즈Charles-Joseph de Harlez(1832~1899), 「『통보』에 보내는 나의 편지에 붙이는 주석Note à ma lettre au Toung-Pao」

1~32   에밀 로쉐Emile Rocher, 「중국 사료에 따른 운남 왕들의 역사와 그리고 중국과의 관계Histoire des princes du Yun-nan et leurs relations avec la chine d'après des documents historiques chinois」

33~38   구스타프 슐레겔, 「지리 기술: VII. 돈손 또는 전손Geographical Notes: VII. Tun-Sun 頓遜 or Tian-Sun 典遜 Tĕnasserim or Tānah-Sāri」

39~46   구스타프 슐레겔, 「지리 기술: VIII. 파황국, 팽갱국, 팽형국 Geographical Notes: VIII. Pa-hoang 婆皇國 Pang-k'ang 彭坑國 pang-hang 彭亨國 Pahang or Panggang」

47~52   구스타프 슐레겔, 「지리 기술: IX. 유불국Geographical Notes: IX. Dziu hut 柔佛國 Djohor, Johore」

단편 모음Mélanges

53~67   모리스 쿠랑Maurice Courant(1865~1935), 「'강희자전의 글자를 라틴 자모로 전사하는 특별한 시스템'에 관하여A propos du "Système unique de transcription en lettres latines des caractères du dictionnaire de K'ang-

hi"」

68~73   샤를 조셉 드 아를레즈Charles-Joseph de Harlez(1832~1899),

I. 「알려지지 않은 글자를 포함하고 있는 세 주화Trois monnaies à caractères inconnus」

II. 「창터우 폐허의 비석 위에서 발견된 비문Une inscription découverte sur une stèle dans les ruines de Chang-tou」

잡록Variété

74   구스타프 슐레겔, 「중국화 된 유럽L'Europe chinoisée」

서평란Bulletin critique

75~81   아서 디오시Arthur Diósy(1856~1923), 『새로운 극동The New Far East』(런던, 1898) - 구스타프 슐레겔

81~86   에밀 브레트슈나이더Emil Bretschneider, 『중국에서 유럽인의 식물발견 역사History of European Botanical Discoveries in China』(런던, 1898) - 구스타프 슐레겔

87~93   피에르 호앙Pierre Hoang｜黃伯祿(1830~1909), 『법률적 관점에서 본 중국의 결혼Le Mariage Chinois au point de vue légal』(상하이, 1898) - 구스타프 슐레겔

도서 목록Bibliographie

94~96   신간 도서Livres Nouveaux - 구스타프 슐레겔

소식Chronique

97~107   독일과 오스트리아; 중앙아시아; 영국과 아일랜드; 중국; 미국; 포르모사; 프랑스; 일본; 네덜란드와 네덜란드 식민지들; 필리핀; 러시아

통신Correspondance

108~112 앙리 아브레Henri Havret(1848~1901)가 편집장에게 보내는 편지

113 샤를 조셉 드 아를레즈Charles-Joseph de Harlez(1832~1899)가 편집
장에게 보내는 편지

질의 응답 Notes and Queries

114 1. 사후 혼례A Posthumous Marriage

──── 제2호 (1899) ────

115~154 에밀 로쉐Emile Rocher, 「중국 사료에 따른 운남 왕들의 역사와 그
리고 중국과의 관계Histoire des princes du Yun-nan et leurs relations avec la
chine d'après des documents historiques chinois」(32쪽에 이어)

155~158 구스타프 슐레겔, 「지리 기술: X. 타화라 또는 독화라Geographical
Notes: X. To-ho-lo 墮和國 or Tok-ho-lo 獨和羅, Takōla or Takkōla」

159~163 구스타프 슐레겔, 「지리 기술: XI. 가라단 또는 급란단Geographical
Notes: XI. Holotan 阿羅單 or Kīlantan 急蘭丹 Kalatan or Kĕlantan」

단편 모음Mélanges

164~212 폴 브룬Paul Brunn, 「최근 일본 사전에 수록된 법률, 기술용어
목록 최신 법률-기술 용어들의 목록, 일본 사전편찬을 위한 기
고Liste neuerer juristisch-technischer Ausdrücke, ein Beitrag zur japanischen
Lexicographie」

잡록Variété

213~222   아놀드 비씨에르Arnold Vissière(1858~1930), 「중국어 정치 가요 두 곡Deux chansons politiques chinoises」

고인의 약력 또는 부고Nécrologie

223~225   영J. W. Young(1853.10.16.~1898.9.7.) - 구스타프 슐레겔
226~227   고틀립 빌헬름 라이트너Gottlieb Wilhelm Leitner(1840~1899) - 구스타프 슐레겔

서평란Bulletin critique

228~230   스튜어트 쿨린Stewart Culin(1858~1929), 스미스소니언 학회 Smithsonian Institution, 『체스와 카드 게임: 미 국립박물관이 펜실베이니아 대학 고고학 및 고생물학과 연계하여 1895년 조지아주 애틀랜타에서 개최한 '면화 국가와 국제박람회'에 전시된 게임 카탈로그와 점을 치기 위한 도구Chess and Playing-Cards: Catalogue of Games and Implements for Divination Exhibited by the U. S. National Museum in Connection with the Departement of Archaeology and Paleontology of the University of Pennsylvania at the Cotton States and International Exposition, Atlanta, Georgia, 1895』(워싱턴, 1898) - 구스타프 슐레겔
230~233   윌리엄 조지 애스턴William George Aston(1841~1911), 『일본 문학사A History of japanese literature』(런던, 1899) - 구스타프 슐레겔
233~239   카알 플로렌츠Karl Florenz(1865~1939), 『중국 문헌에 근거한 포르모사 민가 연구Formosanische Volkslieder, nach chinesischen Quellen』(도쿄, 1898) - 구스타프 슐레겔

소식Chronique

240~243 　 독일과 오스트리아; 벨기에; 중국; 프랑스; 이탈리아; 일본; 네덜란
드와 네덜란드 식민지들; 러시아

도서 목록 Bibliographie

244~245 　 신간 도서Livres Nouveaux

질의 응답 Notes and Queries

246 　 2. 아시아에서의 선교활동 반대Against Missions in Asia

——— 제3호 (1899) ———

247~306 　 구스타프 슐레겔, 「지리 기술: XII. 사바Geographical Notes: XII. Shay-po
闍婆 Djavâ」

단편 모음Mélanges

307~318 　 샤를 조셉 드 아를레즈Charles-Joseph de Harlez(1832~1899), 「천부
하범조서天父下凡詔書, 태평(천국)의 종교서Le Tien fu hia fan tchao shu
天父下凡詔書, Livre religieux des Tai-ping」

잡록Variété

319~320 　 「중국에 관한 것들, 사형 집행Choses de Chine. Une exécution」[1] -P. F.

1 　 「르 쁘띠 땅Le Petit Temps」 1월 14일 자에 실린 푸저우福州에 관한 기사를 옮겨 놓고 있는데, 연도를 밝
히지 않아 확인하지 못했다. 1899년의 1월 14일 자의 기사에는 보이지 않았다.

소식Chronique

60~84   중앙아시아; 버마; 중국; 한국; 프랑스; 이탈리아; 일본; 네덜란드
와 네덜란드 식민지들; 필리핀; 러시아; 시암

도서 목록 Bibliographie

332~333   신간 도서Livres Nouveaux

질의 응답 Notes and Queries

334   3. 거미줄Spider-silk
335   4. 민간요법Remèdes de bonne femme

—— 제4호 (1899) ——

337~368   에밀 로쉐Emile Rocher, 「중국 사료에 따른 운남 왕들의 역사와 그
리고 중국과의 관계Histoire des princes du Yun-nan et leurs relations avec la
chine d'après des documents historiques chinois」(154쪽에 이어)
369~379   카알 힘리Karl Himly, 「『청문감清文鑒』, 게임 편 VIDie Abteilung der
Spiele im "Spiegel der Mandschu-Sprache" VI」(『통보』, 제9책, 327쪽에 이
어)

문헌학Bibliographie

380~404   앙리 코르디에, 『15, 16세기 두 명의 극동 여행자: 니콜로 드 콘티
와 로도비코 드 바르테마Deux voyageurs dans l'extrême-orient, au XVe et
au XXIe siècles. essai bibliographique nicolò de' conti. lodovico de varthema』

잡록Variété

405~409   「어느 안남인의 파리에 대한 묘사Une description de Paris par un
          Annamite」[1]

서평란Bulletin critique

410~412   윌리엄 조지 애스턴William George Aston(1841~1911), 「일본 신화
          Japanese Myth」(『민속학 협회 회보Transactions of the Folk-lore Society』,
          1899) - 구스타프 슐레겔
412~413   마리오 카를리Dott. Mario Carli, 『절강지: 지리 경제 연구浙江志, Il
          Ce-kiang. Studio geographico-economico』(로마, 1899) - 구스타프 슐
          레겔

소식Chronique

60~84   중앙아시아; 벨기에; 중국; 한국; 핀란드; 프랑스; 이탈리아; 인도-
          차이나; 일본; 네덜란드와 네덜란드 식민지들; 필리핀; 러시아

도서 목록 Bibliographie

430~431   신간 도서Livres Nouveaux

통신Correspondance

432   앙리 코르디에에게 보내는 오구스땡 블랑쉐Augustin Blanchet의
          편지

---

1   1898년 1월 13일 자 『땅Temps』에 실린 쥘 끌라르티Jules Claretie(1840~1913)의 기사를 옮겨놓은 글.

──── 제5호 (1899) ────

437~458 「중국 사료에 따른 운남 왕들의 역사와 그리고 중국과의 관계
Histoire des princes du Yun-nan et leurs relations avec la chine d'après des documents historiques chinois」

459~463 구스타프 슐레겔, 「지리 기술: **XIII**. 단단丹丹 또는 단단單單
Geographical Notes: XIII.Tan-tan 丹丹 or Dan-dan 單單 Dondin」

464~469 구스타프 슐레겔, 「지리 기술: **XIV**. 가라 또는 가라부사라
Geographical Notes. XIV. Ko-La 哥羅 or Ko-la pu-sa-lo 哥羅富沙羅 Kora or Kora běsar」

470~478 구스타프 슐레겔, 「지리 기술: **XV**. 만랄가Geographical Notes: XV. Moan-la-ka 滿剌加 Malacca」

잡록Variété

479~480 앙리 코르디에, 「제12차 국제동양학자 학술회의XIIe Congrès international des Orientalistes」

고인의 약력 또는 부고Nécrologie

481~486 가브리엘 드베리아Gabriel Devéria(1844~1899) - 앙리 코르디에

487 샤를 조셉 드 아를레즈Charles-Joseph de Harlez(1832~1899) - 앙리 코르디에

488~489 셉팀 오구스트 비귀에Septime Auguste Viguier | 威基謁(1837~1899) - 앙리 코르디에

490 뒤랑 파르델Dr. Durand-Fardel(1815~1899) - 앙리 코르디에

通報

通

報

신 『통보』
(1900~1950)

通 報

T'oung pao

ARCHIVES

POUR SERVIR À

L'ÉTUDE DE L'HISTOIRE, DES LANGUES, DE LA GÉOGRAPHIE ET DE L'ETHNOGRAPHIE DE L'ASIE ORIENTALE

(CHINE, JAPON, CORÉE, INDO-CHINE, ASIE CENTRALE et MALAISIE).

RÉDIGÉES PAR MM.

GUSTAVE SCHLEGEL

Professeur de Chinois à l'Université de Leide

ET

HENRI CORDIER

Professeur à l'Ecole spéciale des Langues orientales vivantes et à l'Ecole libre des Sciences politiques à Paris.

Série II. Vol. I.

LIBRAIRIE ET IMPRIMERIE
CI-DEVANT
E. J. BRILL.
LEIDE — 1900.

신 「통보」 (1900~1950)

신 『통보』
제1책 (1900)

--- 제1호 (1900) ---

서언Préface – 앙리 코르디에

1~32   구스타프 슐레겔, 「중국어 외래어 음역법의 비밀The Secret of the Chinese Method of Transcribing Foreign Sounds」

33~62   아놀드 비씨에르Arnold Vissière(1858~1930) 역주, 「한 중국 왕자의 오디세이: 일곱 번째 왕자이자,[1] 광서제의 아버지의 『항해음초航海吟草』L'odyssée d'un prince chinois: 『航海吟草(Hang hai yin ts'ao)』, Essais poétiques sur un voyage en mer, par le septième prince, père de l'empereur kouang-siu, traduits et annotés」

잡록Variété

63~66   기메박물관 콘퍼런스Les conférences du musée Guimet: 「일본의 연극과 배우의 조건Le théatre et la condition des acteurs au japon」

고인의 약력 또는 부고Nécrologie

67~69   존 찰머스 목사Rév. John Chalmers | 湛約翰(1825~1899) – 앙리 코르디에

---

1   도광제道光帝(1820~1850년 재위)의 일곱 번째 아들, 아이신기오로 이후완愛新覺羅 奕譞(1840~1891)을 말한다.

서평란Bulletin critique

70   에밀 바르Émile Bard, 『자기 집에서의 중국인들Les Chinois chez eux』(파리, 1899) - 앙리 코르디에

소식Chronique

71~91   독일과 오스트리아; 중국; 프랑스; 인도차이나; 일본; 네덜란드와 네덜란드 식민지들; 러시아; 시암

질의 응답 Notes and Queries

92   1. 「한자 북경 발음의 위험Dangers of the Peking Pronunciation of the chinese characters」[1]

──── 제2호 (1900) ────

93~124   구스타프 슐레겔, 「중국어 외래어 음역법의 비밀The Secret of the Chinese Method of Transcribing Foreign Sounds」(32쪽에 이어)

125~148 아놀드 비씨에르Arnold Vissière(1858~1930) 역주, 「한 중국 왕자의 오디세이: 일곱 번째 왕자이자, 광서제의 아버지의 『항해음초航海吟草』L'odyssée d'un prince chinois: 『航海吟草(Hang hai yin ts'ao)』, Essais poétiques sur un voyage en mer, par le septième prince, père de l'empereur kouang-siu, traduits et annotés」(62쪽에 이어)

149~167 피에르 르페브르 퐁탈리스Pierre Lefèvre-Pontalis(1864~1938), 「루앙프라방 연대기에 따른 람장 왕국의 라오스인들Les Laotiens du

---

1   624년 캄보디아의 왕 이샤나바르만Içānavarman의 '이샤나'를 '이금나伊金那'로 잘못 옮긴 것에 관하여 설명함.

royaume de Lan Chang, d'après les annales de Luang-prabang」[2]

잡록Variété

168~169   1900년 세계박람회Exposition universelle de 1900에 관하여

고인의 약력 또는 부고Nécrologie

170   루이 프랑수아 조셉 베르뜨랑Louis François Joseph Bertrand
(1822~1900) - 앙리 코르디에

서평란Bulletin critique

171   드베쓰P. A. Debesse, 『프랑스어-중국어 소사전Petit Dictionnaire
françaischinois｜法漢字彙簡編』(상하이, 1900) - 앙리 코르디에

171~172   앙리 도를레앙Henri d'Orléans, 『외교와 식민정책Politique extérieure et
coloniale』(파리, {1900}) - 앙리 코르디에

소식Chronique

173~183   독일과 오스트리아; 아메리카; 버마; 중국; 프랑스; 인도-차이나;
일본; 네덜란드와 네덜란드 식민지들; 시암

도서 목록Bibliographie

184~185   신간 도서Livres Nouveaux

질의 응답Notes and Queries

186~187   2. 고대 중국인들의 알파벳식 표기에 관하여On Alphabetical Spelling

---

2   라오스는 옛날 남장南掌, 난장蘭章, 란창瀾滄, 람장纜掌 등으로 불렸다.

by the ancient Chinese

186~187   3. 실론의 차문화La Culture du Thé à Ceylon

——— 제3호 (1900) ———

189~218   아놀드 비씨에르Arnold Vissière(1858~1930) 역주, 「한 중국 왕자
　　　　　의 오디세이: 일곱 번째 왕자이자, 광서제의 아버지의 『항해음
　　　　　초航海吟草』L'odyssée d'un prince chinois: 『航海吟草(Hang hai yin ts'ao)』,
　　　　　Essais poétiques sur un voyage en mer, par le septième prince, père de l'empereur
　　　　　kouang-siu, traduits et annotés」(148쪽에 이어)

219~253   구스타프 슐레겔, 「중국어 외래어 음역법의 비밀The Secret of the
　　　　　Chinese Method of Transcribing Foreign Sounds」(124쪽에 이어)

잡록Variété

254~255   중국 협회China Association 연차 보고

고인의 약력 또는 부고Nécrologie

256   알퐁스 밀느-에드워드Alphonse Milne-Edwards(1835~1900) -앙리
　　　코르디에

257   아드리앙 르네 프랑쉐Adrien René Franchet(1834~1900) -앙리 코르
　　　디에

257   니콜라스 존 하넨 경Sir Nicholas John Hannen(1881~1900) -앙리 코
　　　르디에

258~260   바실리 파블로비치 바실리에프Vasily Pavlovich Vasiliev(1818~1900)
　　　　　-앙리 코르디에

261~268   페트루스 쯔엉 빈 끼Petrus Trương Vĩnh-Ký | 士載張永記(1837~1898)

- 앙리 코르디에

서평란Bulletin critique

269~277　바실 홀 챔벌린Basil Hall Chamberlain(1850~1935), 『문자의 표식文字のしるべ, 일본어 문자 학습 입문文字の志る遍 Introduction to the Study of Japanese Writing』(런던, 1899) - 아우구스트 그라마츠키Dr. August Gramatzky(1862~1942)

277~279　세라핀 꾸브레Séraphin Couvreur, 『예기, 예식과 의식에 관한 기록Li Ki ou Mémoires sur les Bienséances et les Cérémonies』(허졘푸, 1899)[1] - 앙리 코르디에

소식Chronique

280~285　캄보디아; 중국; 프랑스; 인도차이나; 일본; 네덜란드와 네덜란드 식민지들; 시베리아

도서 목록Bibliographie

286~291　신간 도서Livres Nouveaux

질의 응답Notes and Queries

292~294　4. 모기와 사상충Les moustiques et la filaire

292~294　5. 몽골인들의 비스듬한 눈The oblique eyes of the Mongols - 구스타프 슐레겔

1　'허졘푸Ho-kien fou'는 청나라 시기 직예성直隸省 하간부河間府의 웨이드식 표기로, 현 허베이 창저우시이다.

——— 제4호 (1900) ———

295~326   모리스 쿠랑Maurice Courant(1865~1935), 「한국 종교의 개요 및 역
사Sommaire et historique des cultes Coréens」[1]

단편 모음Mélanges

327~333   구스타프 슐레겔, 「인도 어휘의 확인되지 않은 중국어 음역에 대
하여On Some Unidentified Chinese Transcriptions of Indian Words」

334~341   「두 프랑스인을 기리는 한문 비석Une stèle chinoise en l'honneur de deux
Français」

342~344   아놀드 비씨에르Arnold Vissière(1858~1930), 「경친왕慶親王의[2] 연
보Généalogie du prince K'ing」

고인의 약력 또는 부고Nécrologie

345   윌리엄 버지스 프라이어William Burges Pryer(1843~1899) - 앙리 코
르디에

345   헨리 브로엄 로치Henry Brougham Loch(1827~1900) - 앙리 코르
디에

346   존 앤더슨John Anderson(1833~1900) - 앙리 코르디에

347~348   나탈리스 롱도Natalis Rondot(1821~1900) - 앙리 코르디에

서평란Bulletin critique

349~353   알베르트 그륀베델Albert Grünwedel(1856~1935), 『티베트와 몽골
의 불교 신화Mythologie des Buddhismus in Tibet und in der Mongolei』(라

---

1   1899년 12월 17일 기메 박물관에서 행한 콘퍼런스.

2   혁오奕劻(1838~1917)로, 1894년 경친왕에 올랐다.

이프치히, 1900) - 구스타프 슐레겔

353~357 베르톨트 라우퍼Berthold Laufer, 「아무르 부족 탐사에 관한 첫 번째 기술Preliminary Notes on Explorations among the Amoor Tribes」(『미국 인류학자American Anthropologist』, 제2권, 1900년 4월)과 「아무르의 암각화Petroglyphs on the Amoor」(『미국 인류학자American Anthropologist』, 제1권, 1899년 10월) - 구스타프 슐레겔

357~359 베르톨트 라우퍼Berthold Laufer, 「티베트 언어학에 관한 연구: 차마토크Studien zur Sprachwissenschaft der Tibeter: Zamatog」(『왕립 과학 아카데미 철학-역사 분과 논문집Sitzungsberichte der Kaiserlichen Akademie der Wissenschaften, Philosophisch-Historische Classe』, 제3호, 1898) - 구스타프 슐레겔

359~361 엘리자 루하마 시드모어Eliza Ruhamah Scidmore(1856~1928), 『중국, 장수 제국China, the Long-Lived Empire』(런던, 1900) - 앙리 코르디에

361~362 제롬 토바르Jérôme Tobar 번역, 『중국 황제와 황태후, 광서光緒와 자희慈禧의 유상諭上, 칙령Koang-Siu et T'se-Hi Empereur de Chine et Impératrice douairière-諭上 Décrets impériaux』(상하이, 1900)[3] - 앙리 코르디에

362~363 아리가 나가오Nagao Ariga | 有賀 長雄(1860~1921), 『극동의 적십자La Croix-Rouge en Extrême-Orient』(파리, 1900) - 앙리 코르디에

363 에밀 브레트슈나이더э. Бретшнейдерт, 『러시아 남부 지역에 새로 등장한 '만주'라는 명칭에 대하여По поводу наименованія недавно возникшей въ южной Маньчжуріи русской области』 - 앙리 코르디에

363~374 마건충馬建忠(1845~1900), 『마씨문통Grammaire de M. Ma. 馬氏文通』, 상하이, 1898) - 제롬 토바르Jérôme Tobar

---

3 『중국의 메아리L'Echo de Chine』의 편집장인 르미에르J. Em. Lemière의 서문, 도표, 해설이 수록되어있다고 한다. 원서를 확인하지 못했다. 서명에서 '유상論上'은 칙령이나 조칙을 의미하는 '상유上論'의 오기일 것이다.

374~381 폰 필리프 추 오일렌부르크-헤르트펠트 백작von Graf Philipp zu
Eulenburg-Hertefeld(1867~1921), 『동아시아, 1860~1862Ost-Asien
1860~1862』[1](베를린, 1900)-앙리 코르디에

소식Chronique

382~393 아시아-러시아; 벨기에; 영국과 아일랜드; 중국; 미국; 프랑스;
인도-차이나; 네덜란드와 네덜란드 식민지들; 러시아; 해협식민
지들

도서 목록 Bibliographie

286~291 신간 도서Livres Nouveaux

통신Correspondance

397~405 『통보』 제10책, 87~93쪽의 서평에 대한 저자 피에르 호앙Pierre
Hoang | 黃伯祿(1830~1909)의 답변과 그에 대한 논평-구스타프
슐레겔

질의 응답 Notes and Queries

406 6. 『북중국 소식North-China Herald』(1900년 4월 11일, 637쪽)에서
무창武昌 소식에 관하여

---

1 "중국, 일본, 시암에 대한 특별한 임무를 맡은 프로이센 왕립 특사 프리츠 추 오일렌부르크 백작의 편
지에서in Briefen des Grafen Fritz zu Eulenburg, Königlich Preussischen Gesandten, betraut mit ausserordentlicher
Mission nach China, Japan und Siam"라는 부가 설명이 달려있다.

407~450   앙리 코르디에, 「중국의 혁명La Révolution en Chine」²

451~467   앙리 코르디에, 「드깡Decaen 장군의 서류에서 나온 미발표 문서 두
          편Deux Documents inédits tirés des papiers du Général Decaen」³

단편 모음Mélanges

468~472   구스타프 슐레겔, 「네덜란드에 처음 들어온 차First Introduction of Tea
          into Holland」

473~480   샹보P. Chambeau, S. J., 「몇몇 절기에 관한 명칭들Des noms de quelques
          termes solaires」

잡록Variété

481~490   「통킹의 전쟁, 운남의 통지通志에 근거하여La Guerre du Tonkin, d'après
          les chroniques générales du Yun-nan」⁴ – 파피루스Papyrus

고인의 약력 또는 부고Nécrologie

491~492   프리드리히 막스 뮐러Friedrich Max Müller(1823~1900) – 구스타프
          슐레겔

492   마건충馬建忠(1845~1900) – 앙리 코르디에

492   윌리엄 머헤드William Muirhead ┃ 慕維廉(1822~1900) – 앙리 코르
          디에

---

2 부제는 '원인들Les Origines'이다. 편집자의 주석에 따르면 이 기술은 1900년 7월 12일 자 『땅Temps』에 부
   분적으로 발표되었다고 한다.
3 편집자의 주석에 따르면, 이 서류는 깡Caen 도서관에 소장되어 있다고 한다.
4 『중국의 메아리L'Echo de Chine』, 1900, 4월, 18, 27, 28일 자와 5월 14일 자에 실린 기사.

493 윌리엄 앤더슨William Anderson, F. R. C. S.(1842~1900) - 앙리 코르디에

494 존 램프레이Jones Lamprey(1824~1900) - 앙리 코르디에

494~497 북경 순교자 명단Martyrologe de Peking - 앙리 코르디에

서평란Bulletin critique

498~500 오스카 나호트Oskar Nachod(1858~1933), 『발견된 적 없는 황금의 땅Ein unentdecktes Goldland』(도쿄, 1900) - 구스타프 슐레겔

501~502 쪼 시엔 히에, 『중국 관리 5급 직위 중위인 티오아 시엔 혜의 법률서 『대청율례大淸律例』에서 복제한 양자를 세우는 법률Atoeran Hak Poesaka orang tjina dan hal mengangkat anak. Tersalin dari kitab hoekoem Taij Tjhing Loet Lie oleh Tjoa Sien Hie. Luitenant titulair en Mandarijn 5 klas』;[1] 『중국 법전 『대청율례』에서 말레이어와 네덜란드어로 번역된 중국인들의 상속과 입양 규정Regeling der erfopvolging bij versterf onder Chineezen en der adoptie, vertaald in het Maleisch en Nederlandsch uit het Chineesche Wetboek Taij Tjhing Loet Lie oleh Tjoa Sien Hie, Luitenant titulair, Chineesche Mandarijn 5e klasse』(수라바야, 1900) - 구스타프 슐레겔

502~503 『중국으로부터 온 전쟁뉴스를 어떻게 읽을 것인가: 지도와 군사 기술 용어집을 포함하여 전쟁 현장으로부터의 파견 및 정보를 독자에게 제공하는 기술과 힌트로 구성된 필수 안내서How to Read the War News from China-A Vade-Mecum of Notes and Hints to Readers of Despatches and Intelligence from the Seat of War with a Map and a Glossary of Military Technical Terms』(런던, {1900}) - 앙리 코르디에

503~504 『존 맨더빌 경의 여행The Travels of Sir John Mandeville』(런던, 1900) -

---

1 융J. W. Young의 비슷한 제목의 책 『『대청률례』에 따른 아투란 하크 푸사카 티나족의 권리와 입양Atoeran Hak Poesaka orang tjina dan hal mengangkat anak, Tersalin dari kitab hoekoem Tai Tshing Loet Le』(바타비아Batavia, 1896)에 따르면, 적자를 세우는 법률立嫡子違法과 조례를 네덜란드어로 번역하고 있다.

신 『통보』
제2책 (1901)

─── 제1호 (1901) ───

1~23　카알 힘리Karl Himly, 「『청문감淸文鑒』의 게임 편 **VII**Die Abteilung der Spiele im "Spiegel der Mandschu-Sprache" VII」(구『통보』, 제10책, 379쪽에 이어)

24~44　베르톨트 라우퍼Berthold Laufer, 「본포Bonpo의[1] 티베트 역사서에 관하여Über ein tibetisches Geschichtswerk der Bonpo」

단편 모음Mélanges

45~53　폴파울 브룬Paul Brunn, 「일본 현대법률 용어로부터: 언어 및 법률 연구Aus der modernen Gesetzessprache Japans: Eine linguistisch-juristische Studie」

54~67　프리드리히 히어트, 「중국 정부와 기관Die chinesische Regierung und ihre Organe」

잡록Variété

68~75　프리드리히 히어트, 「관료들 사이의 친구와 적Freund und Feind unter den Mandarinen」

1　본포교는 본교苯教ㅣ本教, 발교鉢教라고도 부른다. 티베트 토착 종교로, 원시 샤머니즘에서 유래된 티베트 최초의 종교이다. 천지, 일월, 번개, 우박, 산, 돌, 풀, 짐승 등 자연계의 다양한 대상을 숭배한다.

서평란Bulletin critique

76~87   오스카 프랑크푸르터Oscar Frankfurter(1852~1922), 『시암어 문법 기초, 부록 포함Elements of Siamese Grammar with Appendices』(라이프치히, 1900) - 구스타프 슐레겔

87~88   카알 카인츠Carl Kainz, 『자습용 실용 중국어 문법Praktische Grammatik der Chinesischen Sprache für den Selbstunterricht』(빈, 1900) - 구스타프 슐레겔

88~90   베르톨트 라우퍼Berthold Laufer, 『티베트 의학, 제1부Beiträge zur Kenntniss der Tibetischen Medecin』(베를린, 1900) - 구스타프 슐레겔

고인의 약력 또는 부고Nécrologie

91~92   니콜라스 벨필드 데니스Nicholas Belfield Dennys(1839~1900) - 앙리 코르디에

92~93   토마스 와터스Thomas Watters(1840~1901) - 앙리 코르디에

94~96   아르망 다비드Armand David(1826~1900) - 앙리 코르디에

96   의사 드빠쓰Le docteur Depasse(1862~1901) - 앙리 코르디에

소식Chronique

97~102   중국; 미국; 프랑스; 일본; 네덜란드와 네덜란드 식민지들; 시암

도서 목록 Bibliographie

103~105   신간 도서Livres Nouveaux

질의 응답 Notes and Queries

106   1. 1901년 1월 파리 신문Journal de Paris에 케바오Kébao[1] 섬을 판다
            는 광고

─────── 제2호 (1901) ───────

107~138   구스타프 슐레겔, 「지리 기술: XVI. 수마트라섬의 고대국가
           Geographical Notes: XVI. The Old States in the Island of Sumatra」[2]

단편 모음Mélanges

139~145   앙리 코르디에, 「펠릭스 르누아르 드 상뜨 크루아Félix Renouard de
           Sainte-Croix(1773~1840)가 나폴레옹 1세에게 보낸 중국에 대
           한 논고Mémoire sur la Chine adressé à Napoléon 1er par F. Renouard de Ste
           Croix」

146~148   구스타프 슐레겔, 「불교 용어: 우람분盂蘭盆과 오람파烏藍婆 | Les
           termes bouddhiques, 盂蘭盆 et 烏藍婆)」[3]

---

1   베트남 꽝닌의 섬.

2   의정義淨의 여정—파로사婆魯師—막가신莫訶信—가릉訶陵—달달呾呾—분분盆盆—사리娑里—굴륜掘倫—불서보
라佛逝補羅—아선阿善—말가만未迦漫. 팔렘방; 단마령單馬令; 능아사凌牙斯; 봉풍蓬豊; 등아농登牙儂; 가길란
단加吉蘭丹; 세란細蘭; 불라안佛羅安; 일라정日羅亭; 잠매潛邁; 발답拔沓; 가라희加羅希; 파림풍巴林馮; 신타
新拖; 감비監篦; 람무리藍無里.

3   우란분盂蘭盆은 거꾸로 매달리는 고통을 받는다는 뜻으로, 산스크리트어 울람바나ullambana를 소리 나는
대로 적은 것이다. 불교 의식 중 우란분재盂蘭盆齋가 있는데, 이는 「우란분경」에서 유래하였는데. 목건련
目健連 | Maudgalyayana이라는 석가의 제자가 신통력으로 돌아가신 어머니를 찾아보니, 아귀가 되어 굶주
리는 고통을 겪고 있었다. 목건련 존자는 자기 신통력으로 어머니를 구제하려 했으나 어머니의 죄가 너
무 무거워 구제할 수 없었다. 그래서 목건련 존자가 부처님에게 간청하니 부처님이 하안거夏安居가 끝나
는 음력 7월 15일에 여러 승려에게 갖가지 음식과 과일을 정성스럽게 공양하면 어머니는 아귀의 고통
에서 벗어날 것이라고 했다. 목건련 존자는 부처님의 가르침대로 해서 어머니를 구제했다고 한다. 오람
파烏藍婆란 우란분의 산스크리트어 울람바나ullambana의 음차이며, 거꾸로 매달리는 고통을 구제한다는

고인의 약력 또는 부고Nécrologie

149　　　피터 안토니 판 데어 리트Pieter Anthonie van der Lith(1844~1901) – 구스타프 슐레겔

149~150　존 더젼John Dudgeon | 德約翰(1837~1901) – 앙리 코르디에

서평란Bulletin critique

151~152　카알 플로렌츠Karl Florenz(1865~1939), 『일본 희극, 데라코야와 아사가오Japanische Dramen, Terakoya und Asagao』[4](도쿄, 1891) – 구스타프 슐레겔

152~154　알베르트 그륀베델Albert Grünwedel(1856~1935)와 게오르그 후트Georg Huth(1867~1906), 「말라카와 스와트 지역의 옛 물건 Alterthümer aus der Malakand-und Swat-Gegend」(『베를린 왕립 프로이센 과학 아카데미 보고서Sitzungsberichte der Königlich Preussischen Akademie der Wissenschaften zu Berlin』, {1901.9.}) – 구스타프 슐레겔

소식Chronique

151~161　중국; 한국; 프랑스; 네덜란드와 네덜란드 식민지들

도서 목록Bibliographie

162~164　신간 도서Livres Nouveaux

질의 응답Notes and Queries[165–166]

165~166　2. 「중국에서 내장 기생충과 맹장염Les vers intestinaux et l'appendicite en

---

의미이다.

4　데라코야寺子屋란 일본 에도시대의 초등 교육기관 구실을 하던 곳이고, 아사가오朝顔는 나팔꽃이다.

Chine」[1]

—— 제3호 (1901) ——

167~182 구스타프 슐레겔, 「지리 기술: XVI. 수마트라섬의 고대국가
Geographical Notes: XVI. The Old States in the Island of Sumatra」[2] (138쪽에
이어)

단편 모음Mélanges

183~185 『뉴욕 트리뷴』, 특파원 바르나르Barnard가 송고한 「'부상Fousang ｜ 扶
桑'에 대해 다시 논함Encore le 'Fousang'」
186~191 「하노이La ville de Hanoi」[3]

고인의 약력 또는 부고Nécrologie

192~197 에밀 바실리예비치 브레트슈나이더Emile Vasilievitch Bretschneider
(1833~1901) - 앙리 코르디에

198 파울 케오르크 폰 묄렌도르프Paul Georg von Möllendorff ｜ 穆麟德
(1847~1901) - 앙리 코르디에

서평란Bulletin critique

199~203 게오르크 야콥Georg Jacob, 『튀르크 민간문학Die türkische Volkslitteratur』
(베를린, 1901) - 구스타프 슐레겔

---

1   1901년 3월 27일 자 『쁘띠 땅Petit Temps』 기사.
2   삼불제三佛齊, 즉 팔렘방에 관한 중국 자료 번역과 분석이다. 박세욱 역주, 『제번지역주』를 참고하시오.
3   1901년 5월 25일 토요일 『르 땅Le Temps』 기사.

203~206 마틴 하르트만Martin Hartmann, 『이슬람교의 동양, 연구 보고서 II-III. 중국과 이슬람- 이슬람교 광저우 출판물 두 권: 아시아를 가로지르는 길Der Islamische Orient, Berichte und Forschungen. II-III. China und der Islam- Zwei Islamische Kanton-Drucke: Strassen durch Asien』(베를린, 1901) - 구스타프 슐레겔

소식Chronique

207~212 독일과 오스트리아; 아메리카; 중국; 프랑스; 프랑스령 인도-차이나; 일본; 네덜란드와 네덜란드 식민지들; 터키

도서 목록 Bibliographie

213~216 신간 도서Livres Nouveaux

──── 제4호 (1901) ────

217~255 타케시 키타사토Takeshi Kitasato, 「고대 일본어 문자 설명을 위하여 Zur Erklärung der Altjapanischen Schrift」

256~268 판 베툼B. A. J. Van Wettum(1870~1914), 「한 중국인의 한센병에 대한 견해: 의학 표준서 『어찬의종금감御纂醫宗金鑒』의 일부 번역A Chinese Opinion on Leprosy: Being a Translation of a Chapter from the Medical Standard-Work 御纂醫宗金鑑 Imperial Edition of the Golden Mirror for the Medical Class」

단편 모음Mélanges

269~273 프랭클린 올링거Franklin Ohlinger, 「중국 복건 흥화興化의 속담과 속

어「Hsing-hua {Fuh-kien, China} Proverbs and Sayings」

잡록Variété

274~276   샤를 르미르Ch. Lemire, 1902년 하노이 극동 박람회Exposition d'Extrême-Orient, a Hanoi en 1902, 베트남 통킹 동양학자 회의 계획안 Projet de Congrès orientaliste au Tonkin

고인의 약력 또는 부고Nécrologie

277~278   앙리 도를레앙 왕자Le Prince Henri d'Orléans(1867~1901) - 앙리 코르디에

278   미첼 이바노비치 베니우코프Michel Ivanovitch Venioukov(?~1901) - 앙리 코르디에

278~279   레옹 가르니에Léon Garnier(1837~1901) - 앙리 코르디에

279   펠릭스 비에Félix Biet(1838~1901) - 앙리 코르디에

279~282   린도르 세루리에Lindor Serrurier(1846~1901) - 구스타프 슐레겔

282~283   얀 페이나펠Dr. Jan Pijnappel Gzn(1822~1901) - 구스타프 슐레겔

283   에만 박사Dr. P. Ehmann(?~1901)[1]

서평란Bulletin critique

284~286   드 흐루트J. J. M. De Groot, 『중국에 종교의 자유가 있는가?Heerscht er in China Godsdienstvrijheid?』({1901}) - 구스타프 슐레겔

286~288   모리스 쿠랑Maurice Courant(1865~1935), 『중국의 풍속, 관습, 제도, 사람들과 일En Chine, Moeurs et Institutions, Hommes et Faits』(파리, 1901) - 구스타프 슐레겔

---

1   도쿄 귀족학교 교수로, 일본의 속담과 격언에 관한 책을 썼다고 한다.

288~289 게오르그 후트Georg Huth(1867~1906), 「마하반[2] 비문 9편:, 해독,
번역, 설명Neun Mahaban- Inschriften. Entzifferung. Übersetzung. Erklärung」
(『베를린 왕립 민족학 박물관 정기 간행물Veröffentlichungen aus
dem Königlichen Museum für Völkerkunde zu Berlin』, 1901) -구스타프
슐레겔

289~290 『프랑스 극동학교학보 제2호Le second numéro du Bulletin de l'École
Française d'Extréme-Orient』(하노이, 1901) -구스타프 슐레겔

290~292 클리브 비검Clive Bigham, 『1899~1900년까지 중국에서의 1년, 에
드워드 세이무르 제독의 중국 탐사기A Year in China 1899~1900 with
Some Account of Admiral Sir E. Seymour's Expedition』(런던, 1901) -앙리
코르디에

292 드베쓰P. A. Debesse, 『프랑스어-중국어 소사전Petit Dictionnaire
français-chinois | 法漢字彙簡編』(상하이, 1900) -앙리 코르디에

292~294 허버트 알렌 자일스Herbert Allen Giles, 『중국문학사A History of Chinese
Literature』(런던, 1901) -앙리 코르디에

294~295 사무엘 이셋 우드브릿지Samuel Isett Woodbridge, 『중국의 유일한 희
망: 현 광서제光緖帝의 재가를 받은 총독 장지동張之洞의 호소문
China's Only Hope: An Appeal by Her Greatest Viceroy, Chang Chih-tung, with
the Sanction of the Present Emperor, Kwang Sü by Chang Chih-Tung』(에든버
러, 런던, 1901) -앙리 코르디에

295 마르꿰스 드 라 마젤리에르Mis de la Mazelière, 『중국의 역사에 대한
몇 가지 기술Quelques notes sur l'histoire de la Chine』(파리, 1901) -앙
리 코르디에

295 찰스 사무엘 레븐위스Charles Samuel Leavenworth, 『중국과의 애로우

---

2 마하반Mahaban은 인도 우타르프라데시Uttar Pradesh 주의 마투라Mathura 지역에 있는 마을이자 나가르
판차야트nagar panchayat이다.

호 전쟁The Arrow War with China』(런던, 1901) - 앙리 코르디에

295~296   폰 페르디난트 하이글von Ferdinand Heigl(1839~1903), 『중국 종교
와 문화Die Religion und Kultur Chinas…』(베를린, 1901) - 앙리 코르
디에

소식Chronique

297~320   독일과 오스트리아; 알자스-로렌; 영국; 중국; 한국; 미국; 프랑스;
인도차이나; 일본; 네덜란드와 네덜란드 식민지들; 러시아; 시암

도서 목록 Bibliographie

321~324   신간 도서Livres Nouveaux

질의 응답 Notes and Queries

325~328   3. 메르잠Mèrjam의 어원에 관하여 - 구스타프 슐레겔
325~328   4. 일본의 저녁 파티Une soirée japonaise - 프랑수아 띠에보 시쏭
François Thiébault-Sisson(1856~1944)

——— 제5호 (1901) ———

329~377   구스타프 슐레겔, 「지리 기술: XVI. 수마트라섬의 고대국가
Geographical Notes: XVI. The Old States in the Island of Sumatra」[1](182쪽에
이어)

---

1   파리婆利; 소문답랄蘇門答剌; 여대黎代; 나고아那孤兒; 남발리南淳利 또는 남무리南巫利; 아로啞魯 또는 아로
阿魯; 담양淡洋; 아제亞齊; 구주산九州山; 람방覽邦; 팽가彭家; 구란句欄—구란산枸欄山—교란校欄—교란交欄.

단편 모음Mélanges

378~385   아놀드 비씨에르Arnold Vissière(1858~1930), 「중국의 이율에 대한 설명De l'énonciation du taux d'intérêts, en chinois」

고인의 약력 또는 부고Nécrologie

386~387   앙리 아브레Henri Havret | 夏鳴雷(1848~1901) – 앙리 코르디에

387   이홍장李鴻章(1823~1901) – 앙리 코르디에

388   알브레히트 웨버Albrecht Weber(1825~1901) – 구스타프 슐레겔

서평란Bulletin critique

389~394   요제프 마크바르트Josef Marquart, 『모세 호레나치의 지리학에 따른 에란샤르 역사적 비평적 평론, 역사, 지명 탐구를 붙임Ērānšahr nach der Geographie des Ps. Moses Xorenac'i. Mit historisch-kritischem Kommentar und historischen und topographischen Excursen』(베를린, 1901)[2] – 구스타프 슐레겔

394~397   『극동프랑스학교 학보Bulletin de l'Ecole Française d'Extréme Orient』(하노이, 1901, 7월) – 구스타프 슐레겔,

도서 목록Bibliographie

398~400   신간 도서Livres Nouveaux

---

2   에란샤르Ērānšahr의 '에란'은 이란의 옛 명칭이고, '샤르'는 군주를 의미하여, 이란 사산왕조의 건국자이다. 모세 호레나치Moses Xorenac'i는 'Movsès Khorenatsi'라고도 표기하는 5세기 후반에 활동한 아르메니아 역사가이다.

─────── 부록 ───────

───────────

1 이 모노그래프는 신 『통보』 제2책(1901)의 부록으로, 1902년 출간되었다.

신 『통보』
제3책 (1902)

—— 제1호 (1902) ——

하노이 국제동양학자 학술대회 알림

1~11 구스타프 슐레겔, 「유럽인이 중국에 도착하기 전 중국의 총기 및 화약의 발명과 사용에 대하여On the Invention and Use of Fire-Arms and Gunpowder in China, Prior to the Arrival of Europeans」

12~29 조셉 보배Joseph Beauvais(1867~1924), 「광서: 광서의 역사, 지리, 행정 자료인 『광서통지집요廣西通志輯要』에서 발췌하여 번역함 Traduction de Documents: Historiques, geographiques et administratifs sur la province du Kouang-Si. Tirés du 廣西通志輯要」

잡록Variété

31 아우구스트 그라마츠키Dr. August Gramatzky(1862~1942), 「제 7 고등학교 조사관의 노래第七高造士館のうた)와 독일어 번역(Lied der Daishichi Kōtōgakko Zōshikwan」[1]

32~33 「영국-일본 조약Traité Anglo-Japonais」[2]

---

1 조우시칸造士館은 에도시기 후기에 가고시마번鹿児島藩(사쓰마번)에 세운 제후 자식을 교육하기 위한 한 코우藩校이다.

2 니치에이도메이英日同盟. 1902년 1월 30일 러시아의 남하를 견제하기 위해 체결된 군사 동맹이다. 원문

33~35 프랑수아 띠에보 시쏭François Thiébault-Sisson(1856~1944), 「일본 예술사: 하야시 컬렉션Une histoire de l'art japonais: La Collection Hayashi」[1]

35~36 「제13차 국제동양학자 학술대회XIIIe Congrès international des Orientalistes」공지

고인의 약력 또는 부고Nécrologie

37~38 카알 아렌트Carl Arendt(1838~1902) – 앙리 코르디에

38~39 피에르 마리 외드Pierre Marie Heude | 韓伯祿(1836~1902) – 앙리 코르디에

39~40 코르넬리스 페트루스 티엘레Cornelis Petrus Tiele(1830~1902) – 구스타프 슐레겔

서평란Bulletin critique

41~48 드 흐루트J. J. M. De Groot, 『중국의 종교 체계The Religious System of China』(라이덴, 1901), {IV-II. 영혼과 선조 숭배에 대하여, 제1부 철학과 민속 관념 속의 영혼Volume IV, Book II, On the Soul and Ancestral Worship, Part I, the Soul in Philosophy and Folk -Conception}[2] – 구스타프 슐레겔

소식Chronique

49~53 독일과 오스트리아; 영국; 중국; 미국; 프랑스; 일본; 러시아

은 2월 11일 영국 외무성에서 발표한 내용이다.

1 타다마사 하야시林 忠正(1853~1906)는 저명한 일본 미술상이다. 1902년 1월17일 자 「땅Temps」의 기사이다.

2 구 「통보」, III, 201쪽, V, 355쪽을 참고.

도서 목록 Bibliographie

54~58　　　신간 도서Livres Nouveaux

─────── 제2호 (1902) ───────

59~105　　　조셉 보배Joseph Beauvais(1867~1924), 「광서: 광서의 역사, 지리,
　　　　　　행정 자료인 『광서통지집요廣西通志輯要』에서 발췌하여 번역함
　　　　　　Traduction de Documents: Historiques, geographiques et administratifs sur la
　　　　　　province du Kouang-Si, Tirés du 廣西通志輯要」(29쪽에 이어)

단편 모음Mélanges

106~108　　시몬 하르트비흐 샤안크Simon Hartwich Schaank, 「고대 중국어 음성
　　　　　　학Ancient Chinese Phonetics, Supplementary Note」(추가 주석)
109~118　　「서지학자 아벨 레무사Abel-Rémusat, bibliographe」 - 앙리 코르디에
119~121　　「만주에 대한 러시아와 중국의 조약Le traité Russo-Chinois sur la
　　　　　　Mandchourie」
122~131　　폴 두메Paul Doumer, 『1897~1901년 인도차이나의 상황Situation de
　　　　　　l'Indo-Chine, 1897~1901』(하노이, 1902)

잡록Variété

132~134　　「통킹의 치료법Remèdes tonkinois」[3] - 닥터 옥스Docteur Ox
134~136　　「황실 기차: 중국의 철도 인가Un train impérial-Consécration des chemins
　　　　　　de fer en Chine」[4] - 핀자그Finzag

3　1902년 3월 10일 자 『르 마땡Le Matin』에 실린 기사.
4　1902년 1월 11일 자 『저널Journal』에 실린 기사.

소식Chronique

137~139 중국; 미국; 프랑스; 네덜란드와 네덜란드 식민지들

도서 목록 Bibliographie

140~142 신간 도서Livres Nouveaux

질의 응답 Notes and Queries

143~144 1. 일본인들이 하는 귀덮개 부족Want of ear-laps with the Japanese －구스타프 슐레겔

143~144 2. 로프 노르 호수의 이동Déplacement du Lob-Nor －G.T.[1]

──── 제3호 (1902) ────

145~166 조셉 보배Joseph Beauvais(1867~1924), 「광서: 광서의 역사, 지리, 행정 자료인 『광서통지집요廣西通志輯要』에서 발췌하여 번역함 Traduction de Documents: Historiques, geographiques et administratifs sur la province du Kouang-Si. Tirés du 廣西通志輯要」

단편 모음Mélanges

167~176 「일본의 회화Peinture au Japon」

잡록Variété

177~179 「중국의 회화 예술Chinese Pictorial Art」 －구스타프 슐레겔

---

1 구스타프 슐레겔을 잘못 인쇄한 것 같다.

179~183 「쭐랄롱꼰² 왕Le roi Tchoulalonkorn」 - 가스통 라바디-라그라브 Gaston Labadie-Lagrave(1842~?)

183~184 인도차이나 총독의 후원으로 개최될 「하노이 국제동양학자 학술 대회Congrès international des Orientalistes de Hanoï」 안내문

184~186 「안남인들의 치아 물들이기La coloration dentaire des Annamites」³ - 폴 당조이Paul d'Enjoy

서평란Bulletin critique

187~191 극동 프랑스학교 출판물Publications de l'Ecole française d'Extrême-Orient - 앙리 코르디에

187~189 데지레 라크루아Désiré Lacroix(1859?~1903), 『안남 화폐 Numismatique Annamite』(사이공, {1900}) - 앙리 코르디에

189~190 앙뜨완 카바똥Antoine Cabaton, 『참파인에 관한 새로운 연구Nouvelles recherches sur les Chams』(파리, 1901) - 앙리 코르디에

190~191 레오폴 미쉘 까디에르Léopold Michel Cadière, 『안남어 음성학: 안남 상부 방언Phonétique annamite-Dialecte du Haut-Annam』(파리, 1902) - 앙리 코르디에

191 에드몽 뤼네 드 라종끼에르Edmond Lunet de Lajonquière, 『인도차이 나 고고학 지도: 참파와 캄보디아 유적Atlas archéologique de l'Indo-Chine-Monuments du Champa et du Cambodge』(파리, 1902) - 앙리 코르디에

---

2 쭐랄롱꼰(1853~1910), 바로 라마 5세로 전체 이름은 프라밧솜뎃 프라뽀라민타라 마하쭐랄롱꼰 프라쭐 라쫌끌라오 짜오유후아이며, 태국의 국왕이자 짜끄리 왕조의 5번째 군주이다.

3 『파리 인류학회보Bulletins et Memoires de la Societe d'Anthropologie de Paris』에 실린 글.

소식Chronique

192~197　독일과 오스트리아; 중국; 한국; 프랑스; 인도차이나; 일본

도서 목록 Bibliographie

198~200　신간 도서Livres Nouveaux

—————— 제4호 (1902) ——————

201~221　루이 드 마롤레스De Marolles, 「태평 반란에 대한 회상, 1862~1863

　　　　　Souvenirs de la révolte des T'aï P'ing, 1862~1863」

단편 모음Mélanges

222~240　「중국 해관Les douanes impériales maritimes chinoises」[1] - 앙리 코르디에
240~247　수조르M. Suzor, 「시암의 라오스인Le Laos Siamois」[2]

고인의 약력 또는 부고Nécrologie

248　　　유젠 뷔쏘네Eugène Buissonnet(1835~1902) - 앙리 코르디에
248　　　마르퀴스 사이고 쭈쿠미치Marquis Saigo Tsoukoumitchi(1843~1902)[3]
　　　　　- 앙리 코르디에
248　　　로버트 제임스 포레스트Robert James Forrest(1836?~1902) - 앙리 코
　　　　　르디에

1　『프랑스 아시아 위원회 회보Bulletin du comité de l'Asie française』에서 복제한 글이다.
2　치앙마이 지역을 중심으로 기술한 이 글은 누가 작성한 것인지 밝히지 않았다.
3　사이 주우도오Saigō Jūdō | 西鄕 從道. 일본 해군 제독.

249   마리 쉼메Mary Summer[4]

249~250   레옹 페르Léon Feer(1830~1902) - 앙리 코르디에

서평란Bulletin critique

251~252   에두아르 끌라베리Edouard Clavery(1867~1949), 『영국과 극동의 경제 관계Relations économiques de l'Angleterre avec l'Extrême-Orient』(파리, 1902) - 앙리 코르디에

252   필립 델마스Philippe Delmas, 『중국 해관Les Douanes Impériales chinoises』[5](파리, 1902) - 앙리 코르디에

252~255   끌로디우스 마들롤Claudius Madrolle, 『프랑스인의 첫 중국 여행, 중국 기업, 1698~1719Les premiers voyages français à la Chine. La Compagnie de Chine, 1698~1719』(파리, 1901) - 가브리엘 마르셀Gabriel Marcel(1889~1973)

255~260   앙리 코르디에, 『서구 열강과 중국의 관계사 1860~1900, 동치제 1861~1875Histoire des Relations de la Chine avec les Puissances Occidentales 1860~1900 L'Empereur T'oung Tché, 1861~1875』(파리, 1901)[6]

도서 목록Bibliographie

261~263   신간 도서Livres Nouveaux

소식Chronique

264~279   독일과 오스트리아; 영국; 중국; 프랑스; 프랑스령 인도차이나; 일본; 네덜란드와 네덜란드 식민지들

---

4   프랑스 티베트학자 필립 에두아르 푸코Philippe Édouard Foucaux(1811~1894)의 부인.

5   1902년 6월 17일 화요일 1시에 발표된 박사학위논문.

6   1902년, 6월 7일, 『관객The Spectator』(881~882쪽)에 실린 글.

280 제13차 함부르크에서 열릴 국제동양학자 학술대회Congrès des Orientalistes à Hambourg 예고

————— 제5호 (1902) —————

281~315 앙리 코르디에, 「광저우의 양행洋行 상인Les marchands hanistes de Canton」

잡록Variété

316~323 {1902년 9월 4~10일} 함부르크에서 열린 제13차 국제동양학자 학술대회XIIIe Congrès international des Orientalistes - 앙리 코르디에

323 하노이의 국제동양학자 학술대회Congrès international des Orientalistes de Hanoï

공식 문서 Documents officiels

324~335 영국-중국 조약Anglo-Chinese Treaty - 1902년 9월 5일, 상하이

335~337 프랑스-시암 협정Convention entre la France et le Siam) - 1902년 10월 7일, 파리

고인의 약력 또는 부고Nécrologie

338 알렉산더 미치Alexandre Michie(1833~1902) - 앙리 코르디에

338 조나던 리Jonathan Lees | 理一視(1835~1902) - 앙리 코르디에

339 제임스 하트James H. Hart(1848~1902) - 앙리 코르디에

339 안젤로 초톨리Angelo Zottoli, S. J. | 晁德蒞(1826~1902) - 앙리 코르디에

339   유곤일劉坤一(1830~1902) - 앙리 코르디에

서평란Bulletin critique

340~341   알렉산더 와일리Alexander Wylie(1815~1887),『중국 문헌 해설: 예
           술의 진보적 발전에 대한 소개, 중국어를 다양한 유럽 언어로 번
           역한 목록과 함께Notes on Chinese Literature: With Introductory Remarks
           on the Progressive Advancement of the Art: And a List of Translations from
           the Chinese into Various European Languages』(상하이, 1901) - 앙리 코
           르디에

도서 목록 Bibliographie

342~346   신간 도서Livres Nouveaux

소식Chronique

347~358   독일과 오스트리아; 중앙아시아; 영국; 중국; 프랑스; 프랑스령 인
           도차이나; 일본; 네덜란드와 네덜란드 식민지들; 러시아

359   색인

신『통보』
제4책 (1903)

─── 제1호 (1903) ───

1~18   루이 드 마롤레스De Marolles, 「태평 반란에 대한 회상, 1862~1863
        Souvenirs de la révolte des T'aï P'ing, 1862~1863」(제3책, 221쪽에 이어)

19~22   아우구스트 그라마츠키 박사Dr. August Gramatzky(1862~1942),
        「사쓰마 방언과 상용 일본어 구어의 대조표Vergleichende Liste von
        Ausdrücken im Satsuma-Dialect und im gewöhnlichen Umgangs-Japanisch」[1]

23~52   앙리 코르디에, 「중국 연구, 1899~1902년Les études chinoises,
        1899~1902」

53~69   앙리 코르디에, 하노이 동양학자 학술대회Congrès des Orientalistes de
        Hanoï」

잡록Variété

70~71   중국어 원문을 잘못 번역한 사례들 - 구스타프 슐레겔

고인의 약력 또는 부고Nécrologie

72   알브레히트 코논 폰 데어 슐렌부어크Albrecht Conon von der
        Schulenburg(1865~1902) - 구스타프 슐레겔

---

1   사쓰마薩摩는 사이카이도에 있던 일본의 옛 구니이다. 현재의 가고시마현 서부에 해당한다. 삿슈라고도
    한다.

72   도모陶模(1830~1902) - 앙리 코르디에

73   쥘 프랑수아 구스타프 베르테미Jules François Gustave Berthemy
     (1826~1902) - 앙리 코르디에

서평란Bulletin critique

74~75   에르네 샹트르Ernest Chantre, 에밀 부르다레Emile Bourdaret, 『한국의
        고고학적 개요Les Coréens Esquisse Anthropologique』(리옹, 1902) - 앙
        리 코르디에

75   에두아르 끌라베리Edouard Clavery(1867~1949), 『유럽대륙 주
        요 국가들의 극동과의 경제 관계에 대한 연구Étude sur les relations
        économiques des principaux pays de l'Europe continentale avec l'Extrême-Orient』
        (파리, 1903) - 앙리 코르디에

75~79   앙리 코르디에, 『서구 열강과 중국의 관계사Histoire des Relations de la
        Chine avec les Puissances Occidentales』I. 1860~1875, II. 1875~1887(파
        리, 1901, 1902) - 스탠리 레인풀Stanley Lane-Poole

79~81   에드워드 하퍼 파커Edward Harper Parker, 『중국: 원시시대부터 지
        금까지의 역사, 외교, 상업China, Her History, Diplomacy and Commerce
        from the Earliest Times to the Present Day』(런던, 1901) - 앙리 코르디에

도서 목록 Bibliographie

82~84   신간 도서Livres Nouveaux

85~89   정기 간행물Publications périodiques

소식Chronique

90~116 중앙아시아; 아시아-러시아; 벨기에; 중국; 미국; 프랑스; 프랑스
        령 인도차이나; 네덜란드와 네덜란드 식민지들; 일본; 러시아

─── 제2호 (1903) ───

117~126   샤를 외드스 보냉Charles Eudes Bonin(1865~1929), 「어휘표 Vocabulaires」[1]

127~145   앙리 퐁타니에Henri Fontanier(1830~1870), 「1840~1841년 중국이 안남에 파견한 사절단Une mission chinoise en Annam, 1840~1841」

146~162   앙리 코르디에, 「중국 연구, 1899~1902년Les études chinoises, 1899~1902」

고인의 약력 또는 부고Nécrologie

163   패트릭 조셉 허그스Patrick Joseph Hughes(1833~1903)

163   영록榮祿(1836~1903) - 앙리 코르디에

서평란Bulletin critique

164   허버트 알렌 자일스Herbert Allen Giles, 『중국과 중국인China and the Chinese』(뉴욕, {1902}) - 앙리 코르디에

164~166   에드몽 뤼네 드 라종끼에르Edmond Lunet de Lajonquière, 『캄보디아의 유적 목록Inventaire descriptif des Monuments du Cambodge』(파리, 1902) - 앙리 코르디에

166~167   프란시스 헨리 니콜스Francis Henry Nichols(1868~1904), 『숨겨진 섬 서陝西를 지나Through Hidden Shensi』(런던, 1902) - 앙리 코르디에

도서 목록 Bibliographie

168   신간 도서Livres Nouveaux

---

1   안남 방언인 모이Moï어, 티베트어 방언 등을 프랑스어와 대조한 어휘표.

169~173   정기 간행물Publications périodiques

질의 응답 Notes and Queries

174~175   하남河南의 유대인들에 관하여

소식Chronique

176~200   아시아-러시아; 중국; 프랑스; 프랑스령 인도차이나; 영국령 인
           도; 일본; 스웨덴

─────── 제3호 ───────

201~227   앙리 코르디에,「프랑스 제1 제국 시기 인도차이나와 중국 경내의
           프랑스와 영국La France et l'Angleterre en Indo-Chine et en Chine sous le
           Premier Empire」[2]

228~250   구스타프 슐레겔,「지리 기술: XVII 자바Geographical Notes: XVII
           Java」[3]

단편 모음Mélanges

251~255   프랑수아 띠에보 시쏭François Thiébault-Sisson(1856~1944),「대 라
           마의 성배Le calice du Grand-Lama」

---

2 프랑스 제1 제국은 1804년 수립되어 나폴레옹 1세의 통치를 받으며 1814년 혹은 1815년까지 존속한
   프랑스의 절대 군주 정권이다.
3 41년부터 13세기 초까지의 자바를 기술했다. 조여괄趙汝适의 『제번지諸蕃志』 기록을 주로 다루었다.

고인의 약력 또는 부고 Nécrologie

256   라풍록羅豊祿(1850~1901) - 앙리 코르디에

256~257   쥘 아렌Jules Arène(1850~1903) - 앙리 코르디에

257   샤를 루이 떼오발 꾸르졸Charles Louis Théobald Courrejolles(1842~1903) - 앙리 코르디에

서평란 Bulletin critique

258~259   조슬린 펜 시에페르Jocelyn Pène-Siefert, 『중국의 황색과 백색: 황색 Jaunes et Blancs en Chine: Les Jaunes』(파리, 낭시, 1902) -앙리 코르디에

259~262   카를로스 오구스토 몽탈토 제수스Carlos Augusto Montalto Jesus, 『역사 상의 마카오Historic Macao』(홍콩, 1902) - 앙리 코르디에

262~263   루돌프 스튀베Rudolf Stübe 편, 『마르코 폴로의 책: 헤르만 크누스 트Hermann Knust(1821~1889) 박사의 유작, 마드리드 필사본El Libro de Marco Polo: Aus dem Vermächtnis des Dr. Hermann Knust, nach der Madrider Handschrift』(라이프치히, 1902) - 앙리 코르디에

263~264   헨리 오몽Henri Omont, 『헤이통 동토의 땅에 관한 역사의 꽃이라는 새로운 프랑스어 텍스트가 들어있는 프랑스 국립도서관의 새로 확보한 메뉴스크립트, 10050Notice du manuscrit Nouv. Acq. franc. 10050 de la Bibl. nat., contenant un nouveau texte français de la Fleur des histoires de la terre d'Orient de Hayton』(파리, 1903) - 앙리 코르디에

264~267   율리우스 레싱Julius Lessing(1843~1908), 『중국 청동기Chinesische Bronzegefässe』(베를린, 1902) - 베르톨트 라우퍼Berthold Laufer

도서 목록 Bibliographie

269~272   신간 도서Livres Nouveaux

273~275   정기 간행물Publications périodiques

소식Chronique

276~284   버마; 중국; 프랑스; 영국; 프랑스령 인도차이나

──── 제4호 (1903) ────

285~315   앙리 코르디에, 「프랑스 왕정 복고시기 프랑스와 안남의 관계 회
복La Reprise des Relations de la France avec l'Annam sous la Restauration」[1]

316~323   앙리 코르디에, 「광서제의 성년례Majorité de l'Empereur Kouang-siu」
-1886년 조칙Décrets Impériaux, 1886

324~342   앙리 코르디에, 「중국 연구, 1899~1902년Les études chinoises
1899~1902」[2]

단편 모음Mélanges

343   제8차 국제 지리학 회의Eighth International Geographic Congress

344~350   「1870년 12월 27일 장지동張之洞의 탄원Une Supplique de Tchang
Tchi-toung」

고인의 약력 또는 부고Nécrologie

351   에두아르 뽀띠에 제독Édouard Pottier(1839~1903) - 앙리 코르디에

351   앙리 드 라 발레 뿌쌩Henri de la Vallée Poussin(1874~1903) - 앙리 코
르디에

351   코르넬리스 제르브란트 루자크Cornelis Gerbrand Luzac(1862~1903)

---

1 부르봉 왕정 복고Restauration는 1814년 나폴레옹 정권이 실각함에 따라 프랑스 제1 제국이 몰락하고 프
랑스 혁명으로 쫓겨난 프랑스의 기존 왕실인 부르봉가가 복귀하여 세운 왕정이 통치한 시대이다.

2 『통보』, 1903년 5월호, 162쪽을 보라는 참조 사항이 있다.

－앙리 코르디에

서평란Bulletin critique

352~353 루시앙 드 라이나흐Lucien de Reinach, 『프랑스가 극동에서 체결한 조약집, 1684~1902년Recueil des Traités conclus par la France en Extréme-Orient 1684~1902』(파리, 1902) - 앙리 코르디에

353~355 제임스 휠러 데이비슨James Wheeler Davidson(1872~1933), 『포르모사섬의 과거와 현재: 역사, 인물, 자원, 상업 전망. 차, 장뇌, 설탕, 금, 석탄, 유황, 환금성 작물 및 기타 산물The Island of Formosa Past and Present: History, People, Resources and Commercial Prospects. Tea, Camphor, Sugar, Gold, Coal, Sulphur, Economical Plants and Other Productions』(런던 & 뉴욕, 1903) - 앙리 코르디에

355~357 빌헬름 그루베Wilhelm Grube(1855~1908), 『중국 문학사Geschichte der chinesischen Litteratur』(라이프치히, 1902) - 앙리 코르디에

357~366 헨리 율Henry Yule 역주, 앙리 코르디에Henri Cordier와 아미 프랑스 율Amy Frances Yule 교정, 『베네치아 사람 마르코 폴로 경의 책, 동방의 왕국과 경이로운 것들에 관하여The Book of Ser Marco Polo, the Venetian, concerning the Kingdoms and Marvels of the East』(2책, 런던, 1903)[1]

도서 목록 Bibliographie

367 신간 도서Livres Nouveaux

368 정기 간행물Publications périodiques

---

1 1903년 10월 17일 『디 애서니엄The Athenaeum』에 실린 서평.

소식Chronique

369~370   중국; 프랑스

─────── 제5호 (1903) ───────

371~384   앙리 코르디에, 「중국 연구, 1899~1902년Les études chinoises
           1899~1902」(끝)
385~406   앙리 코르디에, 「인도차이나 도서 목록: 인도차이나반도와 관련된
           문헌의 서지학 연구, 제1부 버마와 아쌈Bibliotheca Indo-Sinica; Essai
           d'une Bibliographie des Ouvrages relatifs à la presqu'île indo-chinoise. Première
           Partie: Birmanie et Assam」

고인의 약력 또는 부고Nécrologie

407~415   구스타프 슐레겔Gustave Schlegel(1840~1903) - 앙리 코르디에
415   요한 밥티스트 폰 안저Johann Baptist von Anzer | 安治泰(1851~1903)
           - 앙리 코르디에

서평란Bulletin critique

416~418   마르퀴스 드 라 마젤리에르Mis de la Mazelière, 『인도 문명 진화론
           Essai sur l'évolution de la civilisation indienne』(2책, 파리, 1903) -앙리
           코르디에
418   세라팽 꾸브레Séraphin Couvreur, 『중국어-프랑스어 소사전Petit
           Dictionnaire Chinois-Français』(허젠푸, 1903) - 앙리 코르디에
418~419   카알 알레니우스Karl Ahlenius, 『17세기 중국의 세계지도En Kinesisk
           Världskarta från 17: de Århundert』(웁살라, 1903) - 에두아르 샤반

419~421 한스 피르호Hans Virchow(1852~1940), 「불구가 된 중국 여성 발의 골격Das Skelett eines verkrüppelten Chinesinnen-Fusses」(『민족학 저널 Zeitschrift für Ethnologie』, 35, 1903) - 에두아르 샤반

421~422 야콥 사무엘 슈파이어Jacob Samuel Speyer(1849~1913), 「여섯 개 이빨을 가진 코끼리 모습으로 나타난 보살에 대하여Über den Bodhisattva als Elephant mit sechs Hauzähnen」(『독일 동양학회 논문집 Zeitschrift der Deutschen Morgenländischen Gesellschaft』, 57, 1903, 305~310쪽) - 에두아르 샤반

422~424 헨리A. Henry, 「로로족과 중국 서부의 다른 부족들The Lolos and Other Tribes of Western China」(『영국과 아일랜드의 인류학 연구소 저널 The Journal of the Anthropological Institute of Great Britain and Ireland』, 33, 1903, 96~107쪽) - 에두아르 샤반

424~425 라이더C. H. D. Ryder, 「중국 서부 탐험Exploration in Western China」(『지리학 저널The Geographical Journal』, 21, 1903, 109~120쪽)[1] - 에두아르 샤반

425~427 스벤 헤딘Sven Hedin, 「1899~1902년 3년간의 중앙아시아 탐험Three Years' Exploration in Central Asia, 1899~1902」(『지리학 저널 The Geographical Journal』, 21, 1903, 221~259쪽); 조지 매카트니 George Macartney, 「중국 자료에 근거한 고대 누란, 선선 왕국 연구 Notices, from Chinese Sources, on the Ancient Kingdom of Lau-lan, or Shen-shen」[2](『지리학 저널The Geographical Journal』, 21, 1903, 260~265쪽) - 에두아르 샤반

---

1 원문에 '126'은 '120'의 오류이다.
2 누란樓蘭은 현재 중국령인 신장웨이우얼 자치구에 있는 고대의 작은 도시 국가였다. 로프 노르 호수의 서안에 위치하며 비단길 교역의 중요한 도시였다. 유적만 남아있다. 선선鄯善은 신장웨이우얼 자치구 투르판 지구의 현급 행정구역으로 고대 실크로드의 주요 거점이었다.

신 『통보』
제5책 (1904)

───── 제1호 (1904) ─────

1~110   에두아르 샤반, 「서돌궐西突厥에 대한 추가 주석Notes additionnelles sur les Tou-kiue (Turcs) occidentaux」

단편 모음Mélanges

111~114   제14차 국제동양학자 학술대회XIVe Congrès International des Orientalistes

고인의 약력 또는 부고Nécrologie

115   에드몽 드루앵Edmond Drouin (1839~1904) - 앙리 코르디에

서평란Bulletin critique

116   프란츠 헤거Franz Heger (1853~1931), 『동남아시아의 고대 청동북 {銅鼓}丨 Alte Metaltrommeln aus Südost Asien』({라이프치히, 1902}) - 드 흐루트J. J. M. De Groot

도서 목록 Bibliographie

117~119   신간 도서Livres Nouveaux

소식Chronique

120 　　중국; 프랑스; 스위스

——— 제2호 (1904) ———

121~156 　앙리 코르디에, 「인도차이나 도서 목록: 인도차이나반도와 관련된
　　　　　문헌들의 서지학 연구. 제1부 버마, 아쌈: 버마Bibliotheca Indo-Sinica:
　　　　　Essai d'une Bibliographie des Ouvrages relatifs à la presqu'ile indo-chinoise.
　　　　　Première Partie: Birmanie et Assam. Birmanie. II. Géographie」[1]

157~162 　앙뜨완 카바똥Antoine Cabaton, 「이슬람교 교리 문답의 말레이어 요
　　　　　약Un abrégé malais du Catéchisme musulman」

163~192 　에두아르 샤반, 「북원록: 북방 여행기北轅錄 | Récit d'un voyage dans le
　　　　　nord」[2]

193~206 　에두아르 샤반, 「구나바르만Guṇavarman(367~431)」[3]

서평란Bulletin critique

207~208 　『서문정공묵적徐文定公墨蹟 | Autographes de Siu Wen-ting』(상하이,
　　　　　1903, 홍보재鴻寶齋 영인)[4] – 에두아르 샤반

1 　신 「통보」, 1903년 12월호에 이어.

2 　샤반은 이 여행 기록에 관하여 송나라 시기 주천周煇의 기록이라고 밝혔다. 이 여행기는 1176년 11월
　　29일에 명을 받고 1177년 1월 7일에 출발하여 같은 해 4월 16일 귀가한 여정이다. 샤반이 근거한 저본
　　은 「고금설해古今說海」와 「설부說郛」로, 모두 저자는 '주천周煇'으로 되어있다. 1927년 상무인서관에서 간
　　행한 판본에는 '주휘周煇'로 되어있고, 중국 바이두 백과사전에는 '주휘周煇(1126~1198)'라고 소개하고
　　있다.

3 　구나바르만Guṇavarman | 求那跋摩(367~431)은 카슈미르(罽賓)의 역경승이다.

4 　문정文定은 서광계徐光啟(1562~1633)의 시호이다.

208~212 프란츠 볼Franz Boll(1867~1924), 『천구:[1] 별자리 역사에 대한 새로운 그리스 텍스트와 연구Sphaera. Neue griechische Texte und Untersuchungen zur Geschichte der Sternbilder』(라이프치히, 1903) - 에두아르 샤반

212~213 쥘스 르뇨Jules Regnault, 『중국과 안남의 의학과 약물학Médecine et pharmacie chez les Chinois et chez les Annamites』(파리, 1903) - 에두아르 샤반

213~214 빌헬름 필히너Wilhelm Filchner(1877~1957), 『파미르를 통과하는 여행Ein Ritt über den Pamir』(베를린, 1903) - 에두아르 샤반

214~216 요제프 마크바르트Josef Marquart, 『동유럽과 동아시아 여행 Osteuropäische und ostasiatische Streifzüge』(라이프치히, 1903) - 에두아르 샤반

216~217 카알 포겔장Karl Vogelsang, 중국의 북부와 중부 여행Reisen im nördlichen und mittlern China : I. 「직례성直隷省 북부 여행Reise durch den nördlichen Teil der Provinz Chi-li」(『페테르만의 지리 소식Petermanns Geographische Mitteilungen』, 1901, 47, 241~250쪽; 278~284쪽); II. 「다바산맥大巴山脈 산악지역 여행(호북성湖北省, 섬서성陝西省 그리고 사천성四川省)Reise durch das Gebirgsland des Ta-pa-shan(Provinzen Hupeh, Shensi und Szechuan)」(『페테르만의 지리 소식』, 1904, 50, 11~19쪽) - 에두아르 샤반

217~218 프리드리히 빌헬름 카알 뮐러Friedrich Wilhelm Karl Müller, 「투르판, 동투르키스탄에서 나온 시리아 문자로 된 필사본 잔권 Handschriften-Reste in Estrangelo-Schrift aus Turfan, Chinesisch-Turkistan」 (『왕립 프로이센 과학 아카데미 회의 보고서Sitzungsberichte der

---

1 천구天球는 천문학 및 항해에서 천체 관측에 이용되는, 관측자를 중심으로 한 반지름이 무한대인 가상의 구체로, 하늘에 있는 모든 천체는 이 천구의 안쪽 벽에 붙어있는 것으로 간주한다.

Königlich Preussischen Akademie der Wissenschaften』, 1904, IX, 348~352
쪽) - 에두아르 샤반

218~225 『중국 만주 철도지도Carte chinoise des chemins de fer en Mandchourie』² -
에두아르 샤반

225~226 제네랄 드 베일리에Général de Beylié(1849~1910), 『앙코르와트의
궁전: 크메르 국왕의 옛 저택Le Palais d'Angkor Vat Ancienne Résidence
des Rois khmers』(하노이, 1903) - 앙리 코르디에

고인의 약력 또는 부고Nécrologie

227~228 프로스페 마리 오당달Prosper Marie Odend'hal(1867~1904) - 에두아
르 샤반

도서 목록Bibliographie

229~232 신간 도서Livres Nouveaux
233   정기 간행물Publications périodiques

소식Chronique

234~238 한국; 프랑스; 미국; 프랑스령 인도차이나; 네덜란드; 시암

—— 제3호 (1904) ——

239~268 앙리 코르디에, 「인도차이나 도서 목록: 인도차이나반도와 관련된
문헌들의 서지학 연구. 제1부 버마, 아쌈: 버마Bibliotheca Indo-Sinica:

---

2 보로도프스키ㄴ. Borodovskii가 '69x56cm, 1: 3360000' 크기로 제작한 지도로 호유덕胡惟德이 '동삼성철로
도東三省鐵路圖'로 번역하기도 했다.

Essai d'une Bibliographie des Ouvrages relatifs à la presqu'île indo-chinoise. Première Partie: Birmanie et Assam. Birmanie. II. Géographie)」[1]

269~296 타카쿠수 준지로J. Takakusu, 「파라마르타(499~569)의 『바수반두의 생애The Life of Vasu-bandhu by Paramartha A.D. 499~569』」[2]

297~309 실뱅 레비Sylvain Lévi, 「산스크리트어 사뮤크타가마와 그륀베델의 잔권Le Saṃyuktāgama Sanscrit: Et les Feuillets Grünwedel」[3]

310~331 에두아르 샤반, 「루브르 박물관의 중국 그림La peinture Chinoise: Au Musée du Louvre」

고인의 약력 또는 부고Nécrologie

332 샤를 까르뽀Charles Carpeaux(1870~1904) - A. F.[4]

서평란Bulletin critique

333~335 펠릭스 레가미Félix Régamey(1844~1907), 『일본Japon』(파리, {1900}) - 알리 코르디에

336 앙리 프랑수아 뒤몰라르Henri Dumolard, 『일본의 정치, 경제와 사회 Le Japon politique, économique et social』(파리, 1903) - 앙리 코르디에

336~338 「중국 만주 철도지도Carte chinoise des chemins de fer en Mandchourie」(『통보』, 5월호, 218~225쪽) - 에두아르 샤반

---

1 신 『통보』, 1903년 12월과 1904년 5월 호를 보시오.

2 『바수반두법사전婆藪槃豆法師傳』(T.2049). 난조분유Najio Bunyiu, 『한역 불경 목록A Catalogue of The Chinese Translation of the Buddhist Tripitaka』, 옥스퍼드, 1883, no.1463를 참고하시오. 파라마르타Paramārtha는 인도의 승려로, 구마라습鳩摩羅什(344~413), 현장玄奘(602~664), 불공不空(705~774)과 함께 중국 불교의 4대 역경승으로, 한자명은 진제眞諦이다. 바수반두Vasu-bandhu(316~396)는 '세친世親'으로 번역하는 인도의 불교 사상가이다.

3 1904년 6월 16일 아시아 협회Société Asiatique 정규 회기에서 발표한 글. 사뮤크타가마Saṃyuktāgama는 5세기 구나발타라求那跋陀羅가 『잡아함경雜阿含經』으로 번역한 산스트리트어 경전이다. 초기 불교 기본 경전이다.

4 'A. F.'는 프랑스 고고학자 오구스트 푸쉐Auguste Foucher(1865~1952)일 것이다.

338~339   에두아르 끌라베리Edouard Clavery(1867~1949), 『일본의 외국인, 국외의 일본인Les Etrangers au Japon les Japonais à l'Etranger』(파리 & 낭시, 1904)

도서 목록 Bibliographie

340~344   신간 도서Livres Nouveaux
345~352   정기 간행물Publications périodiques

소식Chronique

353~356   알제리; 중국; 프랑스; 프랑스령 인도차이나; 스위스

─── 제4호 (1904) ───

357~447   에두아르 샤반, 「몽골 시기의 중국어 성지聖旨와 비문들Inscriptions et pièces de chancellerie chinoises de l'époque mongole」
448~460   아놀드 비씨에르Arnold Vissière(1858~1930), 「북경 중국어에서 상성의 탈락에 관하여De la chute du ton montant dans la langue de Pékin」
461~466   타카쿠수 준지로J. Takakusu, 「불교도와 수론파數論派 철학자의 논쟁에 대한 규기窺基의 설명: 파라마르타의 '바수반두의 생애' 번역본 부록K'uei-chi's Version of a Controversy between the Buddhist and the Sāmkhya Philosophers: An Appendix to the Translation of Paramārtha's 'Life of Vasu-bandhu'」[5]

---

5   규기窺基(632~682)는 중국의 당나라 초기의 승려로, 성은 울지尉遲, 자는 홍도洪道이며, 경조京兆 장안長安 출신이다. 7세기쯤 동아시아의 가장 위대한 불교 주석가로 일컬어진다. 상키야Sāmkhya 학파는 힌두교의 정통 6파 철학 중의 하나로, 불교 경전 및 논서에서는 수론파로 한역漢譯되고 있다. 현존하고 있는 가장 오랜 원전은 이스바라크리슈나의 「삼키아송」이다.

고인의 약력 또는 부고Nécrologie

467   알퐁스 로베르 꽁라 보뛰Alphonse Robert Conrad Bottu(1855~1904)
       - 앙리 코르디에

467   옹동화翁同蘇(1830~1904)

서평란Bulletin critique

468~473   폴 펠리오Paul Pelliot(1878~1945), 『8세기 말 중국에서 인도로 가
           는 두 갈래 여정Deux itinéraires de Chine en Inde à la fin du VIIIe siècle)』
           (『Bulletin de l'École française d'Extrême-Orient』, IV, 1904, 131~418쪽)
           - 에두아르 샤반

473~481   까미유 쌩송Camille Sainson, 『남조야사南詔野史 | Nan tchao ye che.
           Histoire particulière du Nan-tchao』(파리, 1904) - 에두아르 샤반

481~483   레옹 위제Léon Wieger(1856~1933), 『역사문헌Textes historiques』(I,
           1903; II, 1904, 허젠푸) - 에두아르 샤반

484~487   가브리엘 페랑Gabriel Ferrand(1864~1935), 「마다가스카르와 와
           끄와끄섬Madagascar et les îles Uâq-uâq」(『아시아 저널Journal asiatique』,
           1904, 5~6월호, 489~509쪽) - 에두아르 샤반

487~490   오토 프랑케Otto Franke(1863~1946), 『중국 문헌에 기록된 중앙아
           시아 튀르크인과 스키타이인 이해를 위한, 중국 문헌에 근거한 기
           고Beiträge aus Chinesischen Quellen zur Kenntniss der Türkvölker und Skythen
           Zentralasiens』(베를린, 1904) - 에두아르 샤반

490~499   『귀자모신鬼子母神의 전설: 이용면李龍眠의¹ 그림(1081)La légende de
           Koei tseu mou chen; Peinture de Li Longmien, 1081』(파리, 1904) - 에두아
           르 샤반

---

1   '용면龍眠'은 이공린李公麟(1049~1106)의 호이다. 북송 시대 화가로 말 그림으로 유명하다. 귀자모신鬼
    子母神은 인도 신화에 보이는 하리티Hāritī를 말한다.

500	조셉 보배Joseph Beauvais(1867~1924), 「운남의 라마들Les Lamas du Yun-nan」(『역사적 서사적 지리 학술지Bulletin de Géographie historique et descriptive』, I, 1904, 82~95쪽) – 에두아르 샤반
500~501	모리스 쿠랑Maurice Courant(1865~1935), 『도쿠가와 치하의 일본 씨족Les clans japonais sous les Tokougawa』(파리)[2] – 에두아르 샤반
501	모리스 쿠랑Maurice Courant(1865~1935), 『한국의 일본 식민: 15세기 이래의 부산Un établissement Japonais en Corée. Pou-san depuis le XVe siècle』(파리, 1904) – 에두아르 샤반
501~502	토마스 아톨 조이스Thomas Athol Joyce(1878~1942), 「호탄과 케리야 오아시스의 형질 인류학에 관하여On the Physical Anthropology of the Oases of Khotan and Keriya」(『인류학 연구소 저널Journal of the Anthropological Institute』, 33, 1903, 305~324쪽) – 에두아르 샤반
502~503	발터 안츠Walter Anz, 「산동山東과 강소江蘇 북부를 가로지르는 겨울 여행Eine Winterreise durch Schantung und das nördliche Kiang-su」(『페테르만의 지리 소식Petermanns Geographische Mitteilungen』, 50, 1904, 131~140쪽) – 에두아르 샤반
503	파우스토 제라르도 푸미Fausto Gherardo Fumi, 『산스크리트어 입문Avviamento allo studio del Sanscrito』 – 오구스트 푸쉐Auguste Foucher(1865~1952)

──── 제5호 (1904) ────

505~560	앙리 코르디에, 「프랑스 왕정 복고시기의 보르도와 코친차이나 Bordeaux et la Cochinchine sous la Restauration」

---

2 1903년 3월 29일 기메박물관 콘퍼런스.

561~596   아놀드 비씨에르Arnold Vissière(1858~1930), 「정치가, 학자, 수학자 완원阮元(1764~1849)의 전기Biographie de Jouàn Yuân」[1]

597~600   프리드리히 빌헬름 카알 뮐러Friedrich Wilhelm Karl Müller, 「도병賭餅, '좋은 남편과 좋은 아내'의 중국 버전Die Kuchenwette: "Gutmann und Gutweib" in chinesischer Version」[2]

601~619   조셉 꼬뜨Joseph Cotte, 「한 세기의 일본 역사Un siècle d'histoire japonaise」[3]

단편 모음Mélanges

620   타카쿠수 준지로J. Takakusu, 「파라마르타Paramārtha의 "바수반두의 삶"에 관한 주석Notes to Paramārtha's Life of Vasu-bandhu」[4]

고인의 약력 또는 부고Nécrologie

621~623   구스타프 에밀 뒤무띠에Gustave Émile Dumoutier(1850~1904) - 앙리 코르디에

624~625   카알 힘리Karl Himly(1836~1904) - 앙리 코르디에

625   에밀 슐라긴트바이트Emil Schlagintweit(1835~1904) - 앙리 코르디에

625~626   라프카디오 헌Lafcadio Hearn(1850~1904)[5] - 앙리 코르디에

---

1   이 연보는 『국조선정사략國朝先正事略』에 실린 기술을 번역하고 주석한 자료라고 밝혔다.

2   '떡 내기[賭餅]'는 『법원주림法苑珠林』(T.2122, 권53, 688a)에 인용된 『백유경百喩經』에 보이는 이야기로, 세간의 욕망이나 눈앞의 작은 이익에 현혹되어 큰 이치나 도를 잃는 것을 비유한다.

3   제임스 머독James Murdoch이 이소 야마가타Isoh Yamagata와 공동으로 집필한 『일본사A history of Japan』(고베, 1903)에 관한 일종의 서평이다.

4   『통보』 7월호.

5   그리스에서 태어난 일본 소설가 고이즈미 야쿠모小泉 八雲의 그리스 이름이다.

서평란Bulletin critique

627 라이오넬 자일스Lionel Giles(1875~1958), 『도덕경The Sayings of Lao Tzŭ』(런던, 1904)[6] - 앙리 코르디에

628 페르낭 필라Fernand Pila, 「발전하는 중국의 성省: 산동-중국인과 독일인Une province chinoise en progrès-Le Chantoung-Chinois et Allemands」(『극동 프랑스학교 학보Bulletin du Comité de l'Asie Française』, 리옹, 1904) - 앙리 코르디에

도서 목록 Bibliographie

629~630 신간 도서Livres Nouveaux
631~633 정기 간행물Publications périodiques

소식Chronique

634~635 중국; 프랑스

637 색인

---

6   서명에 중국어를 번역했고, 서문을 붙였다고 밝혔다.

신 『통보』
제6책 (1905)

──── 제1호 (1905) ────

1~42 에두아르 샤반, 「몽골 시기의 중국어 성지聖旨와 비문들Inscriptions et pièces de chancellerie chinoises de l'époque Mongole」(제2부)[1]

43~55 조셉 보배Joseph Beauvais(1867~1924), 「경원부慶遠府의[2] 고고학적 기술Notes archéologiques sur K'ing-yuan fou」

56~60 로렌스 비년Laurence Binyon(1869~1943), 「대영박물관의 조맹부趙 孟頫의 산수화 한 폭A Landscape by Chao Mêng-fu in the British Museum」

61~105 앙리 코르디에, 「인도차이나 도서 목록: 인도차이나반도와 관련 된 문헌들의 서지학 연구: 제1부 버마, 아쌈-버마Bibliotheca Indo- Sinica; Essai d'une Bibliographie des Ouvrages relatifs à la presqu'île indo- chinoise. Première Partie: Birmanie et Assam - Birmanie」[3]

단편 모음Mélanges

106~109 알제리에서 열릴 제14회 국제동양학자 학술대회Congrès international des Orientalistes. Quatorzième session 안내문

---

1 『통보』, 1904년 10월호, 357~447쪽.
2 현 광시 좡족 자치구.
3 『통보』, 1903년 12월호와 1904년 5월과 7월호에 이어.

고인의 약력 또는 부고Nécrologie

110 　　삐에르 르부끄 신뷔'abbé Pierre Leboucq | 徐博理(1828~1905) - 앙리
　　　　코르디에

서평란Bulletin critique

111~112 　『모건Morgan 컬렉션의 중국 도자기 목록Catalogue of the Morgan
　　　　Collection of Chinese Porcelains』(뉴욕, 1904) - 프리드리히 히어트

113~114 　부함장 우르스lieutenant de vaisseau Hourst,[4] 『우르스Hourst의 두 번
　　　　째 탐사 - 양자강의 격류 속에서 - 양쯔강 상류에서 프랑스 제1 포
　　　　함炮艦의 항해Seconde Mission Hourst - Dans les Rapides du Fleuve Bleu -
　　　　Voyage de la première canonnière française sur le haut Yang-tse-kiang par le Lt
　　　　de vaisseau Hourst』(파리, 1904) - 앙리 코르디에

115~117 　하인리히 슈퇸너Heinrich Stönner(1872~1931), 「동투르키스탄 이
　　　　디쿳샤리에서[5] 나온 브라흐미[6] 문자로 쓰인 중앙아시아 산스크
　　　　리트어 문헌Zentralasiatische Sanskrittexte in Brāhmīschrift aus Idikutšahri,
　　　　Chinesisch-Turkistān」(I, II, 『왕립 프로이센 과학 아카데미 회의 보고
　　　　서Sitzungsberichte der Königlich Preussischen Akademie der Wissenschaften』,
　　　　1904, 1282~1290쪽과 1310~1313쪽) - 에두아르 샤반

118~122 　스테판 우튼 부쉘Stephen Wootton Bushell(1844~1908), 『중국 예술
　　　　Chinese Art Vol.)』(1권, 런던, {1904}) - 에두아르 샤반

122~124 　윌리엄 우드빌 록힐William Woodville Rockhill(1854~1914), 「중국

4 　에밀 오귀스트 레옹 우르스Émile Auguste Léon Hourst(1864~1940). 1895~1896년에는 아프리카 니제르
　　강을 탐사했고, 1901년에는 양자강 상류를 탐사했다.
5 　'이디쿳샤리'는 현 투르판 카라호자를 말한다.
6 　브라흐미Brāhmi는 근대 이전 브라흐미계 문자의 일종이다. 아부기다에 속하며, 남아시아, 동남아시아
　　의 여러 문자의 시조이다. 현재까지 브라흐미 문자가 사용된, 가장 오래된 기록은 인도 아소카왕의 비
　　문이다.

의 인구 연구Inquiry into the Population of China」(『스미소니언 잡록 Smithaonian Miscellaneous Collections』, 47, 1904, 303~321쪽) – 에두아 르 샤반

124~125 곳프리트 메르츠바허Gottfried Merzbacher(1843~1926), 『1902년과 1903년에 수행된 톈산 중부 탐사 보고서 초고Vorläufiger Bericht über eine in den Jahren 1902 und 1903 ausgeführte Forschungsreise in den Zentralen Tian-schan』(고타, 1904) – 에두아르 샤반

도서 목록 Bibliographie

126~128 신간 도서Livres Nouveaux
129~133 정기 간행물Publications périodiques

소식Chronique

134~136 중국; 미국; 프랑스; 영국

——— 제2호 (1905) ———

137~160 프란츠 퀴너트Franz Kühnert(1852~1918), 「중국 달력 변환에 관하 여Zur Umsetzung chinesischer Daten」
161~228 조셉 보배Joseph Beauvais(1867~1924), 「'우공禹貢'의 흑수黑水: 중 국 고대 지리 연구La Rivière Noire du 'Tribut de Yu': Étude de géographie ancienne chinoise」
229~236 뚜생G. Ch. Toussaint, 「돌에 새겨진 도덕경Le Tao tö king gravé sur pierre」

고인의 약력 또는 부고Nécrologie

237   줄리앙 지라르 드 리알Julien Girard de Rialle(1841~1904) - 앙리 코
르디에

237   알퐁스 파비에 주교Alphonse Favier | 樊國棟(1837~1905)[1] - 앙리 코
르디에

238   필립프 빌헬름 아돌프 바스티안Philipp Wilhelm Adolf
Bastian(1826~1905) - 앙리 코르디에

238   폴 미하릴로비치 레싸르Paul Mikhailovitch Lessar(1851~1905) - 앙리
코르디에

서평란Bulletin critique

239~240   펠릭스 에몽Félix Hémon(1875~1902), 『양자강에서: 중국 원정
(1900~1901)[2] 동안 이중의 탐사 일기Sur le Yang-Tse: Journal d'une
double exploration pendant la campagne de Chine 1900~1901』(파리, 1905)
- 앙리 코르디에

240~242   세실 클레멘티Cecil Clementi(1895~1947), 『광동의 사랑 노래
Cantonese Love-Songs 粵謳』[3](옥스퍼드, 1904) - 에두아르 샤반

242~249   세라핀 꾸브레Séraphin Couvreur, 『중국어 고대어 사전Dictionnaire
classique de la langue Chinoise』(제2판, 허졘푸, 1904) - 에두아르 샤반

249~250   페티옹P. Corentin Pétillon, 『프랑스어-중국어 소사전: 상하이 방언
Petit Dictionnaire Français -Chinois, Dialecte de Chang-hai』(상하이, 1905)

---

1   전체 이름은 피에르-마리-알퐁스 파비에-뒤프롱Pierre-Marie-Alphonse Favier-Duperron이고, 한자 이름은
번국량樊國梁이다. '동棟'는 '량樑' 자와 의미상 같은 글자이다.
2   '중국 원정'은 의화단 사건에 따른 열강 8개국 연합군의 출병을 말한다.
3   월구粵謳는 광동 지역에서 유행한 민간 곡예 중 하나이다. 가경嘉慶 연간에 광동 사람 풍순馮詢, 초자용
招子庸이 '남음南音'을 기초로 발전시켰다고 전해진다. 가사는 기본적으로 7자구이며, 서두, 본론, 결말
세 부분으로 이루어졌다.

　　　　　－에두아르 샤반

250~251　에른스트 루트비히Ernest Ludwig, 『테수 라마(판첸라마)의 북경 방문, 건륭乾隆의 비문The Visit of the Teshoo Lama to Peking. Ch'ien Lung's Inscription』(북경, 1904) 에두아르 샤반

251　　　허버트 알렌 자일스Herbert Allen Giles, 『중국 미술사 개설An Introduction to the History of Chinese Pictorial Art』((런던, 1905)) 에두아르 샤반

252~253　에두아르 위베Edouard Huber(1879~1914), 「불교문학 연구Etudes de littérature bouddhique」(하노이, 1904)[1] 실뱅 레비Sylvain Lévi

도서 목록 Bibliographie

254~257　신간 도서Livres Nouveaux

소식Chronique

258~260　중국; 미국; 프랑스; 영국; 인도차이나

──── 제3호 (1905) ────

261~320　위아르Cl. Huart, 「개봉부開封府와 서안부西安府의 중국 이슬람 사원에서 나온 아랍어와 페르시아어 비문들Inscriptions arabes et persanes des mosquées chinoises de K'ai-fong-fou et de Si-ngan-fou」

321~323　베르톨트 라우퍼Berthold Laufer, 「중국 코걸이Anneaux nasaux en Chine」

324~331　앙리 코르디에, 「귀주貴州에서 인쇄된 몇 종의 중국어유럽어 인

1　위베의 논문은 「극동 프랑스학교 학보Bulletin de l'École française d'Extrême-Orient」 4, 1904, 698~726쪽에 수록되어 있다.

쇄물Quelques impressions sino-européennes au Kouei-tcheou」

332~356   에두아르 샤반, 「지나굽타Jinagupta(528~605)」²

단편 모음Mélanges

357~358   제14차 국제동양학자 학술대회Congrès international des Orientalistes 보
고 - 앙리 코르디에

고인의 약력 또는 부고Nécrologie

359~366   조셉 에드킨스Joseph Edkins ┃ 艾約瑟(1823~1905) - 앙리 코르디에

도서 목록Bibliographie

367~372   신간 도서Livres Nouveaux

——— 제4호 (1905) ———

373~507   프리드리히 히어트, 「어느 수집가의 노트에 있는 스크랩Scraps from
a Collector's Note Book」

고인의 약력 또는 부고Nécrologie

508~510   샤를 피통Charles Piton(1835~1905)³

---

2 '지나굽타'는 저자가 즈냐굽타Jñānagupta를 불어식으로 표기한 형태이다. 중국어로는 '도나굴다闍那崛多'
로 음역한다. 즈냐굽타는 중국을 여행한 북인도 간다라 출신의 승려로, 260개의 산스크리트어로 된 경
전을 가지고 왔으며, 수나라 문 황제의 지원을 받아 이를 중국어로 번역했다고 한다.

3 「로잔 잡지Gazette de Lausanne」, 1905. 9월 4일 기사를 발췌한 글.

서평란Bulletin critique

511~512 베르톨트 라우퍼Berthold Laufer, 「라인강 유역의 로마 시대 중국문물Chinesische Altertümer in der römischen Epoche der Rheinlande」(『글로버스Globus』, 88, 1905, 45~49쪽) - 에두아르 샤반

512~515 요제프 마크바르트Josef Marquart, 『이란사 연구Untersuchungen zur Geschichte von Eran』(제2권, 라이프치히, 1905) - 에두아르 샤반

소식Chronique

516~517 중국

도서 목록 Bibliographie

518 신간 도서Livres Nouveaux

——— 제5호 (1905) ———

519~571 에두아르 샤반, 「『위략魏略』에 따른 서역의 나라들: 서문Les pays d'occident d'après le Wei lio」

572~622 탕짜이푸唐在復 역주, 「진정陳鼎의 기술에 따른 운남 서남 지역 이민족의 혼례Le mariage chez une tribu aborigène du Sud-Est du Yun-nan d'après une relation de tch'en ting 陳鼎」

단편 모음Mélanges

623~626 「영국-일본 조약Traité entre la Grande Bretagne et le Japon」[1]

---

1 1905년 8월 12일 런던.

627~633 「러시아– 일본 조약Traité entre la Russie et le Japon」[2]

633~634 「일본– 한국 조약Traité entre le Japon et la Corée」[3]

서평란Bulletin critique

635~637 아우럴 스타인M. A. Stein, 『1904년 1월 2일에서 1905년 3월 31일까지 서북부 변경지역과 발루치스탄[4]의 고고학 탐사보고서 Report of Archaeological Survey Work in the North‑West Frontier Province and Baluchistan for the Period from January 2nd 1904. to March 31st 1905』(페샤와르, 1905) – 에두아르 샤반

637~642 에르빈 리터 폰 차흐Erwin Ritter von Zach, 『사전 작업 IIILexicographische Beiträge, III』(북경, 1905) – 에두아르 샤반

642 라파엘 펌펠리Raphael Pumpelly(1837~1923), 『투르키스탄 탐험, 동페르시아와 시스탄[5]의 분지 기술을 붙임: 라파엘 펌펠리가 이끈 1903년 탐사Explorations in Turkestan, with an Account of the Basin of Eastern Persia and Sistan: Expedition of 1903, under the Direction of Raphael Pumpelly』(워싱턴, 1905) – 에두아르 샤반

642~643 괴르츠W. Görz, 「빌헬름 필히너[6]의 동티베트 여행Wilhelm Filchners Reise in Ost‑Tibet」(『글로버스Globus』, 88, 1905, 149~154쪽) – 에두아르 샤반

---

2 1905년 8월 23과 9월 5일 포츠머스.

3 1905년 11월 17일 서울.

4 발루치스탄Baluchistan은 파키스탄 남서부 지역에 있는 주로, 주도는 퀘타이다. 남아시아 이란고원은 파키스탄과 이란, 아프가니스탄의 국경의 고지대인데, 이란고원의 동쪽으로 파키스탄 영토에 속하는 지역으로 서쪽으로는 이란 시스탄오발루체스탄주, 북서쪽으로는 아프가니스탄과 각각 이웃해 있다.

5 시스탄 혹은 세이스탄은 동부 이란의 시스탄오발루체스탄주에서 아프가니스탄의 님르주 주, 파키스탄의 발루치스탄주에 걸쳐 있는 지역이다. 이름의 어원은 기원전 2세기에 스키타이인에게 정복당해서 현재 시스탄 지역과 그 일대가 '사카스탄'이라고 불렸다.

6 빌헬름 필히너Wilhelm Filchner(1877~1957)는 독일군 장교이자 과학자이자 탐험가로, 중국, 티베트 및 주변 지역에서 여러 학문적 탐사를 수행했으며, 1911~13년에는 제2차 독일의 남극 탐험을 이끌었다.

신 『통보』
제7책 (1906)

—— 제1호 (1906) ——

1~50 앙리 코르디에, 「인도-차이나 도서 목록: 인도-차이나만도 관련 도서 목록 제1부 버마와 아쌈Bibliotheca Indo-Sinica: Essai d'une Bibliographie des Ouvrages relatifs à la presqu'île indo-chinoise. Première Partie: Birmanie et Assam」[1]

51~122 에두아르 샤반, 「튀르크 열두 동물 사이클Le Cycle Turc des Douze Animaux」

123~137 가브리엘 페랑Gabriel Ferrand, 「마다가스카르의 신, 자나하리Le dieu Malgache Zanahari」[2]

단편 모음Mélanges

138~143 「중일조약Le Traité Sino-Japonais」[3]

---

1 『통보』, 1903년 12월; 1904년 5월; 1904년 7월; 1905년 3월호를 보시오.
2 자나하리Zanahary는 앙드리아마니트라Andriamanitra로, 마다가스카르의 유일신이자 조물주이다.
3 청일만주선후조약으로, 1905년 12월 22일 체결된 조약이다. 일본 측에서는 고무라 주타로小村壽太郎(1855~1911)와 우치다 야스야內田康哉(1865~1936)가 서명했고, 청나라 측에서는 경친왕慶親王 혁광奕劻, 구홍기瞿鴻禨, 원세개袁世凱가 서명했다. 골자는 제정 러시아의 만주 이권을 일본에 양도한다는 조약이다.

——— 제2호 (1906) ———

---

1   『통보』, 1903년 12월; 1904년 5월; 1904년 7월; 1905년 3월; 1906년 3월호를 보시오.

210~269 에두아르 샤반, 「동한東漢 시기 세 명의 중국 장군Trois généraux chinois de la dynastie des Han orientaux: 반초班超(32~102), 그의 아들 반용班勇, 양근梁懂(112년경)」

270~295 조셉 알레비Joseph Halévy(1827~1917), 「튀르크의 동물 사이클에 대한 새로운 고찰Nouvelles considérations sur le cycle turc des animaux」

서평란Bulletin critique

297 한스 하아스Hans Haas, 『일본 기독교사-II. 코스모 데 토레스[2] 신부 시기 기독교 발전Geschichte des Christentums in Japan-II. Fortschritte des Christentums unter dem Superiorat des P. Cosmo de Torres』(도쿄, 1904) - 앙리 코르디에

297~298 나가오카 하루카즈Nagaoka Harukazu,[3] 『16세기와 17세기 일본과 유럽 관계Histoire des Relations du Japon avec l'Europe aux XVIe et XVIIe Siècles』(파리, 1905) - 앙리 코르디에

298~299 오스카 나호트Oskar Nachod(1858~1933), 『일본 역사Geschichte von Japan』(1책, 고타, 1906) - 앙리 코르디에

299~300 루이 오베르Louis Aubert, 『일본 평화Paix japonaise』(파리, 1906) - 앙리 코르디에

300~301 젤리아 너텔Zelia Nuttall(1857~1933), 「스페인과 일본에 보존된 원자료를 통해 본 멕시코와 일본의 최초 역사적 관계The Earliest Historical Relations between Mexico and Japan from Original Documents Preserved in Spain and Japan」(『미국 고고학과 민속학American Archaeology and Ethnology』, 4, 1906, 총 47쪽) - 앙리 코르디에

---

2 코스메 데 토레스Cosme de Torres(1510~1570)는 스페인 발렌시아 출신의 예수회 신부로 일본 기독교 선교사 중 한 명이다.

3 하루카즈 나가오카Nagaoka Harukazu | 長岡春—(1877~1949)는 외교관으로, 도쿄 제국대학교와 파리 정치학교Ecole Sciences Politiques de Paris를 졸업했다. 위의 책은 소르본 대학의 박사학위 논문이다.

301~303 알프레드 리얄Alfred Lyall(1835~1911), 『뒤페린과 아바 후작의 생
          애The Life of the Marquis of Dufferin and Ava』(런던, 1905, 2책) - 앙리
          코르디에

303~305 필딩 홀H. Fielding Hall, 『학교 내의 민족A People at School』[1](런던,
          1906) - 앙리 코르디에

305   르네 피농René Pinon(1870~1958), 『태평양 전쟁: 러일전쟁의 기
          원과 결과La Lutte pour le Pacifique: Origines et résultats de la Guerre Russo-
          japonaise』[2](파리, 1906) - 앙리 코르디에

306~307 『광서廣西에서의 석 달: 어느 파견 장교의 회상Trois mois au Kouang-
          Si Souvenirs d'un officier en mission』(파리, 1906) - 앙리 코르디에

307~309 허버트 알렌 자일스Herbert Allen Giles, 『중국에 관한 비망록 제3권
          Adversaria sinica, No 3』[3] - 에두아르 샤반

309   에텔 왓츠 멈퍼드Ethel Watts Mumford(1876~1940), 「일본 고대 검
          에 관한 책The Japanese Book of the Ancient Sword」(『미국 동양학회 저
          널Journal of the American Oriental Society』, 26, 1906, 334~410쪽) - 에
          두아르 샤반

고인의 약력 또는 부고Nécrologie

310   프란츠 드 스토펠라르Frans de Stoppelaar(1841~1906) - 앙리 코르
          디에

---

1 영국에 합병되기 이전과 그 이후 미얀마인들의 교육 상황을 기술한 책이다.
2 이 책은 극동의 문제; 중국의 일본화; 유럽의 후퇴; 포츠머스 평화; 아시아의 대항로; 필리핀의 미국인들;
   시암 문제; 태평양의 프랑스 등을 다루었다고 밝히고 있다.
3 '중국 비망록Adversaria sinica'은 중국에 관한 잡론을 모은 초고들이다. 서지사항이 정확하지 않다. 이 책
   에서는 모세와 노자를 기술하고 있다고 한다. 자일스는 모세와 연관하여 『삼재도회三才圖會』에 보이는
   '묵가黙伽', 즉 메카 기술을 인용하고 있는데, 이는 이스마엘과 관련된 것이지 모세가 아니라고 앙리 코
   르디에는 밝히고 있다.

소식Chronique

311~313   오스트리아; 캄보디아; 중국; 영국; 스웨덴

질의 응답 Notes and Queries

314   중국 텍스트를 복제하는 단순한 한 방법에 관하여-프리드리히
히어트

통신Correspondance

314   아우럴 스타인A. Stein이 1806년 5월 17일로 서명한 통신문 내용.

─────── 제3호 (1906) ───────

315~350   오토 프랑케Otto Franke(1863~1946), 「중국의 정명正名론에 대하
여Über die chinesische Lehre von den Bezeichnungen」

351~368   앙리 코르디에, 「중국에 온 최초의 프랑스 공사公使, 1847년: 미
공개된 자료들La première légation de France en Chine, 1847-Documents
inédits」

369~380   프라이Feray,[4] 「명나라(1368~1628) 시기 해남海南에 있던 일본인
들Les Japonais à Haï-nan sous la dynastie des Ming」

381~395   끌로디우스 마들롤Claudius Madrolle, 「탄호아Le Thanh-hóa」[5]

서평란Bulletin critique

396~400   『{레지널드 히버Reginald Heber} 주교의 소장품: 옥에 관한 조사와

---

4   프랑스 식민군 군의관으로 소개되어 있다.
5   탄호아는 베트남 북중부에 있는 지방이다. 서쪽은 라오스, 동쪽은 통킹만에 접하고 있다.

연구The Bishop Collection. Investigations and Studies in Jade』¹(2책, 뉴욕, 1906) – 에두아르 샤반

400~401 클라렌스 캐리Clarence Cary(1845~1911), 『고대와 기타 중국 청동 기 목록Archaic and Other Chinese Bronzes. A Catalogue』(뉴욕, 1906) – 에 두아르 샤반

401~403 아우구스트 콘라디August Conrady(1864~1925), 「기원전 4세기 인 도의 중국에 대한 영향Indischer Einfluss in China im 4. Jahrhundert v. Chr.」(『독일 동양학회 논문집Zeitschrift der Deutschen Morgenländischen Gesellschaft』, 60, 1906, 335~351쪽) – 에두아르 샤반

403~404 『외드Heude² 신부와 서가회徐家匯 박물원Le P. Heude et le Musée de Zi-ka-wei』(상하이, 1906) – 에두아르 샤반

404 빌헬름 필히너Wilhelm Filchner(1877~1957), 『티베트 쿰붐 사원Das Kloster Kumbum in Tibet』(베를린, 1906) – 에두아르 샤반

고인의 약력 또는 부고Nécrologie

405~406 사무엘 홀리데이 매카트니Sir Samuel Halliday Macartney(1833~1906) – 앙리 코르디에

도서 목록 Bibliographie

407~408 신간 도서Livres Nouveaux

소식Chronique

409~412 중국; 프랑스; 프랑스령 인도차이나

---

1 제1책은 히버 레지날Reginald Heber(1840~1902)의 개술Introduction générale이고, 제2책은 스테판 우튼 부쉘Stephen Wootton Bushell(1844~1908)이 '중국의 옥Le jade en Chine'이란 부제로 편집했다.
2 '예수회 신부들이 중국 제국의 자연사에 관해 쓴 기록'이라는 부연 설명이 달려있다. 외드 신부는 피에 르 마리 외드Pierre Marie Heude | 韓伯祿(1836~1902)를 말한다.

413~436 구스타프 에밀 뒤무띠에Gustave Émile Dumoutier(1850~1904), 「찌에우-부-데와 그의 왕국(기원전 206~기원전 109년)에 관한 역사적 연구: 반랑의 파괴 이후 남비엣 왕국의 건국Étude historique Sur Triệu-vũ-đế趙武帝: Fondation du Royaume de Nam-việt(南越), après la destruction de Văn-lang(文郎)」[3]

437~468 앙리 코르디에, 「17세기와 18세기 북경 프랑스 선교사 제르빌롱 신부의 미공개 서신 5통Cinq lettres inédites du, Père Gerbillon, S. J.」[4]

469~480 아우럴 스타인Aurel Stein, 「현장이 기록한 비마娓摩와 마르코 폴로가 기록한 페인Hsüan-tsang's Notice of P'i-mo and Marco Polo's Pein」[5]

481~514 앙리 코르디에, 「프랑스와 코친차이나, 1852~1858: 다낭에서의 까띠나호 임무, 1856년La France et la Cochinchine, 1852~1858: La Mission du Catinat à Tourane, 1856」[6]

단편 모음Mélanges

515~525 앙리 코르디에, 「중국 해관Les douanes impériales maritimes chinoises」

---

3 찌에우-부-데는 바로 조타趙佗(대략 기원전 240~기원전 137년)이다.

4 제르빌롱 신부는 바로 장 프랑수아 제르빌롱Jean-François Gerbillon(1654~1707)으로 중국 이름은 장성張誠이다. 예수회 신부로 강희제 조정에서 천문학과 수학을 자문했다.

5 비마娓摩는 현장玄奘의 『대당서역기大唐西域記』 권12(T.2087, 945b)에 "전지戰地에서 동쪽으로 30여 리를 가면 비마성娓摩城에 이른다戰地東行三十餘里, 至娓摩城"라고 하였다. 마르코 폴로가 언급한 '페인Pein'은 '펨Pem'으로 표기된 판본이 더 많다. 아우럴 스타인은 호탄 동쪽 80km 지점으로 비정한 바 있다. 김호동 역주, 『마르코 폴로의 동방견문록』, 166쪽 참고하시오.

6 '까티나Catinat'는 1896~1899년 사이 프랑스 해군이 건조한 방호순양함croiseurs protégés의 명칭이다. '투란Tourane'은 베트남 중부의 항구 도시 '다낭'의 옛 명칭이다.

고인의 약력 또는 부고Nécrologie

526   에르네스 고도Ernest Godeaux(1833~1906) - 앙리 코르디에

526   조르부 모라슈Dr Georges Morache(1837~1906) - 앙리 코르디에

서평란Bulletin critique

527~533   에드몽 뤼네 드 라종끼에르Edmond Lunet de Lajonquière, 『{베트남} 북
          통킹의 민족학Ethnographie du Tonkin Septentrional』[1](파리, 1906) - 앙
          리 코르디에

533~534   레옹 위제Léon Wieger(1856~1933), 『철학 텍스트Textes
          philosophiques』(허젠푸, 1906) - 에두아르 샤반

535~536   시몽 키옹P. Simon Kiong, 『중국의 예에 대한 단평Quelques mots sur la
          politesse Chinoise』(상하이, 1906) - 에두아르 샤반

536   폴 카루스Paul Carus(1852~1919), 『부처의 열반: 오도자吳道子의
          성불도The Buddha's Nirvana. A Sacred Buddhist Picture by Wu Tao-tsze by
          Wu Tao-tsze』 - 에두아르 샤반

536~537   데이타로 스즈키와 폴 카루스Paul Carus 역, 『음척문陰隲文. 한문 주
          석본에서 발췌한 조용한 길Yin chih wen. The tract of the Quiet way with
          Extracts from the Chinese Commentary』[2](시카고, 1906) - 에두아르 샤반

도서 목록Bibliographie

538   신간 도서Livres Nouveaux

539~545   정기 간행물Publications périodiques

---

1   프랑스령 인도차이나 총독 폴 보Paul Beau(1857~1929)의 명령에 따라 저술되었다고 한다.
2   여기서 말하는 '음척문' 주석은 바로 주규朱珪(1731~1806)의 『음척문주陰隲文注』를 말할 것이다. 도가의
    유명한 도덕론으로 알려져 있다. 스즈키 데이터로鈴木貞太郎(1870~1966)는 임제종 출신으로 서양에 선
    禪과 불교를 알리면서 세계적인 명성을 얻은 불교학자이다. 서구 사회에 동양적인 직관과 선Zen의 신비,
    영성, 깨달음 등을 중심으로 동북아시아 불교의 주요한 사상을 알리는 데 주력하였다.

소식Chronique

546~552   중국; 프랑스

─── 제5호 (1906) ───

553~556   폴 펠리오, 「이드리시 지리에서의 바후앙 마을 도시La ville de Bakhouân
           dans la géographie d'Idríçî」[3]
557~670   앙리 코르디에, 「코친차이나의 일반 통신문La correspondance générale
           de la Cochinchine, 1785~1791」
671~701   에두아르 샤반, 「실뱅 샤리아 씨가 발견한 세 편의 비문Trois
           inscriptions relevées par M. Sylvain Charria」

고인의 약력 또는 부고Nécrologie

702~706   게오르그 후트Georg Huth(1867~1906) – 베르톨트 라우퍼Berthold
           Laufer
706   사무엘 이삭 조셉 스케레스쿠스키Samuel Isaac Joseph Schereschewsky |
           施(1831~1906)[4] – 앙리 코르디에
706   루시엥 푸르네로Lucien Fournereau(1846~1906) – 앙리 코르디에

서평란Bulletin critique

707~712   월터 윌리엄 스키트Walter William Skeat(1835~1912), 찰스 오토 블

---

3   바후앙Bakhouân은 발환撥換, 발완鉢浣, 백환白環, 고묵姑墨, 극묵亟墨, 발록가跋祿迦 등으로 음역 표기되었
    다. 지금의 신장 아커쑤 지역이다. 알 이드리시Al-Idrisi(1100~1166)는 12세기 아랍의 저명한 지리학자
    이다.
4   앙리 코르디에가 옮긴 한자명 '시施'는 '시약슬施約瑟'을 잘못 인쇄한 것으로 보인다. 1877~1884년 상
    하이 비숍을 역임했다.

래그든Charles Otto Blagden(1864~1949) 등, 『말레이반도의 이교도 인종Pagan Races of the Malay Peninsula』(런던, 1906) -앙리 코르디에

712~718   알프레트 포르케Alfred Forke(1867~1944), 「왕충(王充)의 에세이 선집, 논형(論衡); 한문 주석본에서 번역함Lun-héng, Selected Essays of the Philosopher Wang Ch'ung by Wang Ch'ung; translated from the Chinese and annotated」(『베를린 동양학 세미나 소식Mitteilungen des Seminars für Orientalische sprachen zu Berlin』, 9, 1906, 181~399쪽) -에두아르 샤반

719~721   에두아르 디구에Colonel Édouard Diguet, 『안남인, 사회, 습속, 종교Les Annamites, Société, Coutumes, Religions』(파리, 1906) -에두아르 샤반

도서 목록Bibliographie

722~725   신간 도서Livres Nouveaux
726   정기 간행물Publications périodiques

소식Chronique

727~728   중국; 프랑스

729   색인

—— 제1호 (1907) ——

1~76   알프레트 포르케Alfred Forke(1867~1944), 「투르키스탄에 온 한 아랍 논문. 아랍 서체의 한문Ein islamisches Tractat aus Turkistan. Chinesisch in arabischer Schrift」

77~98   보니파시 함장Commandant Bonifacy,[1] 「통킹과 중국 남부(운남과 광서)에 사는, 로강瀘江 타이Tày인들에 관한 연구Etude sur les Tày de la Rivière Claire, au Tonkin et dans la Chine méridionale-Yun Nan et Kouang Si」[2]

99~104 오스카 프랑크푸르터Oscar Frankfurter(1852~1922), 「시암 연대 줄라사카라즈 1,000(기원후 1638년)에 제안된 연도 개정A Proposed Change in the Siamese Era Chulasakaraj 1000. A.D. 1638」

105~122 실뱅 레비Sylvain Lévi, 「『디브야바다나』의 구성 요소Les éléments de formation du Divyāvadāna」[3]

---

1 보니피시 함장은 오귀스트 보니파시Auguste Bonifacy(1856~1931)를 말한다. 그의 약력은 『통보』, 28책 (1931), 241쪽을 참고하시오.

2 '맑은 강Rivière Claire'은 바로 청강淸江을 해석한 명칭으로, 베트남 북부의 로강瀘江ǀSông Lô이다. '타이 Tày'는 대의족岱依族으로 베트남어이다. 이들의 언어는 농어儂語ǀtiếng Nùng, 좡어壯語ǀtiếng Tráng 남부 방언과 관계가 밀접하며, 모두 캄-타이어계의 타이어군의 중부 어군에 속한다.

3 『디브야바다나Divyāvadāna』는 고대 불교 설화집으로 38편의 이야기로 구성되어 있다. 3~4세기에 산스 크리트어로 편집된 것으로 추정된다.

고인의 약력 또는 부고Nécrologie

123~124 토마스 핸버리 경Sir Thomas Hanbury(1832~1907) - 앙리 코르디에

124 요셉 랑슈워트Josef Langschwert(1866~1907) - 앙리 코르디에

124~125 가브리엘 르매르Gabriel Lemaire(1837~1907) - 앙리 코르디에

125~127 폴 위베르 페르니Paul Hubert Perny | 童(1818~1907)[1]-앙리 코르디에

127 폴 네이스Paul Neïss(?~1907)[2]

128 장 조셉 프부이 부주교Jean-Joseph Fenouil | 古分類(1821~1907) - 앙리 코르디에

서평란Bulletin critique

129~132 찰스 아트모어 셰링Charles A. Sherring, 『티베트 서부와 영국령 국경 지역: 힌두교, 불교도의 신성한 나라, 그 거주민의 정부, 종교, 관습에 대하여Western Tibet and the British Borderland: The Sacred Country of Hindus and Buddhists with an Account of the Government, Religion and Customs of Its Peoples』(런던, 1906) - 앙리 코르디에

133 빌헬름 슈미트Wilhelm Schmidt, 『라자완의 책,[3] 왕의 역사Slapat rājawaṅ datow smin roṅ. Buch des Rājāwaṅ, der Königsgeschichte』(빈, 1906) - 루이 피노Louis Finot(1864~1935)

134~137 빌헬름 슈미트Wilhelm Schmidt, 『몽-크메르인, 중앙아시아와 오스트로네시안 민족 간의 연계Die Mon-Khmer-Völker, ein Bindeglied zwischen Völkern Zentralasiens und Austronesiens』(브라운슈바이크 Braunschweig, 1906) - 루이 피노Louis Finot

---

1 중국 이름은 동보록童保籙이다. 프랑스어-라틴어-중국어 사전을 펴낸 바 있다.

2 해군 군의관으로 소개했다.

3 슬랩랏 라자완 다토우 스민 론Slapat rajawan datow smim ron은 바고 야자윈Bago Yazawin으로도 알려진 몽Mon 언어 연대기로, 전설적인 시대부터 17개의 왕조를 다루고 있다.

137~138   에띠엔 아이모니에Étienne Aymonier와 앙뜨완 카바똥Antoine Cabaton, 『참어-프랑스어⁴ 사전Dictionnaire Cham-français』 -루이 피노Louis Finot

도서 목록Bibliographie

139~141   신간 도서Livres Nouveaux
142   정기 간행물Publications périodiques

소식Chronique

143~147   중앙아시아; 중국; 프랑스; 티베트

———— 제2호 (1907) ————

149~234   에두아르 샤반, 「『후한서後漢書』에 따르는 서역의 나라들Les Pays D'Occident D'Après le "Heou Han chou"」
235~267   칼 본Karl Bone, 「이용면李龍眠의 그림, 1100~1106년A Painting by Li Lung-mien 1100~1106 A.D.」
274~279   리베타P. S. Rivetta, 「일본 이로하イロハ 기호로 표기된 외국 이름 음역에 관하여Sur la transcription des noms étrangers avec les signes de l'イロハ japonais」

단편 모음Mélanges

274~279   「1907년 3월 23일 프랑스-시암 조약 문서Texte du traité franco-

---

4   참Cham어는 오스트로네시아어족에 속하는 언어로, 베트남에 약 10만 명, 캄보디아에서 약 22만 명가량 이 사용하는 것으로 알려져 있고, 태국과 말레이시아에도 소수 사용자가 있다.

siamois, du 23 mars 1907」

고인의 약력 또는 부고Nécrologie

280~281   펠릭스 레가미Félix Régamey(1844~1907) - 앙리 코르디에

서평란Bulletin critique

282~283   베르너 폰 헤르쉘만Werner von Hoerschelmann, 『중국 고대 문양의 발전Die Entwicklung der altchinesischen Ornamentik』(라이프치히, 1907) - 에두아르 샤반

284~285   모리츠 빈터니츠Moriz Winternitz(1863~1937), 『인도 문학사 Geschichte der indischen Litteratur』(라이프치히, 1905) - 루이 피노

도서 목록Bibliographie

286   신간 도서Livres Nouveaux

소식Chronique

287~300   중앙아시아; 캄보디아; 중국; 일본; 러시아

—— 제3호 (1907) ——

301~390   레오폴드 드 쏘쉬르Léopold de Saussure(1866~1925), 「『요전堯典』천문학 관련 챕터Le texte astronomique du Yao-Tien」

391~409   베르톨트 라우퍼Berthold Laufer, 「위구르의 불교문학에 대하여Zur buddhistischen Litteratur der Uiguren」

단편 모음Mélanges

410~411　　「프랑스-일본 조약Traité franco-japonais」[1]

고인의 약력 또는 부고Nécrologie

412~413　　장 보네Jean Bonet(1844~1907) - 앙리 코르디에

서평란Bulletin critique

414~416　　마르퀴스 드 라 마젤리에르Mis de la Mazelière, 『일본 역사와 문명Le Japon Histoire et Civilisation』[2](하노이, 1906) - 앙리 코르디에

416~417　　마이봉B. C. Maybon,[3] 『1802년과 1808년 마카오의 영국인들Les Anglais à Macao en 1802 et en 1808』 - 앙리 코르디에

도서 목록 Bibliographie

418~421　　신간 도서Livres Nouveaux

소식Chronique

422~428　　한국[4]; 프랑스; 영국; 프랑스령 인도차이나; 일본; 티베트

1　외무장관 스테팡 피숑Stephen Pichon(1857~1933)이 1907년 6월 17일 회의에서 발표한 내용이라고 밝히고 있다.
2　이 책은 3책으로, 제1책은 『고대 일본(Le Japon ancien)』, 제2책은 『봉건의 일본(Le Japon féodal)』, 제3책은 『토쿠가와의 일본(Le Japon des Tolcugawa)』으로 구성되어있고 한다. 각 권의 간행연도는 밝히지 않았다. 제3책은 1907년 파리에서 간행된 것으로 확인된다.
3　파비 학교장(Directeur de l'Ecole Pavie)으로 소개돼있지만, 정확히 누구인지 모르겠다. 설명은 『Bulletin de l'École française d'Extrême-Orient』, 1906년 7~12월호에서 발췌한 것이다.
4　오랜만에 실린 한국 소식은 7월 24일 한일신협약韓日新協約 체결 이전의 조정 상황을 요약했다.

───── 제4호 (1907) ─────

429~438   보니파시 함장Commandant Bonifacy, 「고란족 연구Étude sur les Cao lan」[1]

439~558   「코친차이나의 일반 통신문, 1785~1791년La correspondance générale de la Cochinchine, 1785~1791」[2] - 앙리 코르디에

통신Correspondance

559~560   레오폴드 드 소쒸르의 「요전堯典의 천문학 텍스트」에 관한 보완 주석Le texte astronomique du Yao-Tien, par Léopold de Saussure. Note rectificative et complémentaire

561~565   에두아르 샤반의 중국 여행Voyage de M. Chavannes en Chine[3]

단편 모음Mélanges

566~572   「영국-러시아 협약-중앙아시아 관련La convention anglo-russe- Relative a l'asie centrale」[4]

서평란Bulletin critique

573~581   아우럴 스타인Aurel Stein, 『인도 정부의 요청으로 수행된 중국 신장의 고대 호탄 고고학적 탐사에 관한 상세 보고서Ancient Khotan Detailed Report of Archaeological Explorations in Chinese Turkestan. Carried out and Described under the Orders of H. M. Indian Government』(2책,[5] 옥스퍼

---

1   베트남 북방 북강성에 거주하는 고란高蘭족의 문화에 관한 기술이다.

2   『통보』, 1906년 12호를 보시오.

3   앙리 코르디에에게 보낸 설명이라고 밝히고 있다. 1907년 9월 5일 서안부에서 보낸 편지이다.

4   1907년 세인트 페테르부르크에서 9월 24일 체결된 협정 내용.

5   1책에는 앤드류F.H. Andrews의 유물 목록, 72개의 삽도가 텍스트와 함께 수록되었고, 라이오넬 데이비

드, 1907) – 앙리 코르디에

581~585   윌리엄 잭슨A. V. Williams Jackson(1862~1937), 『페르시아의 고대와 현대, 여행과 연구에 관한 책Persia Past and Present a Book of Travel and Research』(뉴욕, 1906) – 앙리 코르디에

도서 목록 Bibliographie

586   신간 도서Livres Nouveaux
587~591   정기 간행물Publications périodiques

소식Chronique

592~596   안남; 중국

——— 제5호 (1907) ———

597~686   앙리 코르디에, 「로로 사람들 – 현안Les Lolos 玀玀 – État actuel de la question」

687~692   에드워드 하퍼 파커Edward Harper Parker(1849~1926), 「'경교도'를 다시 논함The "Nestorians" Once More」

693~703   알프레트 포르케Alfred Forke(1867~1944), 「『천방자모해의天方字母解義』에[6] 근거하여 정한 아랍 알파벳Das arabische Alphabet nach dem:

드 바넷Lionel David Barnett(1871~1960), 스테판 우튼 부쉘Stephen Wootton Bushell(1844~1908), 에두아르 샤반Édouard Chavannes, 아서 허버트 처치Arthur Herbert Church(1834~1915), 오구스트 헤르만 프랑케August Hermann Francke(1870~1930), 루이 드 로치Louis de Loczy(1891~1980), 데이비드 사무엘 마골리아우스David Samuel Margoliouth(1858~1940), 에드우드 제임스 랩슨Edward James Rapson(1861~1937), 프레데릭 윌리엄 토마스Frederick William Thomas(1867~1959)의 별첨 부록이 실려있다고 설명했다. 2책에는 사진 도판과 호탄 지도가 수록되어있다고 소개했다.

6   「천방자모해의天方字母解義」는 청나라 유지劉智(1669~1764)가 지은 책으로, '천방天方'은 협의적으

로 '메카'를 가리키지만, 광의로 아랍 세계를 의미한다. 1897년 청진사 장판 영인본이 있다.

1 　「통보」, 1907 10월호, 561쪽을 참고하시오. 앙리 코르디에에게 보낸 기술.

────── 제1호 (1908) ──────

1~46   베르톨트 라우퍼Berthold Laufer, 「브루자」 언어와 파드마삼바바
        Padmasambhava의 역사적 지위Die Bru-ža Sprache und die historische
        Stellung des Padmasambhava」

47~96   앙리 코르디에, 「18세기 프랑스 주 광저우廣州 영사관Le Consulat de
        France a Canton au XVIIIe siècle」[2]

통신Correspondance

97~109 클로디우스 마들롤Claudius Madrolle이 1907년 11월 18일 해구海口
        에서 보내온 편지; 장 로데스Jean Rodes가 1907년 10월 12일에 홍
        콩에 관해 보내온 편지; 또 몽자蒙自에서 보내온 편지; 올론 대장
        Capitaine d'Ollone이 1907년 10월 18일 운남부雲南府에서 보내온 편
        지들

---

1   브루자Bru-ža는 『신당서』에서, '발률勃律'로 음역된 곳으로, 중앙아시아와 티베트를 연결하는 지역으로 소
    발률小勃律과 대발률大勃律로 나뉘어 알려져 있다. 'ạBru-ža', 'Gru-ža', 'Gru-ša', 'Bru-šal', 'ạBru-šal'
    등으로 표기되었다.
2   신 『통보』, 제3책(1902) 5호의 「광저우의 양행洋行 상인Les Marchands hanistes de Canton」을 참고.

110~113 에릭 빌헬름 달그렌Erik Wilhelm Dahlgren(1848~1934), 『부갱빌[1] 이
전(1659~1749)에 남해南海로 향한 프랑스인들의 여행Voyages
français à destination de la Mer du Sud avant Bougainville 1659~1749』(파리,
1907) - 앙리 코르디에

113~117 존 왓슨 포스터John Watson Foster(1836~1917), 『미국의 동양에서
의 외교정책American Diplomacy in the Orient』(보스턴 & 뉴욕, 1904)
- 앙리 코르디에

117~118 아서 존 사전트Arthur John Sargent(1871~1949), 『영국-중국의 무역
과 외교: 19세기를 중심으로Anglo-Chinese Commerce and Diplomacy-
Mainly in the Nineteenth Century』(옥스포드, 1907) - 앙리 코르디에

118~120 헬렌 헨리에타 로빈스Helen Henrietta Robbins, 『우리들의 초대 주중
대사: 조지 매카트니 백작의 삶, 그의 편지, 그의 구술에 의한 중국
경험담Our First Ambassador to China: An Account of the Life of George, Earl
of Macartney with Extracts from His Letters, and the Narrative of His Experiences
in China, as Told by Himself』(런던, 1908) - 앙리 코르디에

121~124 오토 프랑케Otto Franke(1863~1946), 『투루판(투르키스탄) 근
처 이디쿠샤리에 있는 사원에서 나온 중국어 비문Eine chinesische
Tempelinschrift aus Idikutšahri bei Turfan(Turkistan)』(베를린, 1907) - 에
두아르 샤반

124~125 프리드리히 빌헬름 카알 뮐러Friedrich Wilhelm Karl Müller, 『소그드
어로 된 신약성서 조각들-대장경 중 '페르시아' 역법 어휘-중앙
아시아의 알려지지 않은 언어에 대한 보다 정확한 인식을 위한
기고Neutestamentliche Bruchstücke in soghdischer Sprache-Die "persischen"

---

1 프랑스 18세기 탐험가 루이 앙뜨완 드 부갱빌Louis Antoine de Bougainville(1729~1811)으로, 1763년 첫
   항해를 시작했다.

Kalenderausdrücke im chinesischen Tripitaka-Beitrag zur genaueren Bestimmung der unbekannten Sprachen Mittelasiens)』(『왕립 프로이센 과학 아카데미 회의 보고서Sitzungsberichte der Königlich Preussischen Akademie der Wissenschaften』, 1907년 3월 7일, 5월 16일, 12월 19일 회의) –에두아르 샤반

도서 목록Bibliographie

126~128   신간 도서Livres Nouveaux

129~133   정기 간행물Publications périodiques

소식Chronique

134~136   중국; 프랑스; 이탈리아

─── 제2호 (1908) ───

137~175   앙리 코르디에, 「인도차이나 도서 목록: 인도차이나반도와 관련된 문헌들의 서지학 연구. 제1부 버마, 아쌈Bibliotheca Indo-Sinica: Essai d'une Bibliographie des Ouvrages relatifs à la presqu'île indo-chinoise. Première Partie: Birmanie et Assam」[2]

176~213   앙리 코르디에, 「프랑스 왕정 복고시기의 보르도와 코친차이나 Bordeaux et la Cochinchine sous la Restauration」[3]

214~235   미셸 르봉Michel Revon(1867~1947), 「고대 신도神道에서의 불에 관한 의식: 진화제Le rituel du feu dans l'ancien Shinntô: 鎭火祭」

---

2 『통보』, 1903년 12월, 1904년 5월, 1904년 7월, 1905년 3월, 1906년 3월, 1906년 5월호 참조.

3 『통보』, 1904년 12월, 505~506쪽 참조.

236~265   에두아르 샤반, 「한국의 고대 왕국 고구려의 유적Les monuments de l'ancien royaume Coréen de Kao-keou-li」

고인의 약력 또는 부고Nécrologie

266   니콜라스 로데릭 오코너 경Sir Nicholas Roderick O'Conor(1843~1908) - 앙리 코르디에

266   드미트리 포코틸로프Dmitri Pokotilov(1865~1908) - 앙리 코르디에

서평란Bulletin critique

267~268   가스통 미종Gaston Migeon(1861~1930), 『일본에서: 예술의 전당에서의 산책Au Japon; promenades aux sanctuaires de l'art』(파리, 1908) - 에두아르 샤반

268   기스베르 콩바즈Gisbert Combaz, 『중국 황실의 능묘Sépultures impériales de la Chine』(브뤼셀, 1907) - 에두아르 샤반

268~272   「운남의 이슬람-올론 미션의 탁본-세이드 엣젤 샴 엣 딘 오마르(1210~1279)와 중국에 있는 두 분묘L'Islam au Yun-nan-Estampages de la mission d'Ollone-Le Seyyid Edjell Chams ed-Din Omar(1210~1279) et ses deux sépultures en Chine」(『무슬림 리뷰Revue du monde musulman』, IV, 1908, 2월, 284~346쪽) - 에두아르 샤반

273   루이 오베르Louis Aubert, 『미국인과 일본인Américains et Japonais』(1책, 파리, 1908) - 에두아르 샤반

273~274   알베르트 폰 르 콕Albert von Le Coq(1860~1930), 『이디쿠샤리에서 발견된 위구르문¹ 마니교 조각Ein manichäisch-uigurisches Fragment áus Idiqut-Schahri』 - 에두아르 샤반

---

1   위구르 문자回鶻文는 음소문자의 일종으로, 8세기 무렵 튀르크 문자와 소그드 문자의 자모를 흡수하여 만들어져 중앙아시아에서 주로 사용된 위구르어 표기 문자이다.

274~275 토리이 류조鳥居龍藏, 『묘족에 대한 조사보고서Rapport sur une enquête au sujet des populations Miao︱苗族調查報告』(도쿄, 1907) -에두아르 샤반

275~276 버트램 레녹스 푸트남 웨일Bertram Lenox Putnam Weale(1877~1930), 『동아시아에 곧 닥쳐올 싸움The Coming Struggle in Eastern Asia』(런던, 1908) -앙리 코르디에

276~277 에두아르 드리오Édouard Driault(1864~1947), 『극동 문제La Question d'Extrême-Orient』(파리, 1908) -앙리 코르디에

도서 목록Bibliographie

278~279 신간 도서Livres Nouveaux
280~283 정기 간행물Publications périodiques

소식Chronique

284~296 중앙아시아; 중국; 덴마크; 미국; 프랑스; 영국

─── 제3호 (1908) ───

297~428 에두아르 샤반, 「몽골 시기의 중국어 성지聖旨와 비문들Inscriptions et pièces de chancellerie chinoises de l'époque Mongole」 두 번째 시리즈[2]

429~452 베르톨트 라우퍼Berthold Laufer, 「금을 캐는 개미 전설Die Sage von den goldgrabenden Ameisen」[3]

---

2 첫 번째 시리즈는 1904년 10월(357~447쪽)과 1905년 3월(1~42쪽)에 수록되어 있다.
3 금을 캐는 개미는 『헤로도토스Herodotus』(뉴욕, 1859), III, 102~105(214~215쪽)에 기술되어 있다. 개미의 모습을 했으며, 크기는 개보다 작으나 여우보다는 크다고 한다.

453~454   실뱅 레비Sylvain Lévi, 「북두칠성에 관한 티베트 불경의 중국 기원에 관하여L'original chinois du Sūtra tibétain sur la Grande-Ourse」

455~475   레오폴드 드 쏘쉬르Léopold de Saussure(1866~1925), 「목성의 주기Le Cycle de Jupiter | 歲星十二次」[1]

고인의 약력 또는 부고Nécrologie

476   니콜라스 이냐티에프 백작Le Comte Nicolas Ignatiev(1832~1908)[2] - 앙리 코르디에

476~477   프랜시스 블랙웰 포브스Francis Blackwell Forbes(1839~1908) - 앙리 코르디에

477   빌헬름 그루베Wilhelm Grube(1855~1908)

단편 모음Mélanges

478~480   샤를 외드스 보냉Charles Eudes Bonin(1865~1929), 「미엔닝 시엔으로부터 쯔다디까지De Mien ning hien a Tseu ta ti」[3]

481   「드 기니De Guignes의 아들이 보낸 두 편지Deux lettres de De Guignes Fils」[4]

---

1   '목성십이차歲星十二次'란 목성歲星이 12년에 하늘을 한 바퀴 돈다고 여겨 하늘을 12등분 하여 '12차'라 불렀는데 일 년에 1차씩 운행하는 셈이다.

2   영어식 표기는 니콜라이 파블로비치 이냐티예프Nikolay Pavlovich Ignatyev이고 러시아어로는 'раф Никола́й Па́влович Игна́тьев'이다. 제정 러시아의 매파 팽창주의 외교관이다.

3   미엔닝 시엔寧寧縣은 쓰촨 량산 이쭈 자치주涼山彝族自治州에 속해 있다. 쯔다디紫打地는 지금의 쓰촨 스 미엔 시엔石棉縣 서북쪽 다투허大渡河 서안이다.

4   '드 기니De Guignes'는 프랑스 중국학자 조셉 드 기니Joseph de Guignes(1721~1800)일 것이다. 이 편지는 1788년 12월 20일 마카오에서 썼고, 두 번째 편지는 1789년 7월 16일 베르사유에서 쓴 것으로 되어 있다.

서평란Bulletin critique

482~483 조지 에반스 모울George Evans Moule(1828~1912), 『항저우의 과거와 현재에 관한 기술Notes on Hangchow Past and Present』(제2판, {상하이}, 1907) - 앙리 코르디에

483~484 앙리 오제Henri Oger(1885~1936?), 『인도차이나반도와 관련된 문헌자료Matériaux pour une Bibliographie générale de la presqu'ile indochinoise』[5] - 앙리 코르디에

484~490 루이 드 라 발레 푸쌩Louis de La Vallée Poussin(1869~1938) 역주, 『보디카랴바타라, 내세 보살행 소개Bodhicaryāvatāra. Introduction à la pratique des futurs Bouddhas』[6] - 루이 피노

도서 목록 Bibliographie

491~492 신간 도서Livres Nouveaux

소식Chronique

493~502 독일; 중국; 미국; 프랑스; 영국; 일본; 시암

——— 제4호 (1908) ———

503~528 에두아르 샤반, 「만주와 중국 북부에서의 고고학 여행Voyage archéologique dans la Mandchourie et dans la Chine Septentrionale」[7]

---

5 1908년 3월 15일 『인도차이나 리뷰Revue indo-chinoise』에 실린 목록이라고 하며, 앙리 오제는 식민 학교 l'Ecole Coloniale와 고등 실용 학교l'Ecole pratique des Hautes Etudes 학생으로 소개되어 있다.

6 「입보리행론入菩提行論 | Bodhicaryāvatāra」은 보살행에 들어가는 길이라는 뜻으로, 샨티드바Śāntideva(687-763)의 삶의 방식에 대한 안내서로 영어로도 번역된 대승불교 텍스트이다.

7 프랑스 아시아협회 1908년 3월 27일 콘퍼런스에서 발표문 요약본으로 이미 『프랑스 아시아 협회 회보

529~576 끌로디우스 마들롤Claudius Madrolle, 「로로 부족들Quelques peuplades Lo-lo」

577~588 아돌프 피쉐, 키엘Adolf Fischer, Kiel, 「15차 코펜하겐 국제동양학자 학술대회에서 행한 발표문Vortrag gehalten auf dem 15ten internationalen Orientalisten-Kongress in Kopenhagen」

단편 모음Mélanges

589~592 「중국의 종이Le papier en Chine」- 앙리 코르디에

고인의 약력 또는 부고Nécrologie

593~595 빌헬름 그루베 교수Le professeur Wilhelm Grube(1855~1908) - 에두 아르 샤반

595 마리 르네 루쎌 드 꾸르씨Marie-René Roussel de Courcy(1827~1908) - 앙리 코르디에

595 보나미 드 빌므레이Claude Arthur Anatole Bonamy de Villemereuil (1826~1908) - 앙리 코르디에

596~597 스테판 우튼 부쎌Stephen Wootton Bushell(1844~1908) - 앙리 코르 디에

서평란Bulletin critique

598~599 알베르 마이봉Albert Maybon(1878~1940), 『중국 정치: 중국 정당에 관한 문서 연구, 1898~1908La politique chinoise: Etude sur les doctrines des partis en Chine, 1898~1908』(파리, 1908) - 에두아르 샤반

599~601 샤를 마이봉Ch. B. Maybon, 「6세기의 한 중국 설화Un conte chinois du VIe siècle」(『극동 프랑스학교 학보Bulletin de l'École française d'Extrême-

---

Bulletin du Comité de l'Asie française』에 수록된 글이라고 밝혔다.

Orient』, VII({1907}, 360~363쪽) - 에두아르 샤반

601~602   나겔A. Nagel, 「중국의 부뚜막 신Der Chinesische Küchengott(Tsau-kyun)」[1](『종교학 연구 아카이브Archiv für Religionswissenschaft』, 11, 23~43쪽) - 에두아르 샤반

602   나이토 코난內藤湖南, 『만주 사진첩Album de photographies de Mandchourie | 滿洲寫眞帖』(도쿄, 1908)[2] - 에두아르 샤반

602~603   모리스 쿠랑Maurice Courant(1865~1935), 『프랑스 국가도서관의 중국, 한국, 일본 등 관련 도서 목록Catalogue des livres chinois, coréens, japonais, etc. de la Bibliothèque nationale』(파리, 1907) - 에두아르 샤반

603   아우럴 스타인A. Stein, 『파미르와 곤륜에서 본 산맥 전경Mountain Panoramas from the Pamirs and Kwen lun』(런던, 1908) - 에두아르 샤반

603~604   테오로르 뵌너Theodor Bönner, 『사마천司馬遷의 24열전 중 제2권(가의賈誼) 번역과 주석Übersetzung des zweiten Teiles der 24 Biographie Sseu-ma Ts'ien's (Kia-i). Mit Kommentar』[3] - 에두아르 샤반

604~605   지익E. Sieg과 지이클링W. Siegling, 「토하라어, 인도-스키타이인의 언어Tocharisch, die Sprache der Indoscythen」(『왕립 프로이센 과학 아카데미 회의 보고서Sitzungsberichte der Königlich Preussischen Akademie der Wissenschaften』, 39, 1908, 915~934쪽) - 에두아르 샤반

605~606   보니피시 함장Commandant Bonifacy, 「따이 반, 꼭 또는 숭 사람들에 관한 연구Monographie des Mans Dai-ban, Coc ou Sung」[4] - 에두아르 샤반

---

1   'Tsau-kyun'은 조군竈君, 즉 조왕신을 말한다.

2   1908년 6월 1일 일본 토요도東洋堂 서점에서 펴냈다고 밝히고 있다.

3   1908년 6월 20일 발표된 베를린 대학 박사학위 청구 논문.

4   이 논문은 『인도차이나 리뷰Revue Indo-Chinoise』, 1908년 6월 30일, 877~901쪽; 1908년 7월 15일, 33~62쪽; 1908년 7월 30일, 121~128쪽에 세 차례 나뉘어 수록되었다. 저자는 따이 반 사람들을 한자로 '대판요大版猺'로 표기했다. 안남에서 이들은 '뿔이 달린 만'이란 의미의 '만 숭Man Sung'으로 따이족들은 '꼭'(뿔)이라 부른다고 한다.

606~609	프리드리히 히어트, 『주周나라 말기까지의 중국 고대사The Ancient History of China to the End of the Chóu dynasty』(뉴욕, 1908); 에드워드 하퍼 파커Edward Harper Parker, 『간략하게 정리한 고대 중국Ancient China Simplified』(런던, 1908) – 에두아르 샤반
609~610	실뱅 레비Sylvain Lévi, 『네팔Le Népal』(3책, 파리, 1905~1908) – 에두아르 샤반
611~613	에텔 브루스 새인스버리Ethel Bruce Sainsbury, 『동인도회사의 임원회의록 등의 일람 1635~1639A Calendar of the Court Minutes Etc. of the East India Company 1635~1639』(옥스퍼드, 1907) – 앙리 코르디에
613~616	제네랄 드 베일리에Général de Beylié(1849~1910), 『프롬과 사마라:[1] 버마와 메소포타미아로의 고고학 여행Prome et Samara-Voyage archéologique en Birmanie et en Mésopotamie』(파리, 1907) – 앙리 코르디에
616~618	알레인 아일랜드Alleyne Ireland(1871~1951), 『버마의 지방The Province of Burma』(2책, 뉴욕, 1907) – 앙리 코르디에
618~619	레지널 플레밍 존스턴Reginald Fleming Johnston(1874~1938), 『베이징에서 만달레이까지:[2] 중국 북부에서 티베트, 쓰촨과 윈난을 거쳐 버마로 가는 여행From Peking to Mandalay: A Journey from North China to Burma through Tibetan Ssuch'uan and Yunnan』(런던, 1908) – 앙리 코르디에
619~620	카운트 드 레스댕Count de Lesdain,[3] 『오르도스, 고비사막과 티베

---

1 프롬Prome은 미얀마 바고 지역에 있는 피아이Pyay의 다른 표기이다. 이라와디강을 임해 있는 이 고대도시에는 불탑군으로 잘 알려진 곳이다. '피아이'는 미얀마어로 '나라'라는 뜻이다. 1482~1542년에는 프롬 왕국이 이곳에 자리했다. 사마라Samara | Sãmarrã는 티그리스강 동안에 있는 이라크의 도시로 바그다드에서 125km 지점에 있다. 2007년 유네스코 세계문화유산으로 등재된 유서 깊은 유적이다.

2 만달레이Mandalay는 지금 미얀마의 중부에 있으며, 미얀마의 마지막 왕조인 꼰바웅 왕조의 수도였던 역사적 도시이다.

3 이 책의 표기에 따르면 저자는 자끄 꽁뜨 드 레스댕Jacques comte de Lesdain(1880~1975)으로 되어있다.

트를 통과하여 베이징에서 시킴까지From Pekin to Sikkim through the Ordos, the Gobi Desert, and Tibet』(런던, 1908) – 앙리 코르디에

도서 목록 Bibliographie

621   신간 도서Livres Nouveaux

622~626   정기 간행물Publications périodiques

소식Chronique

627~649   중앙아시아; 중국; 시암; 티베트

——— 제5호 (1908) ———

651~662   하크만H. Hackmann, 「『백장청규百丈清規』,[4] 중국 불교 사원의 생활 계율Pai chang ch'ing kuei, the Rules of Buddhist Monastic Life in China」

663~688   앙리 코르디에, 「모소 사람들. 모사Les Mo-sos. Mo-sié │ 麽些」[5]

689~695   에드워드 데니슨 로스Edward Denison Ross(1871~1940), 「중국의 동방학교[6] 역사의 새로운 조명과 16세기 류큐어 어휘New Light on the History of the Chinese Oriental College, and a 16th Century Vocabulary of the Luchuan Language」

프랑스 변호사이자 외교관.

4   당나라 선승禪僧으로 백장산百丈山에 살았던 법명 회해懷海(749~814)의 『백장청규百丈清規』는 전체 8권, 9장으로 되어있으며, 사찰 승려들의 생활 규범이다.

5   마사麽些, 나시족의 한 갈래.

6   회동관會同館, 사이관四夷館, 사역관四譯館, 또는 회동사역관會同四譯館을 풀어 쓴 표현으로, 중국 명·청 시기 변경 민족이나 이웃 나라의 언어 문자를 번역하던 조정의 전문 번역기관이다. 대외 교류에서 언어 소통의 편의를 위해 특별히 여러 『화이역어華夷譯語』 사전들을 편찬하였다.

단편 모음Mélanges

696~705 올론 대장Capitaine d'Ollone, 「티베트 동북부 탐험Exploration dans les régions Nord-Est du Tibet」[1]

고인의 약력 또는 부고Nécrologie

706~707 프랑수아 튀레티니François Turrettini(1845~1908) - 앙리 코르디에

707 아치볼드 존 리틀Archibald John Little(1838~1908) - 앙리 코르디에

서평란Bulletin critique

708~713 레오폴드 드 쏘쉬르Léopold de Saussure(1866~1925), 「중국 고대 천문학L'astronomie chinoise dans l'antiquité」(『과학 리뷰Revue générale des Sciences』, 파리, 1907년 2월 28일); 「비교 원시 천문학 초탐 Prolégomènes d'astronomie primitive comparée」(『물리 자연과학 아카이브Archives des Sciences physiques et naturelles』, 제네바, 1907년 6월 15일; 「중국의 주요 별들에 관해서Note sur les étoiles fondamentales des Chinois」(『물리 자연과학 아카이브Archives des Sciences physiques et naturelles』, 제네바, 1907년 7월 15일); 『요전堯典의 천문학 기술 Le texte astronomique du Yao-tien』(라이덴, 1907)[2] - 피에르 퓌죄Pierre Puiseux(1855~1928)

714 판투쏘프N. Pantoussoff, 「일리Ili 지역, 악수Aksu 협로에 있는 중국 사원 백운관Le Temple chinois "Bei-iun-djuan", dans la passe d'Aksu, province d'Ili」(『민속학과 사회학 리뷰Revues d'Ethnologie et de Sociologie』, 파리, 1908) - 앙리 코르디에

---

1 1908년 6월 20일 란저우蘭州에서 보낸 편지와 1908년 6월 18일 보고서를 수록하고 있다.

2 이상 자료들에 대한 서평은 1908년 10월 『학자들의 저널Journal des Savants』에 실린 것을 발췌한 것이라고 밝혔다. 레오폴드 드 쏘쉬르는 스위스 태생의 프랑스 중국학자이자 고대 중국 천문학의 선구적인 학자이다. 프랑스 해군 장교로 인도차이나, 중국, 일본에서 군 복무를 했다.

──── 제1호 (1909) ────

1~16   가브리엘 페랑Gabriel Ferrand, 「망갈로르와 망가치니라는 나라에 관하여Le pays de Mangalor et de Mangatsini」

17~70   앙리 코르디에, 「제2 제국 초기의 프랑스 식민정책: 인도차이나, 1852~1858La politique coloniale de la France au début du second Empire: Indo-Chine, 1852~1858)」[1] (I)

71~73   베르톨트 라우퍼Berthold Laufer, 「옛 투르키스탄 카펫의 12띠 동물 Der Cyclus der zwölf Tiere auf einem altturkistanischen Teppich」

73~75   에두아르 샤반, 「추가 주석Note additionnelle」

76~86   에두아르 샤반, 「대영박물관에 소장된 고개지顧愷之 그림에 관한 기술Note sur la peinture de Kou K'ai-tche conservée au British Museum」

단편 모음Mélanges

87~90   올론 대장Capitaine d'Ollone, 「중국 탐사Exploration en Chine」[2]

---

1   프랑스 제2 제국은 나폴레옹 3세가 1852년 건국한 제국으로, 1870년에 보불전쟁으로 멸망한 프랑스 역사의 마지막 제국이자 군주국이다.
2   1908년 10월 10일 북경에서 보낸 보고서. 『통보』, 1908년 12월, 696, 705쪽을 참고하시오.

고인의 약력 또는 부고Nécrologie

91 　　　왕문소王文韶(1823~1908) - 앙리 코르디에

92~94 　　에른스트 요한 아이텔Ernst Johann Eitel(1838~1908) - 앙리 코르
　　　　　디에

서평란Bulletin critique

95~98 　　『버마 고고학 조사 감독관의 연차 보고서, 1908년 3월 31일Report
　　　　　of the Superintendent, Archaeological Survey, Burma, for the Year Ending 31st
　　　　　March 1908』(랑군, 1908) - 에두아르 샤반

98~100 　　프리드리히 빌헬름 카알 뮐러Friedrich Wilhelm Karl Müller, 『위구르
　　　　　Uigurica: 1. 마기(동방박사)의 경배, 기독교 파편 한 조각Die Anbetung
　　　　　der Magier, ein christliches Bruchstück; 2. 금으로 상감한 불경 잔본Die
　　　　　Reste des Buddhistischen Goldglanz sūtra. Ein vorläufiger Bericht』(1908) - 에
　　　　　두아르 샤반

100~101 　하크만H. Hackmann, 『백장청규百丈淸規』 - 실뱅 레비Sylvain Lévi

도서 목록 Bibliographie

102~104 　신간 도서Livres Nouveaux

소식Chronique

105~120 　중국; 프랑스; 일본; 말레이반도; 시암

──── 제2호 (1909) ────

121~182 　레오폴드 드 쏘쉬르Léopold de Saussure(1866~1925), 「중국 천문학

의 기원Les origines de l'astronomie chinoise」(A)

183~198　앙리 코르디에,「제2 제국 초기의 프랑스 식민정책: 인도차이나,
1852~1858La politique coloniale de la France au début du second Empire:
Indo-Chine, 1852~1858」(II)

199~212　에두아르 샤반,「280년에 죽은 강승회康僧會」[1]

213~221　리베타P. S. Rivetta,「일본어에는 부정사가 없는가?Hat die japanische
Sprache Keinen Infinitif?」

222~228　오토 프랑케Otto Franke(1863~1946),「투루판 사원의 중국어 비문
의 연대Das Datum der chinesischen Tempelinschrift von Turfan」

고인의 약력 또는 부고Nécrologie

229　폴 보엘Paul Boell(1859~1909) - 앙리 코르디에

서평란Bulletin critique

230~231　디이어Diehr,「하이난섬 여행 보고서Bericht über eine Reise in das Innere
der Insel Hainan」(『동아시아 연구Ostasiatische Studien』, 189~209쪽) -
끌로디우스 마들롤Claudius Madrolle

232~235　아놀드 반 겐넵Arnold van Gennep(1873~1957),『통과 의례Les rites de
passage』(파리, 1909) - 에두아르 샤반

235~236　캡틴 칼스로프Captain E. F. Calthrop 번역,『병법서: 극동의 병법 경전
The Book of War-the Military Classic of the Far East』[2](런던, 1908) - 에두
아르 샤반

1　강승회康僧會(?~280)는 강거康居 출신으로, 그의 선조는 대대로 인도에 살았으나 그의 아버지가 장사하
러 교지交趾로 옮겨와 그를 낳았다고 한다. 그는 중국 삼국시대 동오東吳로 건너가 불교를 융성시켰다.
2　손자와 오자 병법서를 발췌하여 영어로 번역한 책.

도서 목록 Bibliographie

237~240   신간 도서Livres Nouveaux

소식Chronique

241~252   영국; 중국; 프랑스; 이탈리아

──── 제3호 (1909) ────

255~305   레오폴드 드 쏘쉬르Léopold de Saussure(1866~1925), 「중국 천문학
           의 기원Les origines de l'astronomie chinoise」(B)
306~339   앙리 코르디에, 「제2 제국 초기의 프랑스 식민정책: 인도차이나,
           1852~1858La politique coloniale de la France au début du second Empire:
           Indo-Chine, 1852~1858」[3] (Ⅲ)
340~380   애메 프랑수아 르장드르Aimé-François Legendre(1867~1951), 「중국
           극서 지역 원주민 종족, 로로인: 인종학과 인류학적 연구Far West
           Chinois, Races Aborigènes, Les Lolos, Etude ethnologique et anthropologique」(Ⅰ)

고인의 약력 또는 부고Nécrologie

381   미카엘 얀 드 후예Michael Jan de Goeje(1836~1906) - 앙리 코르디에
381   프레데릭 헨리 발포어Frederic Henry Balfour(1871~1909) - 앙리 코
           르디에
382   샤를 가스통 라브리에르Charles Gaston Laverrière(1886~1909) - 앙리
           코르디에

---

3 「통보」, 1909, 3월과 5월호를 참고하시오.

383~385 이바르 할베르그Ivar Hallberg, 『13~15세기 서양 문헌과 지도 속에 묘사된 극동: 역사 지리 연구L'Extréme Orient dans la Littérature et la Cartographie de l'Occident des XIIIe, XIVe et XVe siècles. Étude sur l'histoire de la géographie』(예테보리, 1906) - 앙리 코르디에

385~386 에스퀴롤과 윌리아뜨Jos. Esquirol et Gust. Williatte, 『디오이3 사전론: 프랑스어-디오이3어 사전에 따른, 서강西江 상류의 타이족 구어를 재현한 프랑스어Essai de Dictionnaire Dioi3: Français Reproduisant la langue parlée par les tribus Thai de la haute Rivière de l'Ouest 西江 suivi d'un Vocabulaire Français-Dioi3)』[1](홍콩, 1908) - 앙리 코르디에

386~387 프리드리히 빌헬름 카알 뮐러Friedrich Wilhelm Karl Müller, 「몽골 북부에서 발견된 이란어 고문헌Ein iranishes Sprachdenkmal aus der nördlichen Mongolei」(『왕립 프로이센 과학 아카데미 회의 보고서 Sitzungsberichte der Königlich Preussischen Akademie der Wissenschaften』, 27, 1909, 726~730쪽) - 에두아르 샤반

387~388 기스베르 콩바즈Gisbert Combaz, 『중국 황궁Les palais impériaux de la Chine』(브뤼셀, 1909) - 에두아르 샤반

388 끌로디우스 마들롤Claudius Madrolle, 『남부 통킹Tonkin du Sud』(1책, 파리, 1907) - 에두아르 샤반

388~389 에드워드 데니슨 로스Edward Denison Ross(1871~1940), 「튀르크어, 만주어, 중국어의 다양한 새 이름A Polyglot List of Birds in Turki, Manchu and Chinese」(『벵골 아시아협회 논문집Memoirs of the Asiatic Society of Bengal』, II, 9, 253~340쪽, 콜카타, 1909) - 에두아르 샤반

389~390 히올트탈Th. Hiordthal, 「중국의 연금술Chinesische Alchimie」(파울 디어

---

1 저자들이 말하는 디오이Dioi, 디아이Diai는 중국어로 중가仲家 또는 중가仲家, 이인夷人 등으로 옮겨진다고 한다. 사전적 정의에 따르면, '중가'는 서남 소수민족 명칭이며 포의족布依族의 옛 명칭이라고 한다. 그러나 저자들은 이를 전혀 언급하지 않았다.

가르트Paul Diergart, 『화학사를 위한 기고Beiträge aus der Geschichte der Chemie』, 1909, 215~224쪽) - 에두아르 샤반

390~391 빅토르 앙리Victor Henry(1850~1907), 『고대 인도 마술La Magie dans l'Inde antique』(제2판, 파리, 1909) - 조르주 세데스George Cœdès(1886~1969)

도서 목록Bibliographie

392~395 신간 도서Livres Nouveaux

소식Chronique

396~397 중국

——— 제4호 (1909) ———

399~444 애메 프랑수아 르장드르Aimé-François Legendre(1867~1951), 「중국 극서 지역 원주민 종족, 로로인: 인종학과 인류학적 연구Far West Chinois. Races Aborigènes. Les Lolos. Etude ethnologique et anthropologique」 (II)

445~494 에드워드 하퍼 파커Edward Harper Parker, 「사우스 켄싱턴 박물관 소장 중국 고대 그릇The Ancient Chinese Bowl in the South Kensington Museum」

495~512 피에르 르페브르 퐁탈리스Pierre Lefèvre-Pontalis(1864~1938), 「태국의 인도차이나 침략L'invasion Thaïe en Indo-Chine」 - 두 번째[2]

---

2 첫 번째 논고는 『통보』, VIII, 1897, 53~78쪽에 실려 있다.

513~515 팔미르 코르디에Palmyr Cordier(1871~1914), 『국가도서관 티베트관 목록Catalogue du fonds tibétain de la Bibliothèque Nationale』(파리, 1909) - 조르주 세데스

515~530 『중국 명화 모음집中國名畫集 | Recueil des peintures célèbres de la Chine』(상하이, 有正書局, 1908~1909년까지 5책으로 간행됨)¹ - 에두아르 샤반

530~532 요하네스 헤르텔Johannes Hertel이 산스크리트어에서 역주한, 『탄트라카야이카, 판카-탄트라²의 가장 오래된 버전Tantrākhyāyika, die älteste Fassung des Pañcatantra, aus dem Sanskrit übersetzt mit Anleitung und Anmerkungen』(2책, 라이프치히 & 베를린. 1909) - 에두아르 샤반

532~533 구스타프 욘 람스테트Gustaf John Ramstedt(1873~1950), 『투루판 근처 이디쿳사리의 몽골 서신Mongolische Briefe aus Idiqut-Schähri bei Turfan』(『왕립 프로이센 과학 아카데미 회의 보고서Sitzungsberichte der Königlich Preussischen Akademie der Wissenschaften』, 1909, 32, 838~848쪽) - 에두아르 샤반

533~534 베르톨트 라우퍼Berthold Laufer, 「칸쥬르³ 강희제 판본Die Kandjur-Ausgabe des Kaisers K'anghsi」(『세인트 페테르부르크 왕립 과학 아카데미 회보Bulletin de l'Académie impériale des sciences de St.-Pétersbourg』, 1909, 5월 1일, 8호, 567~574쪽) - 에두아르 샤반

---

1 이 서평에는 유용하게 5책에 수록된 그림 목록을 보여준다.

2 판차탄트라Pañcatantra는 산스크리트어로 된 동물 우화집으로 인도 문학작품 중에 가장 많이 번역된 책이다. 작자는 미상이며 원본도 전하지 않는다. 가장 이른 외국어 번역은 중세 페르시아 팔라비어로 550년 보르주야Borzuya에 의해 이루어졌다고 한다.

3 티베트불교의 『대장경』은 캉규르Kangyur 또는 칸주르Kanjur | 甘珠爾와 텡규르Tengyur 또는 탄주르Tanjur | 丹珠爾로 나뉜다. 칸쥬르甘珠爾는 여러 차례 증수되어 10여 종의 판본이 존재하는데, 그중 현존하는 가장 오래된 것은 영락제 판본이고, 장정이 가장 호화로운 것은 강희제 판본이다. 이 강희제 판본을 북경판北京版 또는 숭축사판嵩祝寺版이라 한다.

534   조셉 보배Joseph Beauvais(1867~1924), 『용주{龍州} 지역과 도시에 관한 지리, 역사, 언어 문헌Documents géographiques, historiques et linguistiques sur la ville et la région de Long-tcheou』(하노이, 1909)⁴ - 에두아르 샤반

535   루이 드 라 발레 푸쌩Louis de La Vallée Poussin(1869~1938), 『불교, 교리사에 관한 견해Bouddhisme, Opinions sur l'histoire de la dogmatique』(파리, 1909) - 에두아르 샤반

536   스타니슬라스 마이오Stanislas Millot(1875~1931), 『한자 초서 자전Dictionnaire des formes cursives des caractères chinois』(파리, 1909) - 에두아르 샤반

536~537   빈센트 아서 스미스Vincent Arthur Smith(1848~1920), 『인도 상고사: 기원전 600년부터 알렉산더 대왕의 침입을 포함하여 무함마드의 정복까지The Early History of India: from 600 B.C. to the Muhammadan Conquest including the Invasion of Alexander the Grea)』(제2판, 옥스퍼드, 1908) - 앙리 코르디에

도서 목록Bibliographie

538~550   신간 도서Livres Nouveaux
551~553   정기 간행물Publications périodiques

고인의 약력 또는 부고Nécrologie

554   요한 디이트리히 에두아르트 슈멜츠Johann Dietrich Eduard Schmeltz(1839~1909) - 앙리 코르디에

---

4   『인도차이나 리뷰Revue Indo-Chinoise』에 실렸던 글을 단행본으로 간행한 책이다. 저자가 말하는 용주龍州에 관한 문헌자료는 바로 『용주기략龍州紀略』이다.

통신Correspondance

555~556   윌리엄 조지 애스턴William George Aston(1841~1911) 씨가 『통보』 편집자에게 보내는 편지

소식Chronique

557   영국; 오스트리아-헝가리

─── 제5호 (1909) ───

559~566   윌리엄 조지 애스턴William George Aston(1841~1911), 「'노리토'는 신비한 문구인가?Are the "Norito" Magical Formulae?」[1]

567~602   오토 프랑케Otto Franke(1863~1946), 「중국의 불교개혁Ein buddhistischer Reformversuch in China」[2]

603~665   애메 프랑수아 르장드르Aimé-François Legendre(1867~1951), 「중국 극서 지역 원주민 종족, 로로인: 인종학과 인류학적 연구Far West Chinois. Races Aborigènes. Les Lolos. Etude ethnologique et anthropologique」 (III)

666~697   앙리 코르디에, 「제2 제국 초기의 프랑스 식민정책: 인도차이나, 1852~1858La politique coloniale de la France au début du second Empire: Indo-Chine, 1852~1858)」[3] (IV)

---

1 '노리토のりと'란 신주神主가 신에게 고하고 비는 고대의 문구 또는 문장으로 축문祝文, 축사祝詞를 말한다.

2 제타바나Jetavana, 즉 인도 우타르프라데시주 슈라바스티에 있는 기원정사祇園精舍의 수행 규정을 중심으로 구성되어 있다.

3 『통보』, 1905, 3월, 5월, 그리고 7월호와 함께 보시오.

고인의 약력 또는 부고Nécrologie

698~700   오또 도너Otto Donner(1835~1909) - 앙리 코르디에

700~704   알베르 오귀스트 포벨Albert-Auguste Fauvel(1851~1909) - 앙리 코르디에

서평란Bulletin critique

705~706   파울 그라프 텔레키Paul Graf Teleki(1879~1941), 『일본열도 지도의 역사 지도: 마티스 퀘스트의[4] 항해 일지와 아벨 얀스준 타스만[5]의 1639년 일본 동부 '황금 섬'을 찾아 나선 항해의 네덜란드어 여행일지와 그것의 독일어 번역Atlas zur Geschichte der Kartographie der Japanischen Inseln: Nebst dem holländischen Journal der Reise Mathys Quasts und A. J. Tasmans zur Entdeckung der Goldinseln im Osten von Japan I. D. J. 1639 und dessen Deutscher Übersetzung』(부다페스트, 1909) - 앙리 코르디에

706~709   폴 비알Paul Vial, 『프랑스-로로어 사전, 운남의 노남주, 육량주와 광서주의 속현들에 있는 니족 방언Dictionnaire Français-Lolo. Dialecte Gni tribu située dans les sous-préfectures de Loú nân tcheōu(路南州) Lōu leâng tcheōu 陸涼州 Koùang-si tcheōu(廣西州) Province du Yunnan』(홍콩, 1909) - 앙리 코르디에

709~713   헨리 로돌프 데이비스Henry Rodolph Davies(1865~1950), 『운남: 인도와 장강의 연결고리Yun-nan: The Link between India and the Yangtze』

---

4   마티스 퀘스트Mathys Quast(?~1641)는 네덜란드 상인이자 네덜란드동인도회사에 근무한 탐험가로, 일본, 중국, 시암을 탐험했고, 1639년 고대 그리스 자료에서 말하는 크리스Chryse(황금의 섬)와 아르기르Argyre(은의 섬)을 찾아 나선 탐험가로 유명하다.

5   아벨 얀스준 타스만Abel Janszoon Tasman(1603~1659)는 네덜란드동인도회사에 소속된 선원이자 탐험가로 1642년과 1644년 항해가 가장 잘 알려져 있다. 1639년 마티스 퀘스트와 함께 타이완 젤란디아와 일본 데시마에 이르렀다.

(케임브리지, 1909) - 앙리 코르디에

713~716   루이 오바작Louis Aubazac(1874~1919), 『프랑스-광동어 사전法粵
字典 | Dictionnaire Français-Cantonnais』(신증판, 홍콩, 1909) - 앙리 코
르디에

717   알베르트 폰 르 콕Albert von Le Coq(1860~1930), 「투루판에서 온
고대 튀르크족Köktürkisches aus Turfan」(『왕립 프로이센 과학 아카
데미 회의 보고서Sitzungsberichte der Königlich Preussischen Akademie der
Wissenschaften』, 1909, 41, 1047~1061쪽) - 에두아르 샤반

718~719   빌헬름 라들로프Wilhelm Radloff(1837~1918), 『추아스투아니
트Chuastuanit, 마니교도의 참회기도Chuastuanit, das Bussgebet der
Manichäer』(세인트 페테르부르크, 1909) - 에두아르 샤반

719~720   쥘 블로슈Jules Bloch(1800~1950), 「타밀어 바디야르: 산스크리트
어 우파디야야Tamoul vāddyar: sanskrit upādhyāya」[1](『인도 유럽 연구
Indogermanische Forschungen』, 25, 1909, 239~240쪽) - 에두아르
샤반

도서 목록Bibliographie

721~723   신간 도서Livres Nouveaux

단편 모음Mélanges

724~725   프란츠 퀴너트Franz Kühnert(1852~1918), 「특히 중국어에서 전사
傳寫에 관한 음성학과 생리학 제안Ein Vorschlag zur Lautphysiologie und
Phonetik bezüglich der Transcription insbesondere im Chinesischen」

---

1   타밀어는 드라비다어족에 속하는 언어로, 가장 오랫동안 살아남은 고전 언어 중 하나이며 현대에도 활
발히 쓰이는 언어이다. 우파디야야upādhyāya는 '스님 또는 스승'을 의미하는 힌두교 브라만 명칭이다.

—— 제1호 (1910) ——

1~104 윌리엄 우드빌 록힐William Woodville Rockhill(1854~1914), 「라싸의 달라이라마와 중국 만청 황제와의 관계, 1644~1908The Dalai Lamas of Lhasa and Their Relations with the Manchu Emperors of China. 1644~1908」

105~124 피에르 르페브르 퐁탈리스Pierre Lefèvre-Pontalis(1864~1938), 「란나 왕국 또는 파페 왕국의 윤인들Les Younes du royaume de Lan Na ou de Pape」[1] (I)

125~136 조르주 마스페로Georges Maspero(1872~1942), 「참파 왕국Le royaume de Champa」 (I)

고인의 약력 또는 부고Nécrologie

137~138 루도비코 노첸티니Lodovico Nocentini(1849~1910) - 앙리 코르디에

139 엔리코 힐리어 지글리올리Enrico Hillyer Giglioli(1845~1909) - 앙리 코르디에

---

1 란나Lan Na 왕국은 타이어로 '아나착 란 나Anachak Lan Na'라고 하는데, '백만 논의 왕국'이라는 의미이다. 멩라이 왕에 의해 1292년 건국되어 현재의 태국 북쪽에서 13세기에서 18세기에 걸쳐 존재하였던 왕국이다. 수도는 치앙마이였으며, 힌두화한 나라로 알려져 있다. 이 '란나'는 주변 언어에 따라 다양하게 불렸는데, 버마 연대기에 따르면 '진메 피Zinme Pyi' 또는 윤 피Yun Pyi라고도 불렸다. 여기 '윤'은 바로 타이 북부 민족을 일컫는 미얀마 용어이다. 이 란나 왕국은 한자로 '팔백식부八百媳婦'라 하는데 여기 '파페Pape'는 팔백八百의 라틴어 표기로 보인다.

139~141 피에르 호앙Pierre Hoang │ 黃伯錄 斐默(1830~1909) – 앙리 코르디에

서평란Bulletin critique

142~143 카를로스 오구스토 몽탈토 제수스Carlos Augusto Montalto Jesus
(1863~1927), 『역사 속의 상하이Historic Shanghai』[2](상하이, 1909)
– 앙리 코르디에

143~145 『성적도: 성인의 삶의 장면聖蹟圖: 聖蹟圖 │ Scènes de la vie du Saint』(『신
주국광집神州國光集』, 증간, 상하이, 1908)[3] – 에두아르 샤반

146~148 『여정이 알았거나 본 전해지는 도서 목록郘亭知見傳本書目, Liste des
livres dont les textes transmis jusqu'à nous ont été connus et vus par Lu-t'ing』[4]
– 에두아르 샤반

148~151 알렉세이 이바노비치 이바노프Aleksei Ivanovich Ivanov(1878~1937),
「서하문西夏文 연구Zur Kenntniss der Hsi-hsia Sprache」(『세인트 페테
르부르크 왕립 과학 아카데미 회보Bulletin de l'Académie impériale des
sciences de St.-Pétersbourg』, 1909, 1221~1233쪽) – 에두아르 샤반

152 알렉세이 이바노비치 이바노프Aleksei Ivanovich Ivanov(1878~1937),
「자사子思를 봉하는 칙령Oukaz o pojalovanij titoula Tze-se」(『러시아
왕립 고고학회 동양 분과 논문집Mémoires de la section orientale de la
Société russe impériale d'archéologie』, 19, 1909, 169~177쪽) – 에두아르
샤반

---

2 『상하이현지上海縣志』를 중심으로 기술한 책이다.

3 앙리 코르디에는 이 『성적도』의 저자를 왕진붕으로 읽고 '王振鵬'라 표기했는데, '조鵰'는 '붕鵬' 자의 오기이다. 여기의 성인은 바로 공자이다.

4 여정郘亭은 막우지莫友芝(1811~1871)의 호이다. 『여정지견전본서목郘亭知見傳本書目』은 그의 둘째 아들 막승손莫繩孫이 지은 서목이다.

도서 목록 Bibliographie

153~161   신간 도서Livres Nouveaux

통신Correspondance

162   자끄 바꼬Jacques Bacot(1877~1965)가 앙리 코르디에에게 보낸
       편지

소식Chronique

163~164   프랑스; 프랑스령 인도차이나

————— 제2호 (1910) —————

165~220   조르주 마스페로Georges Maspero(1872~1942), 「참파 왕국Le royaume
           de Champa」[1] (II)
221~292   레오폴드 드 쏘쉬르Léopold de Saussure(1866~1925), 「중국 천문학
           의 기원Les origines de l'astronomie chinoise」[2] (C)

고인의 약력 또는 부고Nécrologie

293   샤를 누에뜨Charles Nouette(1869~1910) – 폴 펠리오

서평란Bulletin critique

294~296   『노씨쇄금勞氏碎金』[3](3권, 쌍조루雙照樓, 1909년 간행, 오사감吳士鑑

---

1 『통보』, 1910년, 3월, 125~136쪽에 이어.
2 『통보』, 1909, 121~182쪽(A)과 255~305쪽(B)을 함께 보시오.
3 『노씨쇄금勞氏碎金』, 3권은 청나라 말 노경원勞經原이 지은 도서 해제집으로, 왕창수吳昌綬가 집록하고,

이 서명을 씀) - 에두아르 샤반

296~299 제롤라모 에밀리오 제리니Gerolamo Emilio Gerini(1860~1913), 『프톨레마이오스의 동아시아 지리 연구-인도와 인도-말레이반도까지Researches on Ptolemy's Geography of Eastern Asia-Further India and Indo-Malay Peninsula』(런던, 1909) - 에두아르 샤반

299~300 루이 랄로이Louis Laloy(1874~1944), 『중국 음악La musique chinoise』(파리, 1910) - 에두아르 샤반

300~302 베르톨트 라우퍼Berthold Laufer, 『중국 한나라의 도자기Chinese Pottery of the Han Dynasty』[4](라이덴, 1909) - 에두아르 샤반

303 빌헬름 톰센Vilhelm Thomsen(1842~1927), 「투루판에서 출토된 튀르크 룬[5] 문자Ein Blatt in türkischer Runenschrift aus Turfan」(『왕립 프로이센 과학 아카데미 회의 보고서Sitzungsberichte der Königlich Preussischen Akademie der Wissenschaften』, 15, 1910, 296~306쪽) - 에두아르 샤반

303~305 오스카 뮌스터베르크Oskar Münsterberg(1865~1920), 『중국예술사Chinesische Kunstgeschichte』(1책, 에슬링엔, 1910) - 에두아르 샤반

306~307 네마티 칼만Némäti Kálmán(1855~1920), 『흉노=훈의 역사 지리적 고증The Historic-Geographical Proofs of the Hiung-nu=Hun Identity』(『계간 아시아 리뷰Asiatic quarterly Review』, 1910년 4월, 352~369쪽); 『(흉노=훈의 역사 지리적 고증A Hiung-nu=Hún azonosság földrajzi bizonyitákai』(부다페스트, 1909) - 에두아르 샤반

307 에두아르 위베Edouard Huber(1879~1914), 「인도차이나 연구:

왕대융王大隆과 구희방瞿熙邦이 보완했다.

4 베르톨트 라우퍼, 「중국 한대의 예술과 문화Kunst und Kultur Chinas im Zeitalter der Han」, 『글로버스Globus』, 96, 1909년 7월호를 참고하시오.

5 룬Rune 문자는 중세 유럽에서 북유럽 게르만어를 표기하던 문자였으며, 특히 스칸디나비아반도에서 통용되었다. 고대 튀르크, 고대 위구르 등 언어에서도 8세기부터 룬문자를 사용했으며, 이를 '튀르크 룬' 문자라고 한다.

V. 파간 왕조의 종말Etudes Indochinoises: V. La fin de la dynastie de Pagan」[1](『극동 프랑스학교 학보Bulletin de l'École française d'Extrême-Orient』, 9, {1909}, 633~680쪽) - 에두아르 샤반

도서 목록 Bibliographie

308~310   신간 도서Livres Nouveaux
311   정기 간행물Publications périodiques

통신Correspondance

312~313   자끄 바꼬Jacques Bacot가 앙리 코르디에에게 보내는 편지

소식Chronique

314~317   중국; 프랑스

——— 제3호 (1910) ———

319~350   조르주 마스페로Georges Maspero(1872~1942), 「참파 왕국Le royaume de Champa」[2] (III)
351~390   앙리 코르디에, 「제2 제국 초기의 프랑스 식민정책: 인도차이나, 1852~1858La politique coloniale de la France au début du second Empire: Indo-Chine, 1852~1858)」[3] (V)
391~404   르빠주 대장Capitaine Lepage, 「붉은 바위에 알 수 없는 글자로 쓰인

---

1   파간 왕국(847~1287)은 미얀마 제국의 최초 통일 왕조이다.
2   『통보』, 1910년 3월, 125~136쪽; 1910년 5월, 165~220쪽에 이어.
3   『통보』, 1909년 3월, 5월, 7월, 12월호에 이어.

비문L'inscription en caractères inconnus du Rocher Rouge」[4] {'홍암비紅岩碑'
의 미판독 문자로 된 비문}

405~409 에드워드 데니슨 로스Edward Denison Ross(1871~1940), 「산스크리
트-중국어 어휘집, 『번역명의翻譯名義』의 서문The Preface to the Fan-
i-ming-i, a Sanskrit Chinese Glossary」

도서 목록Bibliographie

410~413 신간 도서Livres Nouveaux

414~416 정기 간행물Publications périodiques

고인의 약력 또는 부고Nécrologie

417 제네랄 드 베일리에Général de Beylié(1849~1910)의 사망 전보

——— 제4호 (1910) ———

419~456 앙리 코르디에, 「제2 제국 초기의 프랑스 식민정책: 인도차이나,
1852~1858La politique coloniale de la France au début du second Empire:
Indo-Chine, 1852~1858)」[5] (VI)

457~488 레오폴드 드 쏘쉬르Léopold de Saussure(1866~1925), 「중국 천문학
의 기원Les origines de l'astronomie chinoise」[6] (D)

489~526 조르주 마스페로Georges Maspero(1872~1942), 「참파 왕국Le royaume

---

4 이 비문은 구이저우 안순시安顺市, 관링 부이족 먀오족 자치현关岭布依族苗族自治县, 사이지아산晒甲山 붉
은 바위 절벽에 있는 미확인 글자들을 말한다.

5 『통보』, 1909년 3월, 5월, 7월, 12월호, 그리고 1910년 7월에 이어.

6 『통보』, 1909, 121~182쪽(A), 255~305쪽(B), 1910, 221~292쪽(C)에 이어.

de Champa」[1] (IV)

단편 모음Mélanges

527~534   프랜시스 영허즈번드Francis Younghusband(1863~1942), 「영국의 행동과 그 결과British Action and Its Results」

서평란Bulletin critique

535~536   에드워드 데니슨 로스Edward Denison Ross(1871~1940), 『알파벳 순으로 배열한 중국어 대장경의 목록Alphabetical List of the Titles of Works in the Chinese Tripiṭaka』(콜카타, 1910) - 에두아르 샤반

536~537   앙리 마스페로Henri Maspero(1883~1945), 「명 황제의 이상과 외교관Le songe et l'ambassade de l'empereur Ming」(『극동 프랑스학교 학보 Bulletin de l'École française d'Extrême-Orient』, 1910, 95~130쪽); 「2~3 세기 중국의 불교 승려들Communautés et moines bouddhistes chinois aux IIe et IIIe siècles」(『극동 프랑스학교 학보Bulletin de l'École française d'Extrême-Orient』, 1910, 222~232쪽) - 에두아르 샤반

도서 목록Bibliographie

538~540   신간 도서Livres Nouveaux

541   정기 간행물Publications périodiques

소식Chronique

542~546   일본; 프랑스

---

1 「통보」, 1910년 3월, 125~136쪽; 1910년 5월, 165~220쪽; 7월, 319~350쪽에 이어.

─── 제5호 (1910) ───

547~566   조르주 마스페로Georges Maspero(1872~1942), 「참파 왕국Le royaume de Champa」² (V)

567~582   앙리 코르디에, 「제2 제국 초기의 프랑스 식민정책: 인도차이나, 1852~1858La politique coloniale de la France au début du second Empire: Indo-Chine, 1852~1858)」³ (VII)

583~648   레오폴드 드 쏘쉬르Léopold de Saussure(1866~1925), 「중국 천문학의 기원Les origines de l'astronomie chinoise」⁴ (E)

649~680   요제프 마크바르트Josef Marquart, 「불가리아 왕자 목록 중의 비슬라브어 어휘Die Nichtslawischen (Altbulgarischen) Ausdrücke in der Bulgarischen Fürstenliste」

고인의 약력 또는 부고Nécrologie

681~686   쭐라롱꼰(1853~1910)⁵ - 앙리 코르디에

687~689   아벨 데 미쉘Abel des Michels(1833~1910) - 앙리 코르디에

689   헨드릭스P. Hendricks⁶

689   토마스 윌리엄 킹스밀Thomas William Kingsmill(1837~1910) - 앙리 코르디에

---

2   「통보」, 1910년 3월, 125~136쪽; 1910년 5월, 165~220쪽; 7월 319~350쪽; 10월 489~526쪽에 이어. 환왕環王과 판두랑가Pāṇḍuraṅga를 다루었다.

3   「통보」, 1909년 3월, 5월, 7월, 12월호, 그리고 1910년 7월, 10월에 이어.

4   「통보」, 1909, 121~182쪽(A), 255~305쪽(B), 1910, 221~292쪽(C), 457~488(D)에 이어.

5   จุฬาลงกรณ์, 시암 왕, 라마 5세, 프라밧솜뎃 프라뽀라민타라 마하쭐랄롱꼰 프라쭐라쫌끌라오 짜오유후아.

6   「지리학La Géographie」에 실린 부고로, 헨드릭스P. Hendricks는 1906년 카슈갈에서 죽은 네덜란드 신부 파울 피에트 헨드릭스Paul-Piet Hendriks로 보인다.

서평란Bulletin critique

690~691 윌리엄 에드거 게일William Edgar Geil(1865~1925), 『중국의 만리장성The Great Wall of China』(런던, 1909) - 앙리 코르디에

691~693 레지널 플레밍 존스턴Reginald Fleming Johnston(1874~1938), 『중국 북방의 사자와 용Lion and Dragon in Northern China』(런던, 1910) - 앙리 코르디에

693~694 브룬나르Brunnart와 가겔스트롬Gagelstrom; 『중국 현대 정치 기구 Sovremennaia polititcheskaia organizatsiia Kitaia』(1책, 북경, 1910) - 에두아르 샤반

694~695 레오폴 미쉘 까디에르Léopold Michel Cadière, 「중국어 - 베트남어와 베트남어의 원순 반모음 연구: 두 언어의 비교음성학 실험 연구 Monographie de la semi-voyelle labiale en sino-annamite et en annamite. Essai de phonétique comparée de ces deux langues」(『극동 프랑스학교 학보 Bulletin de l'École française d'Extrême-Orient』, 1908~1910) - 에두아르 샤반

695 알베르트 폰 르 콕Albert von Le Coq(1860~1930), 『투루판 지역의 속담과 노래Sprichwörter und Lieder aus der Gegend von Turfan』(라이프치히 & 베를린, 1910) - 에두아르 샤반

695~698 『베를린에 있는 프리드리히 빌헬름 대학 동양 언어연구소 통신Mitteilungen des Seminars für Orientalische Sprachen an der K. Friedrich-Wilhelms-Universität zu Berlin』(베를린, 1910) - 에두아르 샤반

도서 목록Bibliographie

699~702 신간 도서Livres Nouveaux

소식Chronique

703~711 프랑스; 중국

712 색인

신 『통보』
제12책 (1911)

───── 제1호 (1911) ─────

1~37   알프레드 리에타르Alfred Liétard(1872~1912), 「프랑스어-로로어 사전 시론, 아히 방언Essai de Dictionnaire Lo-lo Français, dialecte "A-hi"」 (I)

38~52   앙리 코르디에, 「제2 제국 초기의 프랑스 식민정책: 인도차이나, 1852~1858La politique coloniale de la France au début du second Empire: Indo-Chine, 1852~1858」[1] (VIII)

53~87   조르주 마스페로Georges Maspero(1872~1942), 「참파 왕국Le royaume de Champa」[2] (VI)

서평란Bulletin critique

88~91   에어빈 밸츠Erwin Baelz(1849~1913), 「한국의 고인돌과 고대 왕릉Dolmen und alte Konigsgräber in Korea」(『민족학 저널Zeitschrift für Ethnologie』, 1910, 776~781쪽) - 에드워드 샤반

91~94   알베르트 헤르만Albert Herrmann(1886~1945), 『중국과 시리아 사

---

1 「통보」, 1909년 3월, 5월, 7월, 12월호, 그리고 1910년 7월, 10월, 12월에 이어. 제20장, 파리에서의 윅 신부와 펠렝 추기경Chapitre XX. L'Abbé Huc et Mgr. Pellerin à Paris.
2 「통보」, 1910년 3월, 125~136쪽; 1910년 5월, 165~220쪽; 7월, 319~350쪽; 10월, 489~526쪽; 1910년 12월, 547~566쪽에 이어.

이의 고대 실크로드Die alten Seidenstrassen zwischen China und Syrien』(베를린, 1910) - 에드워드 샤반

94~96 알렉세이에프V. Alexeief, 『민간 그림과 부적에 따른 몇 가지 주요 구마驅魔 이미지 유형O niekotorych glavnych tipach kitaiskich zaklinatelnych izobrajenii po narodnym kartinam i amuletam』[1] - 에드워드 샤반

96 에두아르 디구에Colonel Édouard Diguet, 『베트남 '토'어 연구Etude de la langue thô』(파리, 1910) - 에드워드 샤반

97 알베르트 폰 르 콕Albert von Le Coq(1860~1930), 『투루판에서 발견된 추아스투아니프트: 마니교도의 참회 기도문Chuastuanift: ein Sündbekenntnis der Manichäischen Auditores, gefunden in Turfan』(1910) - 에드워드 샤반

98~101 피에르 호앙Pierre Hoang(1830~1909), 『중국과 유럽의 새로운 연대기의 일치성Concordance des chronologies néoméniques chinoise et européenne』(상하이, 1910) - 에드워드 샤반

102 오스카 뮌스터베르크Oskar Münsterberg(1865~1920), 「레오나르도 다빈치와 중국의 산수화Leonardo da Vinci und die chinesische Landschaftsmalerei」(『동아시아 아카이브Orientalisches Archiv』, Ⅰ, 92~100쪽) - 에드워드 샤반

103~104 류조 토리이R. Torii,[2] 「포르모사 원주민들Les aborigènes de Formose」(『도쿄 제국대학교 과학대학 저널Journal of the College of Science, Imperial University of Tokyo』, 38, 1910년 12월) - 에드워드 샤반

104 스피치니A. Spitsyne, 『타타르 상표Tatarskiia baïcy』(『제국 고고학협회 소식Izvestiya Imperatorskoi Arkheologicheskoi Komissii』, 1909, 130~141쪽) - 에드워드 샤반

---

1 이 자료는 『러시아 왕립 고고학회의 동양분과 논문집Mémoires de la section orientale de la Société russe impériale d'archéologie』(20, 1910)에서 발췌한 소책자라고 밝혔다.

2 일본 인류, 민족, 고고학자 류조 토리이龍蔵 鳥居(1870~1953).

104~105 루드네프A. D. Roudnef, 『동몽골어 자료Materialy po govoram vostotchnoï mongolii』 - 에드워드 샤반

105~106 앙뜨완 카바똥Antoine Cabaton, 『네덜란드령 동인도Les Indes néerlandaises』(파리, 1910) - 앙리 코르디에

도서 목록Bibliographie

107~109 신간 도서Livres Nouveaux

110 정기 간행물Publications périodiques

소식Chronique

111~122 중국; 미국; 프랑스; 시암; 인도차이나

———— 제2호 (1911) ————

123~156 알프레드 리에타르Alfred Liétard(1872~1912), 「프랑스어 - 로로어 사전 시론, 아히 방언Essai de Dictionnaire Lo-lo Français, dialecte "A-hi"」 (II)

157~176 앙리 코르디에, 「제2 제국 초기의 프랑스 식민정책: 인도차이나, 1852~1858La politique coloniale de la France au début du second Empire: Indo-Chine, 1852~1858」(IX)

177~196 피에르 르페브르 퐁탈리스Pierre Lefèvre-Pontalis(1864~1938), 「란나 왕국 또는 파페 왕국의 윤인들Les Younes du royaume de Lan Na ou de Pape」[3] (II)

197~235 에리히 해니쉬Erich Haenisch(1880~1966), 「현 왕조 시대 중국 역

---

3 『통보』, 1910년 3월, 105~124쪽에 이어.

사의 조각들Bruchstücke aus der Geschichte Chinas unter der Gegenwärtigen Dynastie」[1] (I)

236~258 조르주 마스페로Georges Maspero(1872~1942), 「참파 왕국Le royaume de Champa」[2] (VII)

고인의 약력 또는 부고Nécrologie

259~261 리롄잉李蓮英(1848~1911)[3]

단편 모음Mélanges

262~267 자끄 바꼬Jacques Bacot, 「동부 티베트를 가로질러A travers le Tibet Oriental」[4]

267~272 「중국의 역병La Peste en Chine」[5]

272~273 「이후에 받은 몇몇 정보: 감염 매개체, 벼룩Voici quelques renseignements reçus ultérieurement: Fleas as media of infection」[6]

서평란Bulletin critique

274 조셉 도트르메Joseph Dautremer(1860~1946), 『중국의 대동맥, 양주揚州 | La grande Artère de la Chine: Le Yang tseu』(파리, 1911) –앙리 코르디에

---

1 부제: I. 티베트 정복, 「준가르 전투」에서 발췌하여 번역함I. Die Eroberung von Tibet, aus dem "Feldzug gegen die Dsuugaren" auszugsweise übersetzt

2 「통보」, 1910년 3월, 125~136쪽; 1910년 5월, 165~220쪽; 7월, 319~350쪽; 10월, 489~526쪽; 1910년 12월, 547~566쪽; 1911년 3월, 53~87쪽에 이어.

3 1911년, 4월, 14일 자 『주간 타임즈Times Weekly Edition』에 실린 기사.

4 1911년 『지리La Géographie』, 23책에서 발췌.

5 「타임스Times」 북경 통신원에 따름. 1911년, 3월, 25일과 31일 자 「타임스 주간Times Weekly Edition」을 참고하시오.

6 1911년 4월 21일 자 「타임스 주간Times Weekly Edition」.

275~276 　베르톨트 라우퍼Berthold Laufer, 『티베트 여왕의 이야기Der Roman einer Tibetischen Königin』(라이프치히, 1911) - 에드워드 샤반

276~277 　오토 프랑케Otto Franke(1863~1946), 『동아시아의 종양Ostasiatische Neubildungen』(함부르크, 1911) - 에드워드 샤반

도서 목록Bibliographie

278~281 　신간 도서Livres Nouveaux

통신Correspondance

282~285 　애메 프랑수아 르장드르Aimé-François Legendre(1867~1951)가 1910년 9월에 보낸 서신

소식Chronique

286~290 　프랑스; 중국

——— 제3호 (1911) ———

291~315 　조르주 마스페로Georges Maspero(1872~1942), 「참파 왕국Le royaume de Champa」[7](VIII)

316~346 　알프레드 리에타르Alfred Liétard(1872~1912), 「프랑스어-로로어 사전 시론, 아히 방언Essai de Dictionnaire Lo-lo Français, dialecte "A-hi"」[8] (III)

---

[7] 『통보』, 1910년 3월, 125~136쪽; 1910년 5월, 165~220쪽; 7월, 319~350쪽; 10월, 489~526쪽; 1910년 12월, 547~566쪽; 1911년 3월, 53~87쪽; 1911년 5월, 236~258쪽에 이어.

[8] 『통보』, 1911, 3월과 5월을 보시오.

347~374 레오폴드 드 쏘쉬르Léopold de Saussure(1866~1925), 「중국 천문학의 기원Les origines de l'astronomie chinoise」[1] (F)

375~424 에리히 해니쉬Erich Haenisch(1880~1966), 「현 왕조 시대 중국 역사의 조각들Bruchstücke aus der Geschichte Chinas unter der Gegenwärtigen Dynastie」[2] (II)

서평란Bulletin critique

425~429 에드워드 샤반, 『태산: {중국의 제례에 관한 논문}Le T'ai chan: {essai de monographie d'un culte chinois}』({파리, 1910}) - 아서 크리스토퍼 모울Arthur Christopher Moule(1873~1957)

429~431 카알 빌헬름 사이드나델Carl Wilhelm Seidenadel, 『본톡 이고로트 사람들의 구어에 관한 최초 문법서The First Grammar of the Language Spoken by the Bontoc Igorrot』[3](시카고, 1909) - 아놀드 반 겐넵Arnold van Gennep(1873~1957)

431~433 윌리엄 콘William Cohn, 『베를린박물관 동아시아예술관의 회화Die Malerei in der ostasiatischen Kunstabteilung der Berliner Museen』(라이프치히, 1910) - 에드워드 샤반

433~434 게오르그 프리드리히 무트Georg Friedrich Muth, 『중국과 독일의 원시 동물 장식 스타일 원칙Stilprinzipien der primitiven Tierornamentik bei Chinesen und Germanen』(라이프치히, 1910) - 에드워드 샤반

---

1 『통보』, 1909, 121~182쪽(A), 255~305쪽(B), 1910, 221~292쪽(C), 457~488(D), 583~648(E)에 이어. 섭제격攝提格에 관하여.

2 부제: I. 티베트 정복, 『준가르 전투』에서 발췌하여 번역함. Die Eroberung von Tibet, aus dem "Feldzug gegen die Dsungaren" auszugsweise übersetzt

3 '본톡Bontoc'은 필리핀 루손 코르딜레라 행정구역Cordillera Administrative Region, 마운틴 프로방스의 중부와 동부에 사는 원주민 또는 그들이 사용하는 언어를 지칭하는 용어이다. 이그로트Igorot는 역시 코르딜레라 원주민으로 루손 북부 지역에 분포한다.

435 『중국 청동기 수집품Collection of Chinese Bronze Antiques』[4](도쿄, 1910) - 에드워드 샤반

436 알렉산더 초머 쾨뢰스Alexander Csoma de Körös(1784~1842), 「산스크리트어-티베트어-영어 어휘집Sanskrit-Tibetan-English Vocabulary」(『벵골 아시아협회 논문집Memoirs of tlie Asiatic Society of Bengal』, IV, 1~127쪽) - 에드워드 샤반

436~437 {아그네스 스미스 르바이스Agnes Smith Lewis(1843~1926)}, 『1452년 항주 무슬림 사원 중건 비문An Inscription Recording the Restoration of a Mosque at Hangchow in China A.D. 1452』(케임브리지대학교 출판부, 1911) - 에드워드 샤반

437~438 토리이 류조Torii Ryûzo | 鳥居龍藏, 『남만주 조사보고南滿洲調査報告 | Rapport sur une exploration de la Mandchourie méridionale』(도쿄, 1910);「시라무렌Shira-muren 지역과 힝간Khingan 산맥 지역에서 동구洞溝 유적」[5] - 에드워드 샤반

439 프리드리히 빌헬름 카알 뮐러Friedrich Wilhelm Karl Müller, 『위구르 IIUiguricaII』(베를린, 1910) - 에드워드 샤반

440 알프레트 포르케Alfred Forke(1867~1944), 『관아와 관보Yamen und Presse』(베를린, 1911) - 에드워드 샤반

441~446 알렉세이 이바노비치 이바노프Aleksei Ivanovich Ivanov(1878~1937), 「서하 역사의 한 페이지Stranitsa iz istorij Si-sia」(『세인트 페테르부르크 왕립 과학 아카데미 회보Bulletin de l'Académie impériale des sciences de St.-Pétersbourg』, 1911, 831~836쪽) - 에드워드 샤반

---

4 일본에 있는 중국 청동기를 소개한 책이다.
5 『地學雜誌』, 22, 256~258호에서 발췌한 소책자.

통신Correspondance

447~450   폴 펠리오가 에두아르 샤반에게 보낸 서신

——— 제4호 (1911) ———

451~482   조르주 마스페로Georges Maspero(1872~1942), 「참파 왕국Le royaume
          de Champa」[1] (IX)
483~543   앙리 코르디에, 「포르투갈인들의 중국 도착L'arrivée des Portugais en
          Chine」[2]
544~558   알프레드 리에타르Alfred Liétard(1872~1912), 「프랑스어 – 로로어
          사전 시론, 아히 방언Essai de Dictionnaire Lo-lo Français, dialecte "A-hi"」[3]
          (IV)
559~562   루이 바네Louis Vanhée, 「중국의 2차 방정식에 관한 문제Problèmes
          Chinois du second Degré」

고인의 약력 또는 부고Nécrologie

563~567   로버트 하트 경Sir Robert Hart(1835~1911) – 앙리 코르디에

단편 모음Mélanges

568~575   「I. 경친왕慶親王」「II. 아편 협정Opium Agreement」「III. 중국의 차관

---

1   「통보」, 1910년 3월, 125~136쪽; 1910년 5월, 165~220쪽; 7월, 319~350쪽; 10월, 489~526쪽;
    1910년 12월, 547~566쪽; 1911년 3월, 53~87쪽; 1911년 5월, 236~258쪽; 1911년 7월, 291~315
    쪽에 이어.
2   이 논문은 「16세기에서 현재까지 서구 열강과 중국과의 관계사 개설Histoire générale des Relations de
    l'Empire Chinois avec les Puissances Occidentales depuis XVIe siècle jusqu'à nos jour」의 첫 번째 장이다.
3   「통보」, 1911년 3월, 5월, 7월에 이어.

Chinese Loan」「IV. 중국의 우편 업무를 중앙정부로 이관Transfer of the Chinese Post Office to the Central Government」[4]

도서 목록Bibliographie

576~581   신간 도서Livres Nouveaux

통신Correspondance

582~583   라이오넬 자일스Lionel Giles가 『통보』의 편집장들에게 대영박물관 동양 활자본과 필사본 부서Department of Oriental Printed Books and Manuscripts British Muséum 소식에 관한 에두아르 샤반의 주석

583~584   항저우 무슬림 사원의 1452년 비문에 관한 정확한 연대La date exacte de l'inscription de 1452 dans la mosquée de Hangtcheou -에두아르 샤반

584~586   애메 프랑수아 르장드르Aimé-François Legendre(1867~1951)가 보낸 서신

소식Chronique

587~588   프랑스

——— 제5호 (1911) ———

589~626   조르주 마스페로Georges Maspero(1872~1942), 「참파 왕국Le royaume de Champa」[5] (X)

---

4   이상의 기사는 「타임스Times」의 통신원 기고문에서 가져왔다고 한다.
5   『통보』, 1910년 3월, 125~136쪽; 1910년 5월, 165~220쪽; 7월, 319~350쪽; 10월, 489~526쪽;

627~663 알프레드 리에타르Alfred Liétard(1872~1912), 「프랑스어-로로어 사전 시론, 아히 방언Essai de Dictionnaire Lo-lo Français, dialecte "A-hi"」 (V)

664~670 폴 펠리오Paul Pelliot, 「네스토리우스교에서 사용하는 두 가지 불교 호칭Deux titres Bouddhiques portés par des religieux nestoriens」

671~676 폴 펠리오Paul Pelliot, 「중국 불교에서 말하는 '나라의 스승'Les 國師 kouo-che ou "maîtres du royaume" dans le Bouddhisme Chinois」

677~727 아르나이츠Greg. Arnáiz와 막스 판 베르쳄Max van Berchem, 「천주 泉州의 이슬람 고대 유적들에 관한 논고Mémoire sur les Antiquités Musulmanes de Ts'iuan-tcheou」

728~735 에드문트 지몬Edmund Simon, 「고대 중산中山 왕국 두 수도의 옛 지도Ein alter Plan der beiden Hauptstädte des ehemaligen Königreiches Chusan」

단편 모음Mélanges

736~739 「중국, 일본, 티베트 서적Chinese, Japanese and Tibetan Books」[1]

고인의 약력 또는 부고Nécrologie

740~742 윌리엄 조지 애스턴William George Aston(1841~1911) -앙리 코르디에

서평란Bulletin critique

743~746 나진옥羅振玉과 왕국유王國維, 『국학총간國學叢刊, '국가 학문에 관한 출판물 모음집'國學叢刊, "Recueil de travaux imprimés se rapportant à

1910년 12월, 547~566쪽; 1911년 3월, 53~87쪽; 1911년 5월, 236~258쪽; 1911년 7월, 291~315쪽; 1911년 10월, 451~482쪽에 이어

1 에드워드 에버렛 에이어Edward Everett Ayer(1841~1927)이 1911년 11월 26일 자 「시카고 리코드 헤럴드Chicago Record Herald」에 기고한 글.

l'érudition nationale"』(북경, 1911) – 에드워드 샤반

747　　　　월터 퍼시발 예츠Walter Perceval Yetts(1878~1957), 「중국에서 죽은 불교도 장례에 관한 기술Notes on the Disposal of Buddhist Dead in China」(『왕실 아시아협회 저널Journal of the Royal Asiatic Society』, 1911년 6월, 699~725쪽) – 에드워드 샤반

747~748　　빌헬름 그루베Wilhelm Grube(1855~1908), 『중국의 종교와 문화[중국의 종교와 제례Religion und Kultus der Chinesen』(라이프치히, 1910) – 에드워드 샤반

748~749　　찰스 존 맥고완Charles J. MacGowan(1887~1960) 번역, 『미인,² 중국의 희곡Beauty, a Chinese Drama』(런던, 1911) – 에드워드 샤반

749~753　　레옹 위제Léon Wieger(1856~1933), 『도교: 도서 목록Taoïsme: Bibliographie générale』(제1권, {허젠푸}, 1911) – 에드워드 샤반

753~755　　베르톨트 라우퍼Berthold Laufer, 『중국 한나라의 무덤 조각Chinese Grave-Sculptures of the Han Period』(런던, 뉴욕, 파리, 1911) – 에드워드 샤반

755~757　　에른스트 뵈르쉬만Ernst Boerschmann(1873~1949), 『중국의 건축과 종교문화Die Baukunst und religiose Kultur der Chinesen』(제1책, 베를린, 1911) – 에드워드 샤반

757~758　　라이오넬 자일스Lionel Giles, 『중국의 백과전서『흠정고금도서집성』색인An Alphabetical Index to the Chinese Encyclopedia 欽定古今圖書集成』(런던, 1911) – 에드워드 샤반

도서 목록 Bibliographie

759~764　　신간 도서Livres Nouveaux

2　미인은 바로 왕소군王昭君을 말한다.

통신Correspondance

──── 제1호 (1912) ────

1~42   알프레드 리에타르Alfred Liétard(1872~1912), 「프랑스어 – 로로어 사전 시론, 아히 방언Essai de Dictionnaire Lo-lo Français, dialecte "A-hi"」 (VI)

43~96   라파엘 페트루치Raphaël Petrucci, 「개자원 화전芥子園畫傳 역주Le Kie tseu yuan houa tchouan, Traduit et Commenté」 (I)

97~106   베르톨트 라우퍼Berthold Laufer, 「없어진 책의 발견The Discovery of a Lost Book」[1]

107~112   베르톨트 라우퍼Berthold Laufer, 「새로 발견된 한나라 시기 부조 다섯Five Newly Discovered Bas-Reliefs of the Han Period」

113~116   에드문트 지몬Edmund Simon, 「민족지학적으로 흥미로운 일본 카케모노 1점Ein Ethnographisch Interessantes Kakemono」[2]

117~125   윌리엄 우드빌 록힐William Woodville Rockhill(1854~1914), 「1910년 중국 인구통계The 1910 Census of the Population of China」

단편 모음Mélanges

126~128   에두아르 샤반이 『통보』, 1911년 12월호(250쪽)에 실은 글에 관

---

1   이 없어진 책은 『강희어제경직도康熙御製耕織圖』이다.

2   카케모노kakemono｜掛物는 카케지쿠掛軸, 즉 실내 장식을 위한 족자를 말한다.

한 주석
에두아르 샤반이 지질학자 뤼시엥 까유Lucien Cayeux(1864~1944)
에게 자문한 글
1911년 7월 심라Simla에서 열린 동양학자 콘퍼런스에서 나온 극
동 프랑스학교와 관련된 내용

고인의 약력 또는 부고Nécrologie

129~130 허버트 제임스 알렌Herbert James Allen(1864~1912) -앙리 코르
         디에

130~131 조지 에반스 모울T. R. Georges Evans Moule | 慕稼穀(1828~1912) -앙
         리 코르디에

서평란Bulletin critique

132~133 오스카 뮌스터베르크Oskar Münsterberg, 『중국 예술사Chinesische
         Kunstgeschichte』(제2권, 에슬링겐암네카어, 1912) -에드워드 샤반

134   에르빈 리터 폰 차흐Erwin Ritter von Zach, 「중국의 서신Auszüge aus
         einem Chinesischen Briefsteller」[1](『동아시아의 자연학과 민속학을 위
         한 독일 수목학회 보고서Mitteilungen der Deutschen Dendrologischen
         Gesellschaft für Natur-und Völkerkunde Ostasiens』, XIV, 총 72쪽); 「잡평
         Kritische Miscellen」[2](앞의 책, XIII, 총 40쪽); 「사하로우의 만주어-러
         시아어 사전의 몇몇 보충Einige Ergänzungen zu Sacharow's Mandžuesko-
         russki slowarj」(앞의 책, XIV, 총 25쪽) -에두아르 샤반

134~136 월터 암스트롱 그레이엄Walter Armstrong Graham(1868~1949),

---

1 청나라 말 허가촌許葭村의 서신 35편을 역주한 자료이다. 허가촌의 저서로는 『추수헌척독秋水軒尺牘』이
   있다.
2 백거이白居易 시에 관한 몇몇 논평.

『시암: 실용, 상업, 정치 정보 안내서Siam: A Handbook of Practical, Commercial, and Political Information』(런던, 1912) – 앙리 코르디에

도서 목록Bibliographie
137~143   신간 도서Livres Nouveaux

통신(Correspondance)
144~152   앙리 코르디에에게 보내는 애메 프랑수아 르장드르Aimé-François Legendre의 편지

소식Chronique
153~154   프랑스; 영국

——— 제2호 (1912) ———

155~204   라파엘 페트루치Raphaël Petrucci, 「개자원 화전芥子園畵傳 역주Le Kie tseu yuan houa tchouan, Traduit et Commenté」(II)

205~290   앙리 코르디에, 「프랑스–일본 첫 조약–에도시대, 1858년 10월 9 일Le premier traité de la France avec le Japon-Yedo, 9 Octobre 1858」

291~300   바네 신부Père Vanhée, 「중국의 대수代數ㅣAlgèbre Chinoise」

301~306   폴 펠리오Paul Pelliot, 「묵철가한默啜可汗의 딸과 퀼테긴의 관계La fille de Mo-tch'o qaghan et ses rapports avec Kül-tegin」

307~309   실뱅 레비Sylvain Lévi, 「왕현책王玄策과 카니슈카 왕Wang Hiuan-ts'ö et Kaniṣka」

도서 목록 Bibliographie

310~312   신간 도서Livres Nouveaux

─── 제3호 (1912) ───

313~350   라파엘 페트루치Raphaël Petrucci, 「개자원 화전芥子園畫傳 역주Le Kie
           tseu yuan houa tchouan, Traduit et Commenté」¹ (III)

351~430   폴 펠리오Paul Pelliot, 「『도덕경道德經』의 산스크리트어 번역본에 관
           하여Autour d'une traduction sanscrite du Tao tö king」

431~433   아서 크리스토퍼 모울Arthur Christopher Moule, 「마르코 폴로의 신주
           新州 부두Marco Polo's Sinjumatu」

서평란Bulletin critique

434~446   베르톨트 라우퍼Berthold Laufer, 『옥: 중국 고고학과 종교 연구Jade, a
           Study in Chinese Archeology and Religion』(시카고, 1912) - 폴 펠리오

446~481   프리드리히 히어트Friedrich Hirth와 윌리엄 우드빌 록힐William
           Woodville Rockhill, 『조여괄趙汝适: 12~13세기 중국-아랍 무역에
           관한 저서『제번지諸蕃志』, 번역과 주석Chau Ju-kua: His Work on the
           Chinese and Arab Trade in the Twelfth and Thirteenth Centuries, Entitled Chu-
           fan-chï, traduit et annoté』(세인트 페테르부르크, 1912) - 폴 펠리오

482~507   나이토 타라지로内藤虎次郎(1866~1934), 『최근 일본에서 간행된
           당나라 세기의 세 필사본Trois manuscrits de l'époque des T'ang récemment
           publiés au Japon』 - 폴 펠리오

---

1   부제: 본문 또는 주석에서 언급한 중국 인명 색인Index des noms propres chinois cités dans le texte ou dans
    les Commentaires

508~509   안나 베른하르디Anna Bernhardi, 「도연명陶淵明(365~428)의 생애와 시Tau Jüan-ming (365~428), Leben und Dichtungen」(『동양 언어연구소 통신Mitteilungen des Seminars für Orientalische Sprachen』, XV, 1912, 총 61쪽) – 에드워드 샤반

509~511   빌헬름 그루베Wilhelm Grube(1855~1908)와 헤르베르트 뮐러 Herbert Mueller, 『봉신연의 Féng shên i 封神演義. Die Metamorphosen der Götter』(라이덴, 1912) – 에드워드 샤반

511~512   브룬네르트H. S. Brunnert와 하겔스트롬V. V. Hagelstrom 지음, 콜레 쏘프N. Th. Kolessoff 교정, 벨첸코A. Beltchenko와 모란E. E. Moran 번역, 『중국 현재의 정치 조직Present Day Political Organization of China』[2](상 하이, 1912) – 에드워드 샤반

도서 목록Bibliographie

513~516   신간 도서Livres Nouveaux

———— 제4호 (1912) ————

517~558   마르셀 그라네Marcel Granet(1884~1940), 「중국의 혼례 풍속 Coutumes matrimoniales de la Chine antique」

559~564   라파엘 페트루치Raphaël Petrucci, 「중국의 대수代數에 대하여Sur l'algèbre chinoise」

565~653   에두아르 샤반Edouard Chavannes, 「여강麗江과 관련된 역사, 지리 자 료Documents historiques et géographiques relatifs à Li-kiang」

---

2   'V. V. Hagelstrom'은 'F. Y. Hagelstrom'으로, 'E. E. Moran'은 'V. V. Moran'으로 잘못 인쇄되어 책의 표 지에 따라 바로잡았다.

단편 모음Mélanges

654~657 까미유 노통Camille Notton이 시암어 텍스트에서 번역한 「귀신의 울음 Le cri du fantôme」[1]

658~659 「시암에 흔히 보이는 미신(풍속)Some Commoner Siamese Superstitions」[2]

고인의 약력 또는 부고Nécrologie

660 프랜시스 브링클리Francis Brinkley(1841~1912) – 앙리 코르디에

661 에드메 에두아르 멘Edme Edouard Mène(1833~1912) –앙리 코르 디에

서평란Bulletin critique

662~664 마티아스 창Mathias Tchang(1852~1912), 『양나라 시기 소씨蕭氏 가족묘. 제1부: 소순지Tombeau des Liang. Famille Siao. 1re partie: Siao Choentche』[3] –에드워드 샤반

664~665 헤르베르트 뮐러Herbert Mueller, 「로로 민족지에 관한 논고Beiträge zur Ethnographie der Lolo」(『베슬러 아카이브Baessler–Archiv』, III, 38~68 쪽) –에드워드 샤반

665~667 샤씨누E. Chassigneux, 『통킹 삼각주의 관개L'irrigation dans le delta du Tonkin』[4](파리) –에드워드 샤반

---

1 「중국 시암 워라삽Chino Siam Worasap」에서 발췌한 글이라고 한다.
2 「방콕 데일리 메일Bangkok Daily Mail」에서 발췌한 글이라고 한다.
3 양나라(502~557)를 건국한 소씨蕭氏의 가족묘에 관한 연구서로, 첫 번째로 소순지蕭順之를 다루었다.
4 「지리학 리뷰Revue de géographie」, 1912, VI에 실린 논고를 단행본으로 발간한 것으로 보인다.

도서 목록 Bibliographie

668~673   신간 도서Livres Nouveaux

통신Correspondance

674   에두아르 샤반에게 보내는 폴 펠리오Paul Pelliot의 서신(1912년 11
          월 21일 파리)

─────── 第5호 (1912) ───────

675~692   오토 프랑케Otto Franke(1863~1946), 「1451년 중국-한국 역사 필
          사본Ein handschriftliches chinesisch-koreanisches Geschichtswerk von 1451」[5]
693~698   아놀드 반 겐넵Arnold van Gennep(1873~1957) 「중국의 판자 직조
          법에 대한 주석Note sur le tissage aux cartons en Chine」
699~718   프란츠 볼Franz Boll, 「그리스 문화 속의 동아시아 띠 동물: 1912년
          4월 9일 아테네에서 개최된 16차 국제동양학 학술대회 발표록Der
          ostasiatische Tierzyklus im Hellenismus-Vortrag gehalten am 9 April 1912 auf
          dem XVI. Internationalen Orientalisten-Kongress zu Athen」
719~726   베르톨트 라우퍼Berthold Laufer, 「'중국'이란 명칭The Name China」
727~742   폴 펠리오Paul Pelliot, 「'중국' 명칭의 유래L'origine du nom de "Chine"」

고인의 약력 또는 부고Nécrologie

743   알프레드 리에타르Alfred Liétard(1872~1912) - 앙리 코르디에

---

5   「고려사高麗史」를 말한다.

신『통보』
제14책 (1913)

——— 제1호 (1913) ———

1~129   에리히 해니쉬Erich Haenisch(1880~1966), 「만주 왕조의 중국 역사 단면Bruchstücke aus der Geschichte Chinas unter der Mandschu-Dynastie」[1]

단편 모음Mélanges

131~132   폴 펠리오Paul Pelliot, 「『원조비사元朝秘史』의 몽골어 서명Le titre mongol du Yuan tch'ao pi che」

고인의 약력 또는 부고Nécrologie

133~134   장 드퓌Jean Dupuis(1828~1912) - 앙리 코르디에

서평란Bulletin critique

135~136   존 셰익스피어John Shakespear(1861~1942), 『{미얀마} 루세이 쿠키 인들The Lushei Kuki Clans』[2](런던, 1912) - 앙리 코르디에

---

1   부제: II. 오삼계吳三桂의 봉기, 「성무기聖武記」에서 발췌하여 번역함II. Der Aufstand des Wu San-kuei, aus dem Shêng-wu-chi übersetzt. 「통보」, XII를 보시오. 「성무기」는 위원魏源(1794~1856)의 저술이다.

2   '쿠키Kuki' 부족은 인도 동북부, 방글라데시 그리고 미얀마의 고산족 중 하나로, 벵골어이다. 인도 미조 람과 마니푸르 루샤이Lushai 산맥에 사는 부족을 미얀마어로 '친Chin', 영국인들은 '루샤이Lushai'라고 부른다.

136~138   자끄 바꼬Jacques Bacot, 『네페마코를 향한 티베트의 반란: 티베트인들의 약속의 땅Le Tibet révolté Vers Népémakö, la terre promise des Tibétains』(파리, 1912) - 앙리 코르디에

138   조셉 도트르메Joseph Dautremer(1860~1946), 『영국 통치하의 미얀마를 모델로 한 식민지Une Colonie modèle La Birmanie sous le régime britannique』(파리, {1912}) - 앙리 코르디에

139~141   모리스 쿠랑Maurice Courant, 『17, 18세기의 중앙아시아: 칼무크 제국인가? 만주 제국인가?L'Asie Centrale aux XVIIe et XVIIIe siècles; empire kalmouk ou empire mandchou?』(리옹, 1912) - 에드워드 샤반

도서 목록 Bibliographie

142~152   신간 도서Livres Nouveaux

——— 제2호 (1913) ———

153~201   조르주 마스페로Georges Maspero(1872~1942), 「참파 왕국Le royaume de Champa」[1] (XI)

203~210   바네 신부Père Vanhée, 「중국 백계술百雞術 또는 불확정 방정식 해석 Les Cent Volailles ou l'Analyse indéterminée en Chine」(I)[2]

211~226   라이오넬 자일스Lionel Giles 역주, 「추근秋瑾의 생애The Life of Ch'iu Chin」[3]

---

1   『통보』, 1910년 3월, 125~136쪽; 1910년 5월, 165~220쪽; 7월, 319~350쪽; 10월, 489~526쪽; 1910년 12월, 547~566쪽; 1911년 3월, 53~87쪽; 1911년 5월, 236~258쪽; 1911년 7월, 291~315쪽; 1911년 10월, 451~482쪽; 1911년 12월, 589~626쪽에 이어

2   5세기 『장구건산경張丘建算經』에 보이는 1차 부정방정식의 일종이다.

3   저자가 근거한 자료는 「절안기략浙案紀略」이다

227~257 앙리 코르디에, 「18세기 국무장관 베르땡Bertin의[4] 통신원들Les Correspondants de Bertin, Secrétaire d'État au XVIIIe siècle」 (I)

258~260 폴 펠리오Paul Pelliot, 「감숙 숙주肅州의 옥이라는 것들Les pretendus jades de Sou-tcheou, Kan-sou」

261~286 에두아르 샤반Edouard Chavannes, 「{프랑스} 세르누치 박물관의 불교 예술품 전시회L'Exposition d'Art bouddhique au Musée Cernuschi」

고인의 약력 또는 부고Nécrologie

287~290 로버트 케너웨이 더글라스Robert Kennaway Douglas(1838~1913) - 앙리 코르디에

서평란Bulletin critique

291~298 모리스 쿠랑Maurice Courant, 『중국 고전 음악에 관한 역사적 연구, 한국 음악에 관한 부록과 함께Essai historique sur la musique classique des Chinois, avec un appendice relatif à la musique coréenne』[5](파리, 1912) - 루이 랄로이Louis Laloy(1874~1944)

299~302 테오도르 귀나르Théodore Guignard, 『라오스어-프랑스어 사전 Dictionnaire laotien-français』(홍콩, 1912) - 앙리 코르디에

302~303 프리드리히 마알케Friedrich Mahlke(1871~1944), 『중국 지붕 모양, 천막설의 반론에 관한 새로운 시론Chinesische Dachformen, Neuer Versuch zur Wiederlegung der Zelttheorie』(『건축 잡지Zeitschrift für Bauwesen』, 1912, 총 26쪽) - 에드워드 샤반

---

4 앙리 레오나르 장 밥티스트 베르땡Henri Léonard Jean Baptiste Bertin(1720~1792)는 루이 15세 (1759~1763)의 재무장관을 지냈다. 앙리 코르디에는 1719년에 태어났다고 기술하고 있다.

5 이 책은 리옹 대학의 박사학위 청구 논문으로 1908년 7월 22일 인쇄 허가를 받았다. 진행 중인 『음악 백과사전과 음악학교 사전Encyclopédie de la musique et dictionnaire du conservatoire』에서 발췌하여 간행한 책이다.

303~304 베르톨트 라우퍼Berthold Laufer, 『티베트 탄주르에 따라 번역 간행된 치트락샤나Das Citralakshaṇa, nach dem Tibetischen Tanjur herausgegeben und übersetzt』(라이프치히, 1913) - 에드워드 샤반

304~306 마리누스 빌렘 드 비쎄르Marinus Willem de Visser(1875~1930), 『중국과 일본의 용The Dragon in China and Japan』(암스테르담, 1913) - 에드워드 샤반

306~309 오토 프랑케Otto Franke(1863~1946), 『경직도, 중국의 농업 및 실크 생산Kêng tschi t'u 耕織圖, Ackerbau und Seidengewinnung in China』(함부르크, 1913) - 에드워드 샤반

309 기스베르 콩바즈Gisbert Combaz, 『중국 황실 사원Les temples impériaux de la Chine』(브뤼셀, 1913) - 에드워드 샤반

도서 목록 Bibliographie

310~311 신간 도서Livres Nouveaux

소식Chronique

312 프랑스

통신Correspondance

313~314 오토 프랑케Otto Franke(1863~1946)의 교정 사항

——— 제3호 (1913) ———

315~370 베르톨트 라우퍼Berthold Laufer와 폴 펠리오Paul Pelliot, 「아랍과 중국의 바다코끼리, 일각돌고래의 상아 무역Arabic and Chinese Trade in

Walrus and Narwhal Ivory」[1]

371~386   헤르베르트 뮐러Herbert Mueller, 「한나라 시기의 조각에 대하여
Beiträge zur Kenntnis der Han-Skulpturen」

387~426   레오폴드 드 쏘쉬르Léopold de Saussure(1866~1925), 「중국 천문학
의 기원Les origines de l'astronomie chinoise」[2] (G)

단편 모음Mélanges

427~428   폴 펠리오Paul Pelliot, 「"중국"이란 명칭에 대한 재고찰Encore a propos
du nom de "Chine"」

고인의 약력 또는 부고Nécrologie

429   샤를 라볼레Charles Lavollée(1823~1913) - 앙리 코르디에

도서 목록 Bibliographie

430~433   신간 도서Livres Nouveaux

소식Chronique

434   프랑스

——— 제4호 (1913) ———

435~450   바네 신부Père Vanhée, 「중국 백계술百鷄術 또는 불확정 방정식 해석

---

1   골독서骨篤犀; 해상海象; 해표海豹에 관한 연구이다.
2   『통보』, 1909, 121~182쪽(A), 255~305쪽(B); 1910, 221~292쪽(C), 457~488쪽(D), 583~648쪽(E); 1911,
347~374쪽(F)에 이어.

Les Cent Volailles ou l'Analyse indéterminée en Chine」[1] (II)

451~464 　까미유 노통Camille Notton, 「어느 홀아비가 그의 아들에게 한 훈계
Leçons d'un veuf a son fils」

465~472 　앙리 코르디에, 「18세기 국무장관 베르땡Bertin의 통신원들Les
Correspondants de Bertin, Secrétaire d'État au XVIIIe siècle」(II)[2]

473~476 　윌리엄 우드빌 록힐William Woodville Rockhill, 「14세기 중국과 인도
양 연안, 동부 열도와의 무역 관계에 관한 주석Notes on the Relations
and Trade of China with the Eastern Archipelago and the Coasts of the Indian
Ocean during the Fourteenth Century」(서문)

단편 모음Mélanges

477~483 　「{베트남} 통킹 문제에 관한 전체 내력Historique complet de la question
du Tonkin」[3]

483~485 　「안남의 조공, 1877년Tribut annamite, 1877」[4]

서평란Bulletin critique

486~487 　베르톨트 라우퍼Berthold Laufer, 『동양의 터키석에 관한 주석Notes on
Turquois in the East』(시카고, 1913) - 에드워드 샤반

487~488 　윌리엄 콘William Cohn, 「나라 시대의 조각에 대한 몇 가지 정보
Einiges über die Bildnerei der Naraperiode」(『동아시아 문자Ostasiatische
Zeilschrift』, I, 298~317쪽; II, 199~221쪽) - 에드워드 샤반

488~490 　자끄 바꼬Jacques Bacot, 『모소 사람들Les Mo-so』(1책, 파리, 1913) -

---

1 『통보』, 1913년 5월, 203~210쪽에 이어.
2 장 밥티스트 조셉 드 그라몽Jean-Baptiste-Joseph de Grammont | 甘若翰(1736~1812)의 자료들을 다루
었다.
3 이 글은 1883년 9월 상하이 『신보晨報』로부터 번역했다고 밝혔다.
4 이 글은 1877년 5월 북경 『경보京報』로부터 번역했다고 밝혔다.

에드워드 샤반

490~491   베르톨트 라우퍼Berthold Laufer, 「지문 시스템의 역사History of the finger-print System」(『스미스소니언 리포트Smithsonian Report』, 1912, 631~652쪽; 워싱턴, 1913) - 에드워드 샤반

도서 목록 Bibliographie

492   신간 도서Livres Nouveaux

질의 응답 Notes and Queries

493~495   1. 이상한 한자; 2. 청동과 '동銅' 자;[5] 3. 대수표對數表

──────── 제5호 (1913) ────────

497~536   「18세기 국무장관 베르땡Bertin의 통신원들Les Correspondants de Bertin, Secrétaire d'État au XVIIIe siècle」[6] (III)

537~568   바네 신부Père Vanhée, 「13세기의 중국 수학자 이야李冶 | Li-yé, mathématicien chinois du XIIIe siècle」

569~596   베르톨트 라우퍼Berthold Laufer, 「티베트 60갑자의 활용The Application of the Tibetan Sexagenary Cycle」[7]

597~696   요한 하인리히 뵈멜Johann Heinrich Vömel, 「객가 방언: 음운, 음절과 강세 표시Der Hakkadialekt: Lautlehre, silbenlehre und betonungslehre」

---

5   두 번째 글 마지막에는 루이 바네Louis Vanhée가 썼다고 밝히고 있다.

6   『통보』, 1913년 5월, 10월에 이어. 여기서는 조셉 드 기니Joseph de Guignes(1721~1800)의 자료를 다루고 있다.

7   이 논고는 폴 펠리오가 『아시아 저널』, 1913년 5~6월호, 633~667쪽에 발표한 「티베트 연대기에서 60 갑자Le cycle sexagénaire dans la chronologie tibétaine」를 참고하여 작성했다고 밝히고 있다.

697~781 폴 펠리오Paul Pelliot, 「프랑스 국가도서관 중국 장서 중 "펠리오 컬렉션 A"와 "B" 목록(Répertoire des "collections Pelliot A" et "B" du fonds chinois de la Bibliothèque Nationale)」

고인의 약력 또는 부고Nécrologie

783~784 오귀스트 데스고댕Auguste Desgodins(1826~1913) - 앙리 코르디에

서평란Bulletin critique

785~786 카를로 퓌니Carlo Puini(1839~1924), 『고대 중국La Vecchia Cina』(피렌체, 1913) - 모리스 쿠랑Maurice Courant

786~787 허버트 브루스 한나Herbert Bruce Hannah(1862~1930), 『티베트어 어법: 문언과 구어 {티베트어 문언, 구어 문법}A Grammar of the Tibetan Language. Literary and Colloquial』(콜카타, 1912) - 실뱅 레비Sylvain Lévi

788 알베르트 헤르만Albert Herrmann(1886~1945), 『기원 이전까지 고대 아비시니아와 중국 남부 사이의 해상 교통Ein alter Seeverkehr zwischen Abessinien und Süd-China bis zum Beginn unserer Zeitrechnung』(베를린, 1913) - 폴 펠리오

789~791 구스타프 욘 람스테트Gustaf John Ramstedt(1873~1950), 『몽골 북부의 위구르 루니문자 명문 두 편Zwei Uigurische Runeninschriften in der Nord-Mongolei』(헬싱키, 1913) - 에드워드 샤반

791~792 실뱅 레비Sylvain Lévi, 「바웨루 자타카에 관하여Autour du Bāveru-jātaka」(『고등 실용학술원 연감Annuaire de l`Ecole pratique de Hautes Etudes』, 1913~1914) - 에드워드 샤반

792~793 어니스트 프랜치스코 페놀로사Ernest Francisco Fenollosa(1853~1908), 『중국과 일본의 예술L`art en Chine et au Japon』(파리, 1913) - 에드워드 샤반

794~795   아서 에반스 모울Arthur Evans Moule, 『중국 사람들The Chinese People』 (런던, 1914) - 에드워드 샤반

795~797   『동양 언어연구소 통신, 권16Mitteilungen des Seminars für Orientalische Sprachen, Jahrgang XVI』(베를린, 1913) - 에드워드 샤반

798~799   프리드리히 히어트Friedrich Hirth, 「불름拂菻의 미스터리The Mystery of Fu-lin」(『미국 동양학회 저널Journal of the American Oriental Society』, 30권, I, 1909, 1~31쪽; 32권, II, 1913, 193~208쪽) -에드워드 샤반

도서 목록Bibliographie

800~806   신간 도서Livres Nouveaux

질의 응답Notes and Queries

807~808   베르톨트 라우퍼Berthold Laufer, 「서투르키스탄의 터키석 광산 Turquois-mines in Russian Turkistan」

808~809   레오폴드 드 쏘쉬르Léopold de Saussure(1866~1925), 「'동銅' 자에 관한 주석Note à propos du caractère 銅」

809~814   에드워드 샤반, 「한나라 시기 '부조'라고 하는 것에 관한 주석Note sur de prétendus bas-reliefs de l'époque des Han」

소식Chronique

815   영국; 프랑스

816~824   색인

—— 제1호 (1914) ——

1~110   베르톨트 라우퍼Berthold Laufer, 「티베트인의 새 점-펠리오 3530
호 자료에 관한 주석과 9세기 티베트어 음운론 연구Bird Divination
among the Tibetans-Notes on Document Pelliot No. 3530, with a Study of
Tibetan Phonology of the Ninth Century」

111~164   바네 신부Père Vanhée, 「중국 『백부당산학총서白芙堂算學叢書 |
Bibliotheca mathematica sinensis Pé-fou』」[1]

고인의 약력 또는 부고Nécrologie

165~166   프랭크 허링 찰판트Frank Herring Chalfant(1862~1914) - 베르톨트
라우퍼Berthold Laufer

서평란Bulletin critique

167~171   로렌스 비년Laurence Binyon(1869~1943), 『고개지顧愷之가 그린 여
사잠도女史箴圖 | Admonitions of the Instructress in the Palace. A Painting by
Ku K'ai-chih』(런던, 1912) - 에드워드 샤반

---

1   『백부당산학총서白芙堂算學叢書』는 정취충丁取忠(1810~1877) 22종(판본마다 다름)의 산술 관련 책을 수
집하여 편집, 간행한 총서로, 동치同治 13년(1874)에 간행본이 가장 빠른 것으로 보인다. 바네 신부는 광
서光緖 병신년丙申年(1896) 석인본을 활용했다.

171~176   에드워드 샤반Edouard Chavannes, 『아우렐 슈타인이 발견한 중국 문헌Documents chinois découverts par Aurel Stein』(옥스퍼드, {1913}) – 에드워드 하퍼 파커Edward Harper Parker

도서 목록 Bibliographie
177~180   신간 도서Livres Nouveaux

질의 응답 Notes and Queries
181~192   4. 「'사四' 자 즉 입구에 '팔'Le chiffre quatre, ou "8 dans la bouche"」; 5. 「'이신貳臣'의 의미Le sens de 貳臣」; 6. 「중국에서 '영'Le zéro en Chine」; 7. 「중국 호수의 진주Les perles dans les lacs chinois」; 8. 「중국어의 구두Ponctuation chinoise」; 9. 「부傅, 전傳, 보輔 세 글자Les trois caractères 傅, 傳 et 輔」; 10. 「산술가 고영固霙 | Le mathématicien Kouling」; 11. 「산스크리트어 숫자Chiffres sanscrits」; 12. 「천자문의 별본Edition spéciale du 千字文」; 13. 「이상한 수열Progressions curieuses」; 14. 「투박한 잔에 새겨진 글Inscription sur coupe rustique」 – 루이 바네Louis Vanhée

─────── 제2호 (1914) ───────

193~202   에두아르 샤반Edouard Chavannes, 「누기婁機와 그의 가족Leou Ki 婁機 et sa famille」[2]
203~213   앙뜨완 브레비옹Antoine Brébion(1857~1917), 「극동에서의 프랑스

---

[2] 누기婁機(1133~1211), 가흥부嘉興府(절강 가흥) 출신으로 남송南宋 시기 대신大臣이자 소학小學과 사학史學에 이름을 낸 문신 학자이다.

박물학자 디아르Diard, naturaliste français dans l'Extrême-Orient」[1]

214~224 장 프르질루스키Jean Przyluski(1885~1944), 「남중국에서 뜨는 침과 거미로 치는 점La divination par l'aiguille flottante et par l'araignée dans la Chine méridionale」

225~272 폴 펠리오Paul Pelliot, 「칼야남카라(선)와 파팜카라(악) 왕자 이야기의 위구르어 본La version ouigoure de l'histoire des princes Kalyāṇaṃkara et Pāpaṃkara」

273~277 에르빈 리터 폰 차흐Erwin Ritter von Zach, 「만주어 도서 목록 참고 사항Notizen zur Mandschurischen Bibliographie」

단편 모음Mélanges

278~279 베르톨트 라우퍼Berthold Laufer, 「60갑자에 대한 재고찰The Sexagenary Cycle Once More」

고인의 약력 또는 부고Nécrologie

280~281 제롤라모 에밀리오 제리니Gerolamo Emilio Gerini(1860~1913) - 앙리 코르디에

282 에두아르 위베Edouard Huber(1879~1914) - 에드워드 샤반

서평란Bulletin critique

283~285 모리스 쿠랑Maurice Courant, 『중국 구어, 북방 관화 문법La langue chinoise parlée, Grammaire du Kwan-hwa septentrional』(파리, 리옹, 1914) - 베른하르드 칼그렌Bernhard Karlgren(1889~1978)

286~287 오토 프랑케Otto Franke(1863~1946)와 베르톨트 라우퍼Berthold

---

1 피에르 메다르 디아르Pierre-Médard Diard(1794~1863)는 프랑스 자연학자이자 탐험가로, 1816년 동인도를 탐사 여행했다.

Laufer, 『중국 비문, 제1부: 북경, 열하, 서안의 라마사원 비문 Epigraphische Denkmäler aus China. Erster Teil: Lamaistische Klosterinschriften aus Peking, Jehol und Si-ngan』(베를린, 1914) - 에드워드 샤반

287~290 레옹 위제Léon Wieger(1856~1933), 『중국의 부처 전기Les vies chinoises du Buddha』({허젠푸, 1913}) - 에드워드 샤반

290~291 테이타로 쑤주키Teitaro Suzuki(1870~1966), 『간략한 초기 중국 철학사A Brief History of Early Chinese Philosophy』(런던, 1914) - 에드워드 샤반

291~297 에루아르트 에르케스(1891~1958), 「고대 중국의 선조들과 불교의 조각상들Ahnenbilder und buddhistische Skulpturen aus Altchina」(『라이프치이 민족학 박물관 연감Jahrbuch des Museums für Völkerkunde zu Leipzig』, V, 1913, 26~32쪽) - 에드워드 샤반

298 샤롯 마리아 살위이Charlotte Maria Salwey, 『일본의 섬과 의존성The Island Dependencies of Japan』(런던, 1913) - 에드워드 샤반

298~299 에드먼드 백하우스Edmund Backhouse(1873~1944)와 존 오트웨이 퍼시 블랜드John Otway Percy Bland(1863~1945), 『북경 궁정 기록 Annals and Memoirs of the Court of Peking』[2](런던, 1914) - 앙리 코르디에

300~301 찰스 제임스 볼Charles James Ball(1851~1924), 『중국어와 수메르어 Chinese and Sumerian』(런던, 1913) - 앙리 코르디에

301~303 아돌프 피셔Adolf Fischer, 『쾰른시 동아시아 예술박물관의 대중 안내서Kleiner populärer Führer durch das Museum für Ostasiatische Kunst der Stadt Cöln』(쾰른, 1913) - 조셉 아캥Joseph Hackin(1886~1941)

---

2 이 책은 『청실외기清室外紀』란 서명으로 1928년 번역 출간되었다.

도서 목록 Bibliographie

304~305 　신간 도서Livres Nouveaux

통신Correspondance

306 　라이오넬 자일스Lionel Giles가 1914년 5월 26일 『통보』 편집자에
　　　게 보내는 서신

——— 제3호 (1914) ———

307~338 　「18세기 국무장관 베르땡Bertin의 통신원들Les Correspondants de
　　　Bertin, Secrétaire d'État au XVIIIe siècle」 (IV)

339~381 　마티외G. Mathieu, 「음악 시스템Le système musical」 (I)

382~390 　피에르 르페브르 퐁탈리스Pierre Lefèvre-Pontalis(1864~1938), 「문단
　　　文單에 관하여Wen tan」

391~404 　레오나르 오루쏘Léonard Aurousseau(1888~1929), 「실뱅 레비의 논
　　　문: "쿠차 언어인 '토하라 B어'에 관하여A propos de l'article de Sylvain
　　　Lévi: Le "Tokharien B", langue de Koutcha」[2]

405~418 　베르톨트 라우퍼Berthold Laufer, 「오도릭 드 포르데논이 티베트에
　　　간 적이 있는가?Was Odoric of Pordenone ever in Tibet?」

419~447 　윌리엄 우드빌 록힐William Woodville Rockhill, 「14세기 중국과 인도
　　　양 연안, 동부 열도와의 무역 관계에 관한 주석Notes on the Relations
　　　and Trade of China with the Eastern Archipelago and the Coasts of the Indian

---

1 『통보』, 1913년 5월, 10월 12월에 이어. 여기서는 피에르 퐈브르Pierre Poivre(1719~1786)의 자료들을 다
　루었다.
2 실뱅 레비Sylvain Lévi의 논문은 『아시아 저널Journal Asiatique』, 1913, II, 311~380쪽에 실려있다고 밝혔다.

Ocean during the Fourteenth Century」(I)

448~453 폴 펠리오Paul Pelliot, 「오도릭 드 포르데논에게 보이는 와인의 튀르크어 명칭Le nom turc du vin dans Odoric de Pordenone」

단편 모음Mélanges

454~457 루이 바네Louis Vanhée, 「중국에서 대수對數의 첫 언급Première mention des logarithmes en Chine」

서평란Bulletin critique

458~459 이사벨 마씨우Isabelle Massieu(1844~1932), 『네팔과 히말라야 인들의 나라Népal et Pays himalayens』(파리, 1914) - 앙리 코르디에

도서 목록Bibliographie

460~462 신간 도서Livres Nouveaux

질의 응답Notes and Queries

463~464 에두아르 샤반의 『아우렐 슈타인이 발견한 중국 문헌Documents chinois découverts par Aurel Stein』에 관하여 『아시아 저널Journal Asiatique』, 1914년 1월(217쪽)에서 폴 펠리오가 제기한 '기원전 62년의 역법'에 관한 의문 제기에 대해 레오폴드 드 쏘쉬르Léopold de Saussure(1866~1925)의 풀이.

소식Chronique

465~468 프랑스

──── 제4호 (1914) ────

469~500 에두아르 샤반Edouard Chavannes, 「칼야남카카라{선}과 파팜카라
{악}의 불교 이야기 한문본Une version chinoise du conte bouddhique de
Kalyânamkara et Pâpamkara」

501~530 루이 랄로이Louis Laloy(1874~1944), 「『회남자』와 음악Hoaî-nân Tzè
et la musique」

531~550 고쉐L. Gauchet, 「중국 고대 학자들의 제곱근 추출에 대한 개괄
과 『구장산술』의 몇 가지 문제에 관한 기술Note sur la généralisation
de l'extraction de la racine carrée chez les anciens auteurs chinois et quelques
problèmes du 九章算術」

고인의 약력 또는 부고Nécrologie

551~553 팔미르 윌데릭 알렉스 코르디에Palmyr Ulděric Alexis Cordier
(1871~1914) – 에드워드 샤반

553 레옹 드 로스니Léon de Rosny(1837~1914) – 앙리 코르디에

553 앙리 메트르Henri Maitre(1883~1914) – 앙리 코르디에

553~554 크리스토퍼 토마스 가드너Christopher Thomas Gardner(1842~1914)
– 앙리 코르디에

도서 목록 Bibliographie

460~462 신간 도서Livres Nouveaux

──── 제5호 (1914) ────

697~703 폴 마쏭 우르셀Paul Masson‑Oursel(1882~1956)과 주쟈젠朱家煡, 「윤
         문자尹文子 | Yin Wen‑tseu」

623~644 폴 펠리오Paul Pelliot, 「중앙아시아와 극동의 기독교도Chrétiens d'Asie
         centrale et d'Extrême‑Orient」

645~696 레오폴드 드 쏘쉬르Léopold de Saussure(1866~1925), 「중국 천문학
         의 기원Les origines de l'astronomie chinoise」[1] (H)

697~703 색인

1 「통보」, 1909, 121~182쪽(A), 255~305쪽(B), 1910, 221~292쪽(C), 457~488(D), 583~648(E), 1911,
   347~374(F), 1913, 387~426쪽(G)에 이어.

신 『통보』
제16책 (1915)

——— 제1호 (1915) ———

1~26   폴 펠리오Paul Pelliot, 「몇몇 티베트 이름의 중국어 음역Quelques transcriptions chinoises de noms tibétains」

27~60   「18세기 국무장관 베르땡Bertin의 통신원들Les Correspondants de Bertin, Secrétaire d'État au XVIIIe siècle」[1] (V)

61~159 윌리엄 우드빌 록힐William Woodville Rockhill, 「14세기 중국과 인도 양 연안, 동부 열도와의 무역 관계에 관한 주석Notes on the Relations and Trade of China with the Eastern Archipelago and the Coasts of the Indian Ocean during the Fourteenth Century」(II-1)

고인의 약력 또는 부고Nécrologie

160~164 윌리엄 우드빌 록힐William Woodville Rockhill(1854~1914) - 앙리 코르디에

165   토마스 론디스 블록Thomas Lowndes Bullock(1845~1915) - 앙리 코르디에

---

1 『통보』, 1913년 5월, 10월, 12월, 1914년 7월에 이어. 여기서는 제임스 허튼James Hutton(1726~1797)의 자료를 다루었다.

도서 목록 Bibliographie

166~167   신간 도서Livres Nouveaux

소식Chronique

168   영국; 프랑스

─────── 제2호 (1915) ───────

169~228   베르톨트 라우퍼Berthold Laufer, 「광학렌즈Optical Lenses」[2]
229~235   「18세기 국무장관 베르땡Bertin의 통신원들Les Correspondants de
           Bertin, Secrétaire d'État au XVIIIe siècle」[3] (VI)
236~271   윌리엄 우드빌 록힐William Woodville Rockhill, 「14세기 중국과 인도
           양 연안, 동부 열도와의 무역 관계에 관한 주석Notes on the Relations
           and Trade of China with the Eastern Archipelago and the Coasts of the Indian
           Ocean during the Fourteenth Century」 (II-2)

단편 모음Mélanges

272~281   「토하라어의 사소한 세 가지Three Tokharian Bagatelles」, 1. 토하라 A어
           에서 중국 차용어; 2. 중국어에서 토하라어 차용어; 3. '투만Tuman'
           - 베르톨트 라우퍼Berthold Laufer
282~288   「비당가와 큐베브Viḍaṅga and Cubebs」[4] - 베르톨트 라우퍼Berthold

---

2   I. 중국과 인도의 버닝-렌즈I. Burning-Lenses in China and India.
3   「통보」 1913년 5월, 10월, 12월, 1914년 7월, 1915년 3월에 이어. 여기서는 앙뜨완 꾸르 드 제블랭
      Antoine Court de Gébelin(1719~1784)의 자료를 다루었다.
4   후추와 관련된 용어로 여기서는 '필징가蓽澄茄'의 어원을 다루고 있다.

Laufer

고인의 약력 또는 부고Nécrologie

289~290 윌리엄 우드빌 록힐William Woodville Rockhill(1854~1914) – 베르톨 트 라우퍼Berthold Laufer

290~291 존 로스John Ross(1842~1915) – 앙리 코르디에

291 조르주 마리 레옹 드마쉬르Georges-Marie-Léon Demasur(1887~1915) – 앙리 코르디에

도서 목록Bibliographie

292~295 신간 도서Livres Nouveaux

소식Chronique

296~298 1915년 5월 13일 『땅Temps』에 실린 '중일 협약' 내용을 다시 실음.

──── 제3호 (1915) ────

299~373 베르톨트 라우퍼Berthold Laufer, 「석면과 도룡뇽, 중국과 헬레니즘 민간 전설에 대한 소론Asbestos and Salamander, an Essay in Chinese and Hellenistic Folk-Lore」

374~392 윌리엄 우드빌 록힐William Woodville Rockhill, 「14세기 중국과 인도 양 연안, 동부 열도와의 무역 관계에 관한 주석Notes on the Relations and Trade of China with the Eastern Archipelago and the Coasts of the Indian Ocean during the Fourteenth Century」(Ⅲ)

393~419   아서 크리스토퍼 모울Arthur Christopher Moule, 「항주杭州에서 상도上都까지, 1276년Hang-chou to Shang-tu, A.D. 1276」[1]

단편 모음Mélanges

420~424   베르톨트 라우퍼Berthold Laufer, 「티베트 이름의 중국어 음역Chinese Transcriptions of Tibetan Names」

고인의 약력 또는 부고Nécrologie

425   프레데릭 빅터 딕킨스Frederick Victor Dickins(1838~1915) – 앙리 코르디에

서평란Bulletin critique

426~431   레슬리 워터필드 셰익스피어Leslie Waterfield Shakespear(1860~1933), 『상부 아쌈, 상부 버마, 동북 변경의 역사History of Upper Assam, Upper Burmah and North-Eastern Frontier』(런던, 1914) – 앙리 코르디에

도서 목록Bibliographie

432~433   신간 도서Livres Nouveaux

소식Chronique

434   미국

---

1   이 글은 원나라 유일청劉一淸의 『전당유서錢塘遺事』에 나오는 엄광대嚴光大의 여정 기록인 「기청사행정기祈請使行程記」를 발췌하여 소개한 자료이다. 여기의 상도上都는 개평開平을 말한다.

——— 제4호 (1915) ———

435~467 윌리엄 우드빌 록힐William Woodville Rockhill, 「14세기 중국과 인도
양 연안, 동부 열도와의 무역 관계에 관한 주석Notes on the Relations
and Trade of China with the Eastern Archipelago and the Coasts of the Indian
Ocean during the Fourteenth Century」(IV)

468~488 라이오넬 자일스Lionel Giles, 「둔황의 호구조사A Census of Tun-huang」

489~514 마티외G. Mathieu, 「음악 시스템Le système musical」[1] (II)

515~561 앙리 코르디에, 「지리와 역사 모음집: 고빌 신부의 미간행 필사 원
고Mélanges géographiques et historiques: Manuscrit inédit du Père A. Gaubil S.J.」[2]

단편 모음Mélanges

562~563 「인도의 버닝-렌즈Burning-Lenses in India」[3] - 베르톨트 라우퍼
Berthold Laufer

서평란Bulletin critique

564~565 르리에브르A.-E. Lelièvre와 끌루께르Ch.-A. Clouqueur, 『따까오의 파
고다Pagode de Dakao』(사이공, 1914) - 앙리 코르디에

565~570 베른하르드 칼그렌Bernhard Karlgren, 『중국어 음운론 연구Etudes sur la
Phonologie chinoise』(제1책, 라이덴, 스톡홀름, 1915; 제2책, 웁살라,
1916) - 제르맹R. Germain

---

1 『통보』, XV, 339쪽에서 처음 연재했다. 주석에는 지난 논문의 교정을 붙였다. 여기서는 리듬을 다루었다.

2 안토니오 고빌Antonio Gaubil | 宋君榮(1680-1759) 신부.

3 위의 216~223쪽에 실린 논문과 비교하여 보시오.

도서 목록 Bibliographie

571~573   신간 도서Livres Nouveaux

─────── 제5호 (1915) ───────

575~603   앙리 코르디에, 「중국인의 원류, 외부인 설Origine des Chinois. Théories
          étrangères」[4]

604~626   윌리엄 우드빌 록힐William Woodville Rockhill, 「14세기 중국과 인도
          양 연안, 동부 열도와의 무역 관계에 관한 주석Notes on the Relations
          and Trade of China with the Eastern Archipelago and the Coasts of the Indian
          Ocean during the Fourteenth Century」(V)

627~686   아서 크리스토퍼 모울Arthur Christopher Moule과 라이오넬 자일스
          Lionel Giles, 「진강부鎭江府의 기독교도Christians at Chên-Chiang Fu」

단편 모음Mélanges

687~689   「튀르크의 한자 명칭인 돌궐突厥의 어원L'origine de T'ou-kiue, nom
          chinois des Turcs」- 폴 펠리오

690~691   「대진의 다른 명칭, 여건黎鞬 | Li-kien, autre nom du Ta-ts'in {Orient
          méditerraneen}」- 폴 펠리오

고인의 약력 또는 부고Nécrologie

692   앙드레 르끌레르André Leclère(1858~1915) - 앙리 코르디에

---

4   「중국사 개설Histoire Générale de la Chine」(파리, 1915)의 제1장이다.

신『통보』
제17책 (1916)

──── 제1호 (1916) ────

「『진강부鎭江府의 기독교도Christians at Chên-Chiang Fu』교정 사항」
1~126   베르톨트 라우퍼Berthold Laufer,「서하西夏 언어: 인도-중국 문헌학
연구The Si-hia Language, a Study in Indo-Chinese Philology」

고인의 약력 또는 부고Nécrologie
127   장 콩메유Jean Commaille(1868~1916) - 앙리 코르디에

도서 목록 Bibliographie
127~128   신간 도서Livres Nouveaux

──── 제2호 (1916) ────

129~264   에두아르 샤반Edouard Chavannes,「오월 왕국Le royaume de Wou 吳 et de
Yue 越」

고인의 약력 또는 부고Nécrologie
265~267   로베르 고띠오Robert Gauthiot(1876~1916) - 앙리 코르디에

도서 목록 Bibliographie

268~269   신간 도서Livres Nouveaux

소식Chronique

270   프랑스

———— 제3호 (1916) ————

271~347   앙리 코르디에, 「예수회의 폐지와 북경 선교단La suppression de la Compagnie de Jésus et la mission de Peking」

348~389   베르톨트 라우퍼Berthold Laufer, 「바다코끼리 상아와 일각돌고래 이빨에 대한 보충 설명Supplementary Notes on Walrus and Narwhal Ivory」

단편 모음Mélanges

390   「사조국斯調國」¹ - 베르톨트 라우퍼Berthold Laufer

고인의 약력 또는 부고Nécrologie

391~393   라파엘 페트루치Raphaël Petrucci(1872~1917) - 에드워드 샤반

393   경밀친왕慶密親王 혁광奕劻(1838~1917) - 앙리 코르디에

394~395   앙뜨완 브레비옹Antoine Brébion(1857~1917) - 앙리 코르디에

395~398   피에르 레미 봉 당티Pierre-Rémi Bons d'Anty(1859~1916) - 앙리 코르디에

396   아데마르 르끌레르Adhémard Leclère(1853~1917) - 앙리 코르디에

---

1 『통보』, 1915, 351, 373쪽을 참고하시오.

도서 목록 Bibliographie

399~401   신간 도서Livres Nouveaux

소식Chronique

402   영국; 프랑스

——— 제4호 (1916) ———

403~552   베르톨트 라우퍼Berthold Laufer, 「티베트어의 차용어Loan-Words in Tibetan」

단편 모음Mélanges

553~554   「『중용中庸』에 관한 미공개 라틴어 번역문Sur une traduction latine inédite du "Tchoung Young"」 - 앙리 코르디에

고인의 약력 또는 부고Nécrologie

555   요한 헨드릭 카스파르 케른Johan Hendrik Caspar Kern (1833~1917) - 앙리 코르디에
556   조지 맥도널드 홈 플레이페어George Macdonald Home Playfair (1850~1917) - 앙리 코르디에

도서 목록 Bibliographie

557~559   신간 도서Livres Nouveaux

1　『통보』, 1916년 7월에 이어.

신『통보』
제18책 (1917)

──── 제1~2호 (1917) ────

1~30   베르톨트 라우퍼Berthold Laufer, 「망드라고르La Mandragore」[1]

31~48   마티외G. Mathieu, 「음악 시스템Le système musical」[2] (III)

49~113   앙리 코르디에, 「몽골 시기 중국과 중앙아시아의 기독교Le Christianisme en Chine et en Asie Centrale sous les Mongols」

고인의 약력 또는 부고Nécrologie

114~147   에두아르 샤반Édouard Chavannes(1865년 10월 5일~1918년 1월 29일) - 앙리 코르디에

147   아리스티드 마레Aristide Marre(1823~1918) - 앙리 코르디에

도서 목록Bibliographie

148~149   신간 도서Livres Nouveaux

소식Chronique

150   프랑스; 시암

---

1   망드라고르, 영어의 맨드레이크mandrake로, 만드라고라Mandragora 속의 뿌리 식물이다. 마취 효과가 있는 이 뿌리 식물은 주밀周密의 『계신잡식癸辛雜識』에 '압부로押不廬'라는 명칭으로 처음 보인다.

2   『통보』, 1914년 7월, 338; 1915년 10월, 489쪽에 이어.

151~174   고쉐L. Gauchet, 「곽수경郭守敬({1231~1316})의 구면球面 삼각법에
           관한 설명Note sur la trigonométrie sphérique de Kouo Cheou-king」

175~234   앙리 코르디에, 「극동에서 영국인들의 초창기Le début des Anglais dans
           l'Extrême-Orient」

서평란Bulletin critique

235~237   베르톨트 라우퍼Berthold Laufer, I. 「아이누 사람들의 숫자 20진법
           과 10진법 시스템, 아이누어 음운론The Vigesimal and Decimal Systems
           in the Ainu Numerals with Some Remarks on Ainu Phonology」(『미국 동양학
           회 저널Journal of the American Oriental Society』, 37, 1917, 192~208쪽,
           재인쇄); II. 「티베트 문자의 기원Origin of Tibetan Writing」(『미국 동
           양학회 저널Journal of the American Oriental Society』, 38, 1918, 34~46
           쪽, 재인쇄); III. 『인도-중국인의 토템 흔적Totemic Traces among the
           Indo-Chinese』(『미국 민속학 저널The Journal of American Folk-Lore』, 30
           책, 1917년 10~12월호에서 재인쇄); IV. 『월지 또는 인도-스키
           타이인의 언어The Language of the Yüe-chi or Indo-Scythians』(시카고,
           1917); V. 「순록과 그 가축화The Reindeer and Its Domestication」(『미국
           인류학협회 논문집Memoirs of the American Anthropological Association』,
           4-2, 1917, 91~147쪽, 재인쇄); VI. 「샤먼이라는 단어의 기원Origin
           of the Word Shaman」(『미국 인류학American Anthropologist』, 1917년 7월
           ~9월 제3호에서 재인쇄) - 앙리 코르디에

고인의 약력 또는 부고Nécrologie

238   엠마누엘 트롱콰스Emmanuel Tronquois(1855~1918) - 앙리 코르
           디에

238~239   아서 에반스 모울Arthur Evans Moule │慕阿德(1836~1918) ‑ 앙리 코
           르디에

239~240   마르셀 모니에Marcel Monnier(1848~1918) ‑ 앙리 코르디에

240~241   테오필 피리Théophile Piry │帛黎(1850~1918) ‑ 앙리 코르디에

통신Correspondance

242~243   후 웨이 더Hoo Wei-teh가 1918년 2월 4일 중국 대표부에 보낸 서
           신과 1918년 4월 19일 푸T. S. Fou가 교육부 장관에게 보내는 편지

도서 목록 Bibliographie

244~245   신간 도서Livres Nouveaux

소식Chronique

246   프랑스

─────── 제4~5호 (1917) ───────

247~294   파스칼 델리아Pascal M. D'Elia, 「'젊은 중국'의 스승: 량치차오Un
           maître de la jeune Chine: Liang K'i-tch'ao」

295~379   「18세기 국무장관 베르땡Bertin의 통신원들Les Correspondants de
           Bertin, Secrétaire d'État au XVIIIe siècle」[1] (VII)

---

1   『통보』, 1913년 10월과 12월; 1914년 7월; 1915년 3월과 5월에 이어. 여기서는 미셸 베누아Michel
    Benoist(1715~1774)와 프랑수아 부르주아François Bourgeois(1723~1792)의 자료를 다루었다.

신 『통보』
제19책 (1920)*

—— 제1호 (1920) ——

1~40   파브르 함장Commandant Favre, 「중국의 "결의형제"회Les sociétés de "frères jurés" en Chine」

41~49   마티외G. Mathieu, 「음악 시스템Le système musical」¹ (IV)

고인의 약력 또는 부고Nécrologie

50   피에르 쥘 실베스트르Pierre-Jules Silvestre(1841~1918) – 앙리 코르디에

51   티모시 리처드Timothy Richard | 李提摩太(1845~1919) – 앙리 코르디에

51~52   앙리 르뒄Henri Leduc(1863~1919) – 앙리 코르디에

52   빅토르 세갈렌Victor Segalen(1878~1919) – 앙리 코르디에

서평란Bulletin critique

53   조르주 마스페로Georges Maspero(1872~1942), 『중국La Chine』(파리, 1918) – 앙리 코르디에

---

* 연도순으로 볼 때, 1918~1919년도가 되어야 한다. 출간 연도는 1920년이다. 다음 호 즉 제20책에서는 '1918~1919'의 『통보』라고 지칭하고 있다.

1 『통보』, 1914년 7월, 399쪽; 1915년 10월, 489쪽; 1917년 3월과 5월, 31쪽을 보시오.

53 조셉 도트르메Joseph Dautremer(1860~1946), 『우리의 우방 일본, 역사 개요, 과거, 변혁, 현재Chez nos alliés Japonais, Esquisse historique, Passé, Evolution, Présent』(파리, 1918) - 앙리 코르디에

54 조셉 도트르메Joseph Dautremer(1860~1946), 『한자를 넣은 일본어-프랑스어 사전Dictionnaire japonais-français des caractères chinois comprenant』[1] (파리, 1919) - 앙리 코르디에

도서 목록 Bibliographie

55~57 신간 도서Livres Nouveaux

소식Chronique

58 프랑스; 네덜란드; 스웨덴

———— 제2호 (1920) ————

59~103 앙리 코르디에, 「프랑스 혁명과 제국 시대의 중국 연구Les études chinoises sous la Révolution et l'Empire」

104~121 베른하르드 칼그렌Bernhard Karlgren, 「불교 서적의 음차에서 보이는 한자의 고대 발음Prononciation ancienne de caractères chinois figurant dans les transcriptions bouddhiques」

서평란Bulletin critique

122 빈센트 아서 스미스Vincent Arthur Smith(1843~1920), 『옥스퍼드

---

1 이 사전은 1. 한자의 일본어 발음la prononciation japonaise du chinois; 2. 한자의 다른 일본어 독법les différentes lectures japonaises des caractères; 3. 프랑스어 번역la traduction française으로 구성되었다.

인도사: 상고부터 1911년 말까지The Oxford History of India from the Earliest Times to the End of 1911』(옥스포드, 1919) - 앙리 코르디에

도서 목록 Bibliographie

123~126   신간 도서Livres Nouveaux

──── 제4호 (1920) ────

127~243   앙리 코르디에, 「18세기 앰덴의 프러시안 회사La Compagnie Prussienne d'Embden au XVIIIe siècle」[2]

서평란Bulletin critique

244~246   샤를 마이봉Charles B. Maybon(1872~1926), 『안남국의 근대사, 1592~1820Histoire moderne du Pays d'Annam, 1592~1820』[3](파리, 1919) - 앙리 코르디에

질의 응답 Notes and Queries

247~248   「거북과 뱀La Tortue et le Serpent」 - 레오폴드 드 쏘쉬르Léopold de Saussure(1866~1925)

---

2   엠더 동아시아 무역 회사Emder East Asian Trading Company는 1751년 프리드리히 대왕에 의해 황실 프러시아 아시아 회사Royal Prussian Asiatic Company라는 명칭으로 엠덴의 동쪽 프리즈 시에서 설립되어, 엠덴—광저우—중국 무역을 담당했다. 1765년에 해산되었다.
3   파리대학 박사학위논문.

도서 목록 Bibliographie

249~252   신간 도서Livres Nouveaux

고인의 약력 또는 부고Nécrologie

253   헨리 랜스델Henry Lansdell(1841~1919) - 앙리 코르디에

253~254   세라핀 꾸브레Séraphin Couvreur | 顧賽芬(1835~1919) - 앙리 코르
          디에

소식Chronique

254   프랑스

─────── 제5호 (1920) ───────

255~433   폴 펠리오Paul Pelliot, 「모자이혹론牟子理惑論 | Meou-tseu ou les doutes
          levés」[1]

고인의 약력 또는 부고Nécrologie

434   클레멘트 프란시스 로밀리 알렌Clement Francis Romilly Allen
          (1844~1920) - 앙리 코르디에

434   앙리 마끄Henri Maquet | 馬澤軒(1843~1919) - 앙리 코르디에

---

1   「모자이혹론牟子理惑論」, 또는 「이혹론理惑論」, 또는 「모씨이혹론牟氏理惑論」, 또는 「모자牟子」는 중국 최초
    의 불교 이론서이다. 동한東漢 시기 모자牟子가 지었다고 한다.

신 『통보』
제20책 (1921)*

——— 제1호 (1921) ———

1~18   폴 펠리오Paul Pelliot, 「마테오 리치 시기 중국에서의 유럽 판화와
그림La peinture et la gravure européennes en Chine au temps de Mathieu Ricci」

19~31   레오폴드 드 쏘쉬르Léopold de Saussure(1866~1925), 「목왕(穆王)의
여행과 에드워드 샤반의 가설Le voyage de Mou Wang et l'hypothèse d'Ed.
Chavannes」

32~39   폴 펠리오Paul Pelliot, 「마테오 리치에게 정보를 제공한 유대인 응아
이Ngai | Le juif Ngai, informateur du P. Mathieu Ricci」

40~50   마티외G. Mathieu, 「음악 시스템Le système musical」[1] (V)

51~60   루이 바네Louis Vanhée, 「유휘劉徽의 『해도산경海島算經』Le Hai-tao
Souan-king de Lieou」

서평란Bulletin critique

61~68   알프레드 샤퓌Alfred Chapuis(1880~1958), 『'중국'식 시계La montre
"chinoise"』(뇌샤텔, 1919) - 폴 펠리오

---

*   1920년 간행한 제19책이 '1918~1919' 연도로 불렸기 때문에, 이 제20책도 '1920~1921' 연도로 불렸
다. 간행 연도는 1921년이다.

1   『통보』, 1918~1919년 3월 41쪽에 이어.

도서 목록 Bibliographie

69~70   신간 도서Livres Nouveaux

고인의 약력 또는 부고Nécrologie

71   레옹 투르나드Léon Tournade(1850~1920) - 앙리 코르디에

71   조지 어니스트 모리슨George Ernest Morrison(1862~1920) - 앙리 코
            르디에

소식Chronique

72   프랑스; 영국

—— 제2호 (1921) ——

73~85   폴 펠리오Paul Pelliot, 「중국 자료에서 샴발라와 관련된 기록Quelques
            transcriptions apparentées à Çambhala dans les textes chinois」

86~116   레오폴드 드 쏘쉬르Léopold de Saussure(1866~1925), 「중국 천문학
            의 기원Les origines de l'astronomie chinoise」[2] (I)

117~129   장 프랑수아 리슈네Jean-François Richenet(1759~1836), 「중국, 특히
            북경에 있는 라자리스트들의 선교에 관한 기술Note sur la mission des
            Lazaristes en Chine, spécialement a Pékin」[3]

---

2   「통보」, 1909, 121~182쪽(A), 255~305쪽(B), 1910, 221~292쪽(C), 457~488쪽(D), 583~648쪽(E), 1911,
    347~374쪽(F), 1913, 387~426쪽(G); 1914, 645~696쪽(H)에 이어.

3   라자리스트회Congrégation de Mission | 遣使會는 중국에 들어온 천주교 4대 수도회(예수회, 프란치스코회,
    도미니코회, 라자리스트회) 중 하나이다. 1625년 파리에서 성립되었으며, 1633년 1월12일 교황 우르비
    노 8세의 비준을 받았다. 1699년 중국에 들어왔으며, 북경 외에도 하북, 몽골, 하남, 절강 등지에서 선교
    활동을 펼쳤다.

130~141   아우럴 스타인Aurel Stein, 「중국 고대 실크 무역의 중앙아시아 유적
Central-Asian Relics of China's Ancient Silk Trade」

서평란Bulletin critique

142~156   뤄전위羅振玉, 『(고경도록古鏡圖錄) 고대 청동거울에 그려진 삽화
앨범』Kou king t'ou lou Album illustré d'anciens miroirs métalliques(1916);
토미오카 켄조富岡謙藏, 『고대 청동거울 연구古鏡の研究 | Kokei no
kenkyū | Recherches sur les anciens miroirs métalliques』(교토, 1920) - 폴 펠
리오

156~157   판두랑가 피쉬를란카르Panduranga S. S. Pissurlancar, 『인도 고대인들
이 발견한 아메리카대륙에 관한 연구Recherches sur la découverte de
l'Amérique par les anciens hommes de l'Inde』(생켈림-고아, 1920) - 폴
펠리오

157~163   에밀 오블라끄Émile Hovelaque(1865~1936), 『극동 사람들: 중국Les
peuples d'Extréme-Orient. La Chine』(파리, 1920) - 폴 펠리오

도서 목록 Bibliographie

164~168   신간 도서Livres Nouveaux
169~181   정기 간행물Publications périodiques

소식Chronique

182   중국

——— 제3~4호 (1921) ———

183~274 폴 펠리오Paul Pelliot, 「"중국 황제의 원정들"Les "Conquêtes de
l'Empereur de la Chine"」

275~290 아서 크리스토퍼 모울Arthur Christopher Moule, 「오도릭 드 포르데논
의 생애A Life of Odoric of Pordenone」

서평란Bulletin critique

291 평화황(黃鳳華), 『중국의 공공부채Public Debts in China』(뉴욕, 1919)
– 앙리 코르디에

291~292 충 수- 시Chong Su-see, 『중국의 대외무역The Foreign Trade of China』(뉴
욕, 1919) – 앙리 코르디에

292~293 스경청Sih-Gung Cheng | 程錫庚, 『현대 중국: 정치 연구Modern China a
Political Study』(옥스퍼드, 1919) – 앙리 코르디에

293 『좌강(左江), 통킹, 용주(龍州)와 남녕(南寧) 간의 수로 운수 상황
The Tsokiang: Or Water Transport Conditions between Tonkin, Lungchow, and
Nanning』(상하이, 1920) – 앙리 코르디에

294~295 루이 피노Louis Finot, 『광명으로의 걸음La Marche à la Lumière』(파리,
1920) – 폴 펠리오

295~296 (레옹 위제Léon Wieger), 『중국 통사: 소개, 생애 색인, 도서 목록 색
인La Chine à travers les Ages hommes et choses, Précis, Index biographique,
Index bibliographique』(1919) – 앙리 코르디에

도서 목록 Bibliographie

297~298 신간 도서Livres Nouveaux

고인의 약력 또는 부고Nécrologie

299   프랑수아 쥘 아르망François-Jules Harmand(1845~1921) - 앙리 코르
        디에

소식Chronique

300   프랑스

─────── 제5호 (1921) ───────

301~322 아서 크리스토퍼 모울Arthur Christopher Moule, 「오도릭의 도서 목록
         연구에 대한 소고A Small Contribution to the Study of the Bibliography of
         Odoric」

323~331 폴 펠리오Paul Pelliot, 「토욕혼(土谷渾)과 쑤피(蘇毗)에 대하여Note sur
         les Tou-yu-houen et les Sou-p'i」

332~354 아우럴 스타인Aurel Stein, 「630년 현장玄奘의 사막 횡단La traversée du
         désert par Hiuan-tsang en 630 ap. J.-C.」

355~360 마티외G. Mathieu, 「음악 시스템Le système musical」[1] (VI)

서평란Bulletin critique

361~362 프란츠 바빙거Franz Babinger(1891~1967), 『고틀립 지크프리트 바
         이어(1694~1738), 18세기 동양학 연구사를 위한 기고Gottlieb
         Siegfried Bayer(1694~1738), ein Beitrag zur Geschichte der morgenländischen
         Studien im 18. Jahrhundert』(라이프치히, 1916) - 폴 펠리오

---

1 「통보」, 1919년 7월, 339쪽; 1915년 10월, 489쪽; 1917년 3월과 5월, 31쪽; 1918~1919년 3월 41쪽,
   1920~1921년 1월 40쪽에 이어.

363   카시미르 슈니더Casimir Schnyder, 『에드워드 위베Eduard Huber, 스위스의 언어학자, 중국학자, 인도차이나 학자Eduard Huber, ein schweizerischer Sprachengelehrter, Sinolog und Indochinaforscher』(취리히, 1920) - 폴 펠리오

364   카알 헤믈링Karl Hemeling, 『표준 중국어官話의 영-중사전 및 번역자용 핸드북, 과학 기술, 현대 및 문헌 용어 포함English-Chinese Dictionary of the Standard Chinese Spoken Language(官話) and Handbook for Translators, including Scientific, Technical, Modern, and Documentary Terms』(상하이, 1916) - 앙리 코르디에

364~366 조지 래닝George Lanning과 사무엘 코울링Samuel Couling(1859~1922), 『상하이 역사The History of Shanghai』(상하이, 1921) - 앙리 코르디에

도서 목록Bibliographie

367~369 신간 도서Livres Nouveaux

질의 응답Notes and Queries

370~371 「곤륜산崑崙山의 명칭 어원L'étymologie du nom des monts K'ouen louen」 - 레오폴드 드 쏘쉬르Léopold de Saussure(1866~1925)

소식Chronique

372   프랑스

373~376 색인

신『통보』
제21책 (1922)

―――― 제1호 (1922) ――――

1~42   베른하르드 칼그렌Bernhard Karlgren, 「고대 중국어의 재구성(The Reconstruction of Ancient Chinese)」

43~56   앙리 마스페로Henri Maspero(1883~1945), 「에두아르 샤반 Edouard Chavannes」

서평란Bulletin critique

57~66   조르주 부이라르Georges Bouillard와 보데스칼 함장Commandant Vaudescal, 『명나라의 황릉-십삼릉(Les sépultures impériales des Ming, Che-san Ling)』(하노이, 1920)¹-폴 펠리오

67~68   『프랑스 문학사, 35권(Histoire littéraire de la France)』(35책, 파리, 1921)-폴 펠리오

68~69   에릭 테이크만Eric Teichmann(1884~1944), 『영국 영사의 중국 서북부 여행(Travels of a Consular Officer in North-West China)』(케임브리지, 1921)-앙리 코르디에

---

1   실제로는 1921년에 출간되었다고 한다. 텍스트는 『극동 프랑스학교 학보Bulletin de l'Ecole Francaise d'Extreme-Orient』, XX(1920)의 수록되었던 내용이다.

도서 목록 Bibliographie

70~103   정기 간행물Publications périodiques

소식Chronique

104   프랑스

─────── 제2~3호 (1922) ───────

105~231   요제프 뮐리Jozef Mullie(1886~1976), 「대요大遼 제국에서 바린의
            몽골왕국까지의 고성들Les anciennes villes de l'empire des grands Leao 大
            遼 au royaume Mongol de Bārin」

서평란Bulletin critique

232~242   플로렌스 아이스코Florence Ayscough(1875~1942), 『한시를 번역한,
            송화전(松花箋)Fir-Flower Tablets, Poems Translated from the Chinese』[2] (보스
            턴 & 뉴욕, 1921) - 폴 펠리오
243~244   루이 피노Louis Finot, 「붓다고사의 전설La légende de Buddhaghoṣa」
            (『고등학술원 50주년 기념 논문집Cinquantenaire de l'Ecole des Hautes
            Etudes』, 파리, 1921, 101~119쪽) - 폴 펠리오

도서 목록 Bibliographie

245~250   신간 도서Livres Nouveaux

---

2   미국 여류 시인 에이미 로웰Amy Lowell(1874~1925)이 번역 소개한 영어 번역본이다.

──── 제4호 (1922) ────

251~318   레오폴드 드 쏘쉬르Léopold de Saussure(1866~1925), 「중국 천문학
          의 기원Les origines de l'astronomie chinoise」¹ (J)

도서 목록 Bibliographie

319~322   『아시아 학회, 100년(1822~1922) 도서 목록Société Asiatique. Le livre
          du Centenaire(1822~1922)』(파리, 1922) - 폴 펠리오
322~362   아서 웨일리Arthur Waley, 『대영박물관 동양의 간행본과 필사
          본 도서 분과에서 제시한 중국 작가 색인An Index of Chinese Artists
          Represented in the Sub-Department of Oriental Prints and Drawings in the
          British Museum』(런던, 1922) - 폴 펠리오
362~364   새로 들어온 도서 설명Notes bibliographiques

고인의 약력 또는 부고Nécrologie

365   우팅팡伍廷芳(1842~1922) - 앙리 코르디에
365   존 맥고완John Macgowan | 麥嘉溫(1835~1922) - 앙리 코르디에
365~366   사무엘 코울링Samuel Couling(1859~1922) - 앙리 코르디에
366   노엘 페리Noël Peri(1865~1922) - 앙리 코르디에

──── 제5호 (1922) ────

367~386   폴 펠리오, 「『만주어 기초』의 실제 저자Le véritable auteur des "Elementa

---

1 「통보」, 1909, 121~182쪽(A), 255~305쪽(B), 1910, 221~292쪽(C), 457~488(D), 583~648(E), 1911,
   347~374(F), 1913, 387~426쪽(G); 1914, 645~696쪽(H); 1921, 86~116쪽(I)에 이어.

Linguae Tartaricae"」

387~393 　아서 크리스토퍼 모울Arthur Christopher Moule, 「오도릭에 관한 서지학적 설명Bibliographical Notes on Odoric」[2]

394~398 　「18세기 국무장관 베르땡Bertin의 통신원들Les Correspondants de Bertin, Secrétaire d'État au XVIIIe siècle」[3] (VIII, 끝)

서평란Bulletin critique

399~413 　가브리엘 페랑Gabriel Ferrand 번역, 『916년경 아부 사이드 하산의 기술에 따라 851년에 편집된 아라비아 상인 술레이만 인도와 중국 여행기Voyage du marchand arabe Sulaymân en Inde et en Chine, rédigé en 851 suivi de remarques par Abû Zayd Ḥasan, vers 916』(파리, 1922) – 폴 펠리오

413~425 　이삭 메이슨Isaac Mason 번역, 『아라비아 선지자, 중국과 아랍의 자료에 나타난 모하마드의 생애. 류자이롄의 중국과 이슬람 저작 The Arabian Prophet, a Life of Mohammed from Chinese and Arabic sources. A Chinese-Moslem Work by Liu Chai-lien』[4] – 폴 펠리오

426~439 　찰스 알프레드 스피드 윌리엄스Charles Alfred Speed Williams, 『중국어 메타포 가이드, 전형적인 중국 메타포를 선별하여 주석과 색인을 붙임A Manual of Chinese Metaphor, Being a Selection of Typical Chinese Metaphors, with Explanatory Notes and Indices』(상하이, 1920) – 폴 펠리오

2 　「통보」, 1921, 301~322쪽을 보라는 참조 사항이 달려있다.

3 　「통보」, 1913년 10월과 12월; 1914년 7월; 1915년 3월과 5월; 1917년 10월과 12월에 이어.

4 　류자이롄Liu Chai-lien은 유지劉智(1669~1764)의 자字인 '개렴介廉'을 표기한 것이다. 그는 「천방지성실록天方至聖實錄」을 지었는데, 메이슨이 번역한 것은 바로 이 책일 것이다.

도서 목록 Bibliographie

고인의 약력 또는 부고Nécrologie

—— 제1호 (1923) ——

1~54   폴 펠리오Paul Pelliot, 「중국 도자 역사에 대하여Notes sur l'histoire de la céramique chinoise」

서평란Bulletin critique

55~56   주쟈젠[朱家驊], 『중국 희곡, 알렉산더 야코블레프의 회화, 홍 분 필화와 스케치 첨부Le Théâtre chinois . Peintures, Sanguines et Croquis d'Alexandre Jacovleff』[1](파리, 1922) - 폴 펠리오

56~57   르네 그루쎄René Grousset(1885~1952), 『아시아의 역사Histoire de l'Asie』(제1책, 동양편, 파리, 1921; 제2책, 인도와 중국, 1922; 제3책, 몽골과 일본, 1922) - 폴 펠리오

57~59   알베르트 폰 르 콕Albert von Le Coq(1860~1930), 『중앙아시아 근고의 불교 예술Die buddhistische Spätantike in Mittel Asien』(베를린, 1922) - 폴 펠리오

60   노부히로 마쓰모토松本信廣(1897~1981), 「중국의 옛 성씨와 토테미즘Les anciens noms de famille chinois et le totémisme 支那古姓さトテどブム」, 『시가쿠史學』, 1921년 10월, 101~112쪽; 1922년 2월, 245~276

---

1   알렉산더 예브게니예비치 야코블레프Alexandre Yevgenievich Jacovleff(1887~1939)는 러시아 신고전주의 화가.

쪽) – 샤를 아그노에Chales Haguenauer(1896~1976)

도서 목록Bibliographie

61~62   신간 도서Livres Nouveaux

──── 제2호 (1923) ────

63~96   마이클 해거티Michael J. Hagerty, 「한언직韓彦直의 『귤록橘錄』, 절강浙
           江 온주溫州의 귤에 관한 논고Han Yen-chih's Chü lu, Monograph on the
           Oranges of Wên-chou, Chekiang」[1]
97~125   폴 펠리오Paul Pelliot, 「사천왕에 관한 설La théorie des quatre Fils du
           Ciel」[2]

단편 모음Mélanges

126~132   폴 펠리오, 「쿠차, 악수, 우슈-투루판의 옛 이름에 관한 설명Note
           sur les anciens noms de Kuča, d'Aqsu et d'Uč-Turfan」

도서 목록Bibliographie

133   신간 도서Livres Nouveaux

---

[1] 한언직韓彦直(1130~?)의 『귤록橘錄』은 「영가길록永嘉桔錄」으로도 부르는 귤에 관해 상, 중, 하 3권으로
    구성된 책이다. 그의 서문에는 1178년의 연대가 들어있다.
[2] 이 논고는 풍승균馮承鈞의 「서역남해사 고증 역총 3편西域南海史地考證譯叢三編」(상무인서관, 1962)에 번
    역 수록되었다.

소식Chronique

134   프랑스

——— 제3호 (1923) ———

135~188   아서 크리스토퍼 모울Arthur Christopher Moule, 「중국 전당강錢塘江의 해일The Bore on the Ch'ien-t'ang River in China」

189~192   카렐 드 재거Karel de Jaegher, 「페르비스트 신부, 만주어 어법의 첫 번째 저자Le père Verbiest, auteur de la première grammaire mandchoue」[3]

193~208   폴 펠리오, 「복건福建의 마니교 전승Les traditions manichéennes au Fou-kien」[4]

도서 목록 Bibliographie

209~210   신간 도서Livres Nouveaux

211~214   새로 들어온 도서 설명Notes Bibliographiques

——— 제4호 (1923) ———

215~291   폴 펠리오Paul Pelliot, 「육조六朝와 당나라 시기의 몇몇 예술가에 관한 설명Notes sur quelques artistes des six dynasties et des T'ang」

---

3   『통보』. 1922. 367~386쪽과 함께 보시오. 페르디난트 페르비스트Ferdinand Verbiest(1623~1688) 신부는 벨기에의 예수회 소속으로, 베이징 교구에서 활동했다.

4   폴 펠리오는 이전 『아시아 저널Journal Asiatique』. 1911년. II. 499~617쪽; 1913년. I. 99~199쪽; 261~394쪽과 함께 볼 것을 권하고 있다.

단편 모음Mélanges

292~301   케르L. Ker, 「요遼나라 도종道宗 무덤과 거란 문자로 알려진 초
           기의 비문들Le tombeau de l'empereur Tao-tsong des Leao, et les premières
           inscriptions connues en écriture K'itan」[1]

도서 목록 Bibliographie

302~326   신간 도서Livres Nouveaux
326~329   새로 들어온 도서 설명Notes Bibliographiques

고인의 약력 또는 부고Nécrologie

330   헨리 모서Henri Moser(1844~1923) - 앙리 코르디에

소식Chronique

331~332   네덜란드; 중국; 프랑스; 영국

─────── 제5호 (1923) ───────

333~344   마티외G. Mathieu, 「음악 시스템Le système musical」(VII)
345~376   폴 펠리오, 「동양에 관한 새로운 정기 간행물 『아시아 메이저』Un
           nouveau périodique oriental: Asia Major」

단편 모음Mélanges

377~382   폴 펠리오, 「'거록鉅鹿 도자기'의 연대 추정La date des "Céramiques de

---

1   요나라의 제8대 황제 도종道宗은 야율홍기耶律洪基(1032~1101)로 1055~1101년간 재위했다.

Kiu-lou"」

382~384   폴 펠리오, 「중국의 '동방학회東方學會' | Une "Société d'études orientales"
en Chine」

서평란Bulletin critique

385~389   『동양 예술 연구, 조세프 스트르지고브스키의 친구와 학생들이 그
의 60번째 생일을 기념한 논문집Studien zur Kunst des Ostens, Joseph
Strzygouski zum sechzigsten Geburstage von seinen Freunden und Schülern』[2](빈
& 드레스덴, 1923) - 폴 펠리오
390   장 드씨리에 대위Lieutenant Jean Dessirier, 『반란군의 행군을 넘어. 중
국 서부: 사천, 운남, 티베트 행군A travers les Marches révoltées. Ouest-
chinois: Yun-nan, Se-tchouan, Marches thibétaines』(파리, 1923) - 앙리 코
르디에

도서 목록 Bibliographie

391~398   신간 도서Livres Nouveaux

고인의 약력 또는 부고Nécrologie

399   에밀 로쉐Emile Rocher(1846~1924) - 앙리 코르디에

---

[2] 유럽 예술에 근동의 예술이 미친 영향을 연구한 폴란드-오스트리아 예술사학자 조세프 루돌프 토마스
스트르지고브스키Josef Rudolph Thomas Strzygowski(1862~1941)의 환갑 기념 논문집이다.

제23책 (1924)

─── 제1호 (1924) ───

1~4 폴 펠리오Paul Pelliot, 「240~248년 위魏나라 시기 돌에 새겨진 경전들Les Classiques Gravés sur pierre sous les Wei en 240~248」

5~14 폴 펠리오, 「『국학계간國學季刊』, 중국학 연구 저널The Journal of Sinological Studies」[1]

15~30 폴 펠리오, 「일본의 중국어 필사본, 쿄토 테이코쿠 다이가쿠 분가쿠-부 에이인 토쇼혼 다이-이치-슈Manuscrits chinois au Japon, 京都帝國大學文學部影印唐鈔本第一集」(쿄토, 1922, 3책)

31~35 파울 보르하르트Paul Borchardt(1886~1957), 「투델에서 중국까지 랍비 벤자민의 여정L'itinéraire de Rabbi Benjamin de Tudèle en Chine」

단편 모음Mélanges

36~39 「고대 지진계An Ancient Seismometer」-아서 크리스토퍼 모울Arthur Christopher Moule

서평란Bulletin critique

40~41 찰스 타란자노Charles Taranzano, 『수학, 물리, 자연과학 용어 II, 중국

---

1 호적胡適의 지도로 3개월마다 간행되는 리뷰, 제1권(1923년 1월, 1~202쪽)과 제2권(1923년 4월, 203~400쪽)을 대상으로 하며, 연회비는 1,80불이라는 부연 설명이 달려있다.

어-프랑스어 어휘집Vocabulaire des Sciences mathématiques, physiques et naturelles II, Vocabulaire chinois-français』(셴 현獻縣, 1921) - 폴 펠리오

41~43 레옹 위제Léon Wieger(1856~1933), 『현대 중국Chine moderne』, I. 공적 도덕주의Moralisme officiel(셴현獻縣, 1921, 529쪽); II. 밀물Le flot montant(셴현獻縣, 1921, 483쪽) - 폴 펠리오

43~46 조셉 아캥Joseph Hackin(1886~1941), 『기메박물관 소장품 목록 및 안내서, 불교 컬렉션들(역사적 도상학적 설명). 인도 중부와 간다라, 투르키스탄, 중국 북부, 티베트Guide-Catalogue du Musée Guimet. Les Collections Bouddhiques(Exposé historique et iconographique). Inde Centrale et Gandhâra, Turkestan, Chine septentrionale, Tibet)』(파리 & 브뤼셀, 1923) - 폴 펠리오

46~48 에른스트 뵈르슈만Ernst Boerschmann(1873~1949), 『중국 건축과 풍경, 12개 성의 여행Baukunst und Landschaft in China, eine Reise durch zwölf Provinzen』(베를린, 1923) - 폴 펠리오

48~50 폴 마쏭 우르셀Paul Masson-Oursel(1882~1956), 『인도철학 개요 Esquisse d'une histoire de la philosophie indienne』(파리, 1923); 『비교 철학La philosophie comparée』(파리, 1923) - 폴 펠리오

51~54 레오폴드 드 쏘쉬르Léopold de Saussure(1866~1925) 『바람의 장미 기원 및 나침판의 발명L'origine de la rose des vents et l'invention de la boussole』[2](제네바, 1923) - 폴 펠리오

54~62 크라우스크라우제F. E. A. Krause(1879~1942), 『유·도·불, 동아시아의 종교와 철학 체계儒道佛, Die religiösen und philosophischen Systeme Ostasiens』(뮌헨, 1924); 『동아시아의 종교와 철학 용어와 색인, Ju-Tao-Fo 보충Terminologie und Namenverzeichnis zu Religion und Philosophie

---

2   이 책은 『물리학과 자연학 아카이브Archives des sciences physiques et naturelles』, 1923년 3호와 4호에 실렸던 텍스트라고 한다.

Ostasiens』(뮌헨, 1924) - 폴 펠리오

고인의 약력 또는 부고Nécrologie

63   마크 드체브렌스Marc Dechevrens(1845~1923) - 앙리 코르디에
63   리차드 심슨 건드리Richard Simpson Gundry(1838~1924) - 앙리 코르디에

도서 목록Bibliographie

64~66   신간 도서Livres Nouveaux

─────── 제3호 (1924) ───────

67~82   요제프 뮐리Jozef Mullie(1886~1976), 「몽골 중부 중국어 방언
          의 음운론적 특징Une caractéristique phonologique du dialecte chinois de la
          Mongolie Centrale」
83~98   아서 크리스토퍼 모울Arthur Christopher Moule, 「중국의 남쪽을 가리
          키는 수레The Chinese South-Pointing Carriage」[1]
99~152   앙리 코르디에, 「미얀마 페구에 관한 기록Mémoires sur le Pégou」[2]

---

1   지남거指南車란 수레 위에 나무로 만든 신선의 상을 놓고, 자침磁針을 응용하여 그 손의 손가락이 항상
    남쪽을 가리키게 만든 수레이다.
2   이 자료는 1751~1787년의 『극동 식민지Colonies d'Extrême-Orient』 17책, 아바와 페구Ava et Pégou
    에서 발췌했다고 밝혔다. 몇몇 자료는 1883년에 간행된 『극동 리뷰Revue de l'Extrême-Orient』 제2책,
    505~572쪽에서 뽑았다고 한다.

단편 모음Mélanges

153~155 「경붕經棚에 관한 설명Note sur King-p'eng 經棚」 – 요제프 뮐리Jozef Mullie(1886~1976)

서평란Bulletin critique

156~157 모리스 아바디Maurice Abadie(1877~1948), 『퐁떠에서 랑선까지 상부 통킹의 종족들Les Races du Haut-Tonkin de Phong-Tho à Lang-Son』[3](파리, 1924) – 앙리 코르디에

157 질베르 드 봐쟁Gilbert de Voisins(1877~1939), 『중국에서의 여행과 글쓰기Voyages-Ecrit en Chine』(파리, 1924) – 앙리 코르디에

도서 목록 Bibliographie

158~161 신간 도서Livres Nouveaux

고인의 약력 또는 부고Nécrologie

162 조셉 보배Joseph Beauvais(1867~1924) – 앙리 코르디에

162 카를로 퓌니Carlo Puini(1839~1924) – 앙리 코르디에

——— 제4호 (1924) ———

163~220 폴 펠리오, 「『설부說郛』에 관한 몇 가지 고찰Quelques remarques sur le Chouo fou」

221~254 얀 율리우스 로드베익 뒤벤다크Jan Julius Lodewijk Duyvendak, 「순자荀

---

3 폴 펠리오가 서문을 썼다.

子)의 정명론(正名論)에 관하여Hsün-tzŭ on the Rectification of Names」

단편 모음Mélanges

255~259 「신정新鄭 청동기에 관하여A propos des bronzes de Sin-tcheng」[1] - 폴 펠리오

260~266 「중국 예술의 두 용어, '탈사'와 '은기'Deux termes techniques de l'art chinois, 脫沙 t'o-cha et 隱起 yin-k'i」 - 폴 펠리오

266~267 「한국에서 일본인들의 최근 발굴Les récentes fouilles japonaises en Corée」[2] - 샤를 아그노에Chales Haguenauer(1896~1976)

잡록Variété

268~270 「선사시대 인도차이나L'Indochine préhistorique」[3]

서평란Bulletin critique

271 『서울 선교: 1839년과 1846년 한국 순교자들과 관련된 문서 Mission de Seoul-Documents relatifs aux Martyrs de Corée en 1839 et 1846』(홍콩, 1924) - 앙리 코르디에

도서 목록 Bibliographie

272~278 새로 들어온 도서 설명Notes bibliographiques

279~283 신간 도서Livres Nouveaux

---

1 이 청동기는 1923년 허난 신정新鄭에서 출토된 정공대묘鄭公大墓의 유물을 말한다.

2 하마다 세에료濱田青陵가 1924년 7월 20일 자 『슈칸 아사히週刊朝日』에 실린 기사에 따라 작성했다고 밝혔다.

3 『통킹의 미래L'Avenir du Tonkin』에서 발췌한 기사로 보이지만, 정확한 연대와 일자는 밝히지 않았다.

소식Chronique

284~285   이전 나라별 소식을 소개하던 방식과는 달리, 폴 펠리오가 유럽
          동양학계의 동향을 전하고 있다.

고인의 약력 또는 부고Nécrologie

286   앙리 슈발리에Henri Chevalier(1855~1924) - 앙리 코르디에[4]

─────── 제5호 (1924) ───────

287~346   레오폴드 드 쏘쉬르Léopold de Saussure(1866~1925), 「중국 연대표
          와 주나라의 출현La chronologie chinoise et l'avènement des Tcheou」

단편 모음Mélanges

347~355   「'전례 논쟁'에 관해 간행된 자료 집성Un recueil de pièces imprimées
          concernant la "Question des rites"」 - 폴 펠리오
355~372   「간략한 기술La Brevis Relatio」[5] - 폴 펠리오

서평란Bulletin critique

373~393   레오나르 오루쏘Léonard Aurousseau, 「(기원전 3세기) 최초의 안남국
          원정, 안남 민족의 기원에 관한 해설에 따른 연구La première conquête
          des pays annamites(IIIe siècle avant notre ère-Étude suivie d'une Note sur les

---

4   이 부고는 앙리 코르디에Henri Cordier(1849~1925)의 마지막 글로 보인다. 슈발리에는 1924년 11월 15
    일에 죽었고, 코르디에는 1925년 3월 16일 죽었다.
5   예수회 선교사들이 강희제의 의도를 유럽, 특히 로마에 알리기 위해 지은 책으로 18세기 중국에서 61엽
    의 목판본으로 간행되었다고 한다.

Origines du Peuple Annamite)」(『극동 프랑스학교 학보Bulletin de l'École française d'Extrême-Orient』, 23(1923), 177~265쪽) - 앙리 마스페로 Henri Maspero(1883~1945)

소식Chronique[1]

고인의 약력 또는 부고Nécrologie

---

1   이 호부터 '소식' 난은 이전 나라별 학계 동향을 소개하는 방식과 달라졌다. 이 난은 향후 없어질 것임을 예고하는 것 같다.

—— 제1호 (1925~1926) ——

1~15   폴 펠리오Paul Pelliot, 「앙리 코르디에Henri Cordier(1849~1925)」

16~31 주세페 투치Giuseppe Tucci(1894~1984), 「외도外道들의 '니르바 나'에 관한 아리아데바 논설Un traité d'Āryadeva sur le "Nirvāṇa" des hérétiques」[1]

32~53 에두아르트 에르케스Eduard Erkes(1891~1958), 「중국-아메리카 신화의 유사성Chinesisch-Amerikanische Mythenparallelen」

54~60 폴 펠리오, 「고금기관今古奇觀」[2]

단편 모음Mélanges

61~64 「튀르크어에서 비니(또는 베니?), 즉 '포도주'라는 단어Le mot bigni (ou begni?), "vin", en turc」 - 폴 펠리오

64~66 「『만주어 기초』에 대해 다시 논함Encore à propos des Elementa linguae tartaricae」 - 폴 펠리오

---

1   이 논문은 제바보살Āryadeva가 『능가경楞伽經 ㅣ Laṅkāvatāra』에 나오는 외도外道 소승小乘의 열반涅槃론을 해석함提婆菩薩釋楞伽經中外道小乘涅槃論과 제바보살이 『능가경』 중의 외도 소승 사종四宗론을 논파함提婆 菩薩破楞伽經中外道小乘四宗論에 관한 논고이다.

2   이 글은 에드워드 버츠 하웰Edward Butts Howell(1879~1952)이 『장 부인의 부정과 다른 중국어 이야기 The inconstancy of Madam Chuang and other stories from the Chinese』이란 서명으로 번역 출간(런던, 1925)한 도서를 서평 형식으로 작성했다.

66~69 「마르코 폴로의 킨사이{항주}에서의 수레Carriages in Marco Polo's Quinsai」- 아서 크리스토퍼 모울Arthur Christopher Moule

도서 목록Bibliographie

70~72 르네 바쎄René Basset(1855~1924), 『천일야화, 아랍의 이야기와 전설Mille et un contes, récits & légendes arabes』(제1책, 동화, 재미있는 이야기, 파리, 1924) - 폴 펠리오

72~74 조셉 아캥Joseph Hackin(1886~1941), 『10세기 산스크리트어-티베트어 어휘 대조표Formulaire sanscrit-tibétain du Xe siècle』(파리, 1924) - 폴 펠리오

74~76 오토 펠카Otto Pelka(1875~1943), 『18세기 미술계의 동아시아 여행 사진Ostasiatische Reisebilder im Kunstgewerbe des 18. Jahrhunderts』(라이프치히, 1924) - 폴 펠리오

76~79 오스발드 시렌Osvald Sirén(1879~1966), 『북경의 성벽과 성문The Walls and Gates of Peking』(런던, 1924) - 폴 펠리오

79~86 뤄전위羅振玉(1866~1940), 『위서종실전주魏書宗室傳注, 위나라 역사서의 황실 전기에 대한 주석Commentaire sur les biographies des agnats impériaux dans l'Histoire des Wei』(1924) - 폴 펠리오

87~90 새로 들어온 도서 설명Notes bibliographiques

91~120 정기 간행물 리뷰Revue des périodiques - 폴 펠리오

121~128 새로 들어온 책들Livres reçus

소식Chronique

129 중국학계의 동향 - 폴 펠리오

고인의 약력 또는 부고Nécrologie

130~132 아우구스트 콘라디Auguste Conrady(1864~1925) - 폴 펠리오

──────── 제2~3호 (1925~1926) ────────

133~178 폴 펠리오, 「가베와 윅 신부의 티베트 라싸 여행Le voyage de MM. Gabet et Huc à Lhasa」[1]

179~214 폴 펠리오, 「천자문Le Ts'ien tseu wen ou "Livre des mille mots"」[2]

215~246 조지 니에 스타이거George Nye Steiger,[3] 「기독교를 수용하려고 한 중국의 시도, 1899년 3월 15일 칙서China's Attempt to Absorbe Christianity: The Decree of March 15, 1899」

단편 모음Mélanges

247~251 「이디큿-샤흐리의 중국어 비문L'inscription chinoise d'Idïqut-šahri」 - 폴 펠리오

251~253 「삼자경三字經 | Le San tseu king ou Livre des trois mots」 - 폴 펠리오

253~255 「'알타이'어계 언어에서 보이는 주사朱砂의 페르시아어 명칭Le nom persan du cinabre dans les langues "altaïques"」 - 폴 펠리오

---

1 이 글은 에바리스트 레지스 윅Evariste-Régis Huc(1813~1860)의 『1844, 1845 그리고 1846년 동안 타타리, 티베트 그리고 중국에서의 여행 기록Souvenirs d'un voyage dans la Tartarie, le Thibet et la Chine pendant les années 1844, 1845 et 1846』(2책, 북경, 1924)에 대한 서평 형식으로 작성된 논문이다.

2 이 논문 역시 에리히 하우어Erich Hauer(1878~1936)의 『네 서체로 된 천자문Das 千字文 in vier chinesischen Schriftformen mit einer Übersetzung』(베를린, 1925)에 대한 서평 형식으로 쓴 글이다.

3 조지 니에 스타이거는 하버드 대학 박사로, 보스턴 시몬 컬리지의 역사 조교수라고 소개하고 있다.

도서 목록Bibliographie

256~268 르페브르 데 노에뜨Lefebvre des Noëttes, 『수세대에 걸친 동물 동력La force motrice animale à travers les âges』(파리, 1924) - 폴 펠리오

268~270 로버트 록하트 홉슨Robert Lockhart Hobson(1872~1941), 『조지 유모포풀로스의 중국, 한국, 페르시아 도자기 소장 목록The George Eumorfopoulos Collection Catalogue of the Chinese, Corean and Persian Pottery and Porcelain』(제1책, 런던, 1925) - 폴 펠리오

271~282 베르너 뤼덴베르크Werner Rüdenberg(1881~1955), 『중국어-독일어 사전, 6,400자, 각 글자의 뜻과 가장 일반적인 어휘 조합 포함 華德辭典 | Chinesisch-Deutsches Wörterbuch, 6400 Schriftzeichen mit ihren Einzelbedeutungen und den gebräuchlichsten Zusammensetzungen』(함부르크, 1924) - 폴 펠리오

282~285 장 에스카라Jean Escarra(1885~1955), 유진중劉鎭中, 오곤오吳昆五, 양인걸梁仁傑, 호문병胡文柄, 『민사 및 상업 문제에 관한 중화민국 대법원 판례 요약집, 1912~1918大理院判例要旨匯覽 Recueil des sommaires de la jurisprudence de la Cour Suprême de la République de Chine en matière civile et commerciale, 1912~1918』(2책, 상하이, 1924년과 1925년) - 폴 펠리오

285~287 에드워드 하퍼 파커Edward Harper Parker, 『타타르인의 천 년A Thousand Years of the Tartars』(런던, 1924) - 폴 펠리오

287~291 알프레드 살모니Alfred Salmony(1890~1958), 『시암의 조각La sculpture au Siam』(파리 & 브뤼셀, 1925) - 조르주 세데스George Cœdès(1886~1969)

292~293 새로 들어온 도서 설명Notes bibliographiques

293 「천자문에 관한 추가 주석Notes additionnelles sur le ≪Livre des mille mots≫」 - 폴 펠리오

고인의 약력 또는 부고Nécrologie

294~295 끌로드 유젠 메트르Claude Eugène Maitre(1876~1925) - 폴 펠리오

296~300 레오폴드 드 쏘쉬르Léopold de Saussure(1866~1925) - 폴 펠리오

300~302 샤를 바티스트 마이봉Charles Batiste Maybon(1872~1926) - 폴 펠리오

302~303 에드워드 하퍼 파커Edward Harper Parker(1849~1926) - 폴 펠리오

303~304 토마스 프랜시스 카터Thomas Francis Carter(1882~1925) - 폴 펠리오

304 샤를 바프로Charles Vapereau(1847~1925) - 폴 펠리오

——— 제4~5호 (1925~1926) ———

305~380 라이오넬 자일스Lionel Giles, 「진부음秦婦吟 | The Lament of the Lady of Ch'in」

단편 모음Mélanges

381~382 「루브르 박물관에 있는 518년의 청동 불상Un bronze bouddhique de 518 au Musée du Louvre」- 폴 펠리오

382~383 「에르케스의 중국-미국의 신화 유사성에 대한 평론Einige Bemerkungen zu Erkes' Chinesisch-amerikanische Mythenparallelen」[1] - 에르빈 리터 폰 차흐Erwin Ritter von Zach

384~386 「상하이의 『사원辭源』에 관하여Zum Shanghaier Tz'ŭ-yüan」- 에르빈 리터 폰 차흐Erwin Ritter von Zach

도서 목록 Bibliographie

387~395 코르넬리우스 웨셀Cornelius Wessels, 『초기의 예수회 중앙아시아 여

---

1 「통보」, 1925~1926년도 32쪽.

행가들, 1603~1721Early Jesuit Travellers in Central Asia 1603~1721』(헤이그, 1924) - 폴 펠리오

395~398   호세아 발루 모르스Hosea Ballou Morse(1855~1934), 『동인도회사의 중국과의 무역 연대기, 1635~1834The Chronicles of the East India Company Trading to China 1635~1834』(옥스퍼드, 1926) - 폴 펠리오

399~403   니콜라이 네프스키Nicolas Nevsky(1892~1937), 「티베트 문자와 서하문자의 대조 편람A Brief Manual of the Si-hia Characters with Tibetan Transcriptions」(『오사카 아시아 학회 연구 리뷰Research review of the Osaka Asiatic Society』, 1926년 3월 15일 4호) - 폴 펠리오

403   원 켄Won Kenn | 黃涓生, 『(이집트) 상형문자와 중국 한자의 기원 및 변천Origine et évolution de l'écriture hiéroglyphique et de l'écriture chinoise』(리옹, 1926) - 폴 펠리오

404~405   페르디난트 레싱Ferdinand Lessing(1882~1961), 「중국어 구어와 서면어의 주요 허사 비교Vergleich der wichtigsten Formwörter der chinesischen Umgangssprache und der Schriftsprache」(『동양 언어연구소 통신Mitteilungen des Seminars für Orientalische Sprachen』, 베를린, 1925, 58~138쪽) - 에르빈 리터 폰 차흐Erwin Ritter von Zach

406   새로 들어온 도서 설명Notes bibliographiques

고인의 약력 또는 부고Nécrologie

407   조셉 브루커Joseph Brucker(1845~126) - 폴 펠리오

408~412   색인

신『통보』
제25책 (1927~1928)

──── 제1~2호 (1927) ────

1~64 앙리 마스페로Henri Maspero(1883~1945), 「묵자墨子와 그 학파의
      논리에 관한기술Notes sur la logique de Mo-tseu et de son école」

65~81 폴 펠리오Paul Pelliot, 『『의년록疑年錄』』[1]

82~90 호머 하센프러그 덥스Homer Hasenpflug Dubs(1892~1969), 「공자는
       『역경』을 연구한 적 있는가?Did Confucius Study the "Book of Changes"?」

단편 모음Mélanges

91~92 「쿰단[서안]과 사라그[낙양]의 네스토리우스교 주교L'évêché nestorien
       de Khumdan et Sarag」 - 폴 펠리오

92~94 「불교를 지칭하는 상교象教라는 단어Le terme de 象教siang-kiao comme
       désignation du bouddhisme」 - 폴 펠리오

94~98 「에르빈 리터 폰 차흐의『에르케스의 중국-미국의 신화 유사성에
       대한 평론』에 대하여Zu E. von Zach's "Bemerkungen zu Erkes' Chinesisch-
       amerikanische Mythenparallelen"」[2] - 에두아르트 에르케스Eduard Erkes

---

1 이 논문은 장유양張惟驤이 재분류한 『의년록휘편疑年錄彙編』(1925년 소쌍적암小雙寂庵에서 16권과 색인
   1권, 총 8책으로 판각)에 대한 서평 형식으로 작성한 글이다. 『의년록』은 전대흔錢大昕(1728~1804)이
   편찬한 책으로, 한나라 정현鄭玄에서 청나라 대진戴震(1724~1777)에 이르기까지 고금 인물 가운데 생
   졸년에 의문이 있거나 확정적이지 못한 229인의 연대를 고증한 책이다.

2 『통보』, 1925~1926년도, 382~383쪽.

98~100   「『경세대전經世大典』의 서북부 나라들의 지도Note sur la carte des pays du Nord-Ouest dans le "King che ta tien"」 - 폴 펠리오

도서 목록Bibliographie

101~110   로버트 록하트 홉슨Robert Lockhart Hobson(1872~1941), 『조지 유모포풀로스의 중국, 한국, 페르시아 도자기 소장 목록The George Eumorfopoulos Collection. Catalogue of the Chinese, Corean and Persian Pottery and Porcelain』(제2책과 제3책, 런던, 1926) - 폴 펠리오

110~116   로저 플라이Roger Fry(1866~1934), 버나드 래컴Bernard Rackham(1876~1964), 로렌스 비년Laurence Binyon(1869~1943), 월터 퍼시발 예츠Walter Perceval Yetts(1878~1957), 알버트 프랭크 켄드릭Albert Frank Kendrick(1872~1954), 오스발드 시렌Osvald Sirén(1879~1966), 윙크워스W. W. Winkworth, 『중국 예술, 회화, 도자, 방직, 청동, 조각, 옥기 등에 대한 소개와 평론Chinese Art, an Introductory Review of Painting, Ceramics, Textiles, Bronzes, Sculpture, Jade, Etc.』(런던, 1925) - 폴 펠리오

116~134   에드워드 페어브라더 스트레인지Edward Fairbrother Strange (1862~1929), 『중국의 칠기Chinese Lacquer』(런던, 1926) - 폴 펠리오

134~139   찰스 헨리 토니Charles Henry Tawney(1837~1922) 번역, 『이야기의 바다The Ocean of Story』[1](IV, V, 런던, 1925, 1926) - 폴 펠리오

139~148   찰스 벨Charles Bell, 『티베트: 과거와 현재Tibet, Past and Present』(옥스

---

1   이 책은 11세기 소마드바Somadeva가 산스크리트어로 쓴 『카타사리트사가라Kathāsaritsāgara』(이야기가 흘러 들어가는 바다)라는 설화집을 토니가 번역한 바 있는데, 이 책에 노먼 모슬리 펜저Norman Mosley Penzer(1892~1960)가 서문과 해설 등을 붙여 10책으로 편집되었다. 펠리오의 서평 대상은 그중에서 프레데릭 윌리엄 토마스Frederick William Thomas(1867~1956)가 사전 설명을 붙인 제4책(런던, 1925)과 에드워드 데니슨 로스Edward Denison Ross(1871~1940)의 사전 설명을 붙인 제5책(런던, 1926)이다.

퍼드, 1924) – 폴 펠리오

149~155 크라우스F. E. A. Krause(1879~1942), 『동아시아사Geschichte Ostasiens』(총 3책, 괴팅겐, 1925) – 폴 펠리오

156~169 앙뜨완 조셉 앙리 샤리뇽Antoine Joseph Henri Charignon, 『마르코 폴로의 책, 베네치아 시민, 쿠빌라이칸 궁정의 고위 관리, 몽골군 장군, 지방 총독, 인도차이나, 인도, 페르시아 및 서양의 기독교 왕국 주재 대사Le livre de Marco Polo, citoyen de Venise, haut fonctionnaire à la Cour de Koubilai-khan, généralissime des armées mongoles, gouverneur de province, ambassadeur du grand khan vers l'Indo-Chine, les Indes, la Perse et les royaumes chrétiens d'Occident』(북경, I, 1924; II, 1926) – 폴 펠리오

169~174 라다 쿠무드 무케르지Radha kumud Mookerji(1884~1963), 『하르샤 왕Harsha』[2](옥스포드, 1926) – 폴 펠리오

175 하인리히 침머Heinrich Zimmer(1890~1943), 『카르만: 불교 설화집 Karman, ein buddhistischer Legendenkranz』[3](뮌헨, 1925) – 폴 펠리오

176~192 정기 간행물 리뷰Revue des périodiques

193~195 새로 들어온 도서 설명Notes bibliographiques

196~215 새로 들어온 책들Livres reçus

소식Chronique

216~217 학계 동향

---

2 하르샤 바르다나Harṣa-vardhana(590?~647)는 인도 동북부 푸샤부티Pushyabhuti 왕국 마지막 군주이다.
3 펠리오의 해제에 따르면 불교 설화집인 『디브야바다나Divyāvadāna』의 네 설화를 번역했다고 한다.

고인의 약력 또는 부고Nécrologie

218   테오도르 뒤레Théodore Duret(1838~1927) - 폴 펠리오

─────── 제3~4호 (1927) ───────

219~332   로베르 데 로투르Robert des Rotours(1891~1980),「중국 당나라 성
          급 관료Les grands fonctionnaires des provinces en Chine sous la dynastie des
          T'ang」
333~345   헨리 버나드Henri Bernard,「레옹 위제Léon Wieger(1856~1933) 저술
          도서 목록Bibliographie méthodique des œuvres du père Léon Wieger」

단편 모음Mélanges

346~348   「라이오넬 자일스Lionel Giles의『진부음秦婦吟』[1]에 대한 평론Einige
          Bemerkungen zu Lionel Giles' the Lament of the Lady of Ch'in」- 에르빈 리
          터 폰 차흐Erwin Ritter von Zach
349~354   「마르굴리에의『중국 고문』에 관하여Zu G. Margouliès' "Le Kou-wen
          chinois"」- 에르빈 리터 폰 차흐
354~359   「마르굴리에의 반고班固 '양도부兩都賦' 번역에 관하여Zu G.
          Margouliès' Uebersetzung des Liang-tu-fu des Pan-ku」- 에르빈 리터 폰
          차흐
359~360   「마르굴리에의 '별부別賦' 번역에 관하여Zu G. Margouliès' Uebersetzung
          des Pieh-fu」- 에르빈 리터 폰 차흐
360~364   「마르굴리에의 '문부文賦' 번역에 관하여Zu G. Margouliès' Uebersetzung
          des Wên-fu」- 에르빈 리터 폰 차흐

---

1 「통보」, 제14책, 305쪽.

364~365 「뤼덴베르크Rüdenberg에 대한 나의 비판에 대한 레싱의 논평에 관하여Zu Lessing's Bemerkungen zu meiner Kritik Rüdenberg's」-에르빈 리터 폰 차흐

──── 제5호 (1928) ────

367~386 앙리 마스페로Henri Maspero(1883~1945), 「기원전 4세기 제齊나라 왕들의 연대표La chronologie des rois de Ts'i au IVe siècle avant notre ère」

387~402 에두아르트 에르케스Eduard Erkes 역주, 「송옥宋玉의 '신녀부神女賦'en-nü-fu, the Song of the Goddess, Sung Yüh」

단편 모음Mélanges

403~413 「펠리오의 『인과경因果經』에 관한 몇 가지 주석Einige Bemerkungen zu Pelliot's Sûtra des Causes et des Effets」-에르빈 리터 폰 차흐Erwin Ritter von Zach

도서 목록 Bibliographie

414~426 로렌스 비년Laurence Binyon(1869~1943), 『영국이 소장한 중국 그림들Les peintures chinoises dans les collections d'Angleterre』(파리 & 브뤼셀, 1927) -폴 펠리오

426~435 에른스트 발트슈미트Ernst Waldschmidt(1897~1985)와 볼프강 렌츠Wolfgang Lentz(1900~1986), 『마니교에서 예수의 지위Die Stellung Jesu im Manichäismus』(베를린, 1926) -폴 펠리오

435~444 에리히 하우어Erich Hauer(1878~1936), 『황청개국방략皇淸開國方略, 만주 제국의 설립Huang-Ts'ing k'ai-kuo fang-lüeh, Die Gründung des mandschurischen Kaiserreiches』(베를린 & 라이프치히, 1926) -폴 펠

신『통보』
제26책 (1928~1929)

─── 제1호 (1928) ───

1~16   드라귀노프A. Dragunov, 「중국어 고음의 재구성을 위한 논고
        Contribution to the Reconstruction of Ancient Chinese」

17~24   루이 드 라 발레 푸생Louis de la Vallée Poussin(1869~1938), 「미트레
        야(미륵보살)를 넘어서기 위해 석가모니가 건넌 아홉 칼파劫 | Les
        neuf kalpas qu'a franchis Śākyamuni pour devancer Maitreya)」

25~42   조르주 마르굴리에Georges Margouliès(1902~1972), 「연자부鷰子賦 |
        Le "fou" de Yen-tseu」[1]

단편 모음Mélanges

43~50   「스페인에 보관된 몇몇 책 또는 문서에 대한 해설Notes sur quelques
        livres ou documents conservés en Espagne」 - 폴 펠리오

51~52   「『인과경因果經』과 상교象教 관한 첨언Encore un mot à propos du Sūtra
        des causes et des effets et de l'expression siang-kiao」 - 폴 펠리오

도서 목록 Bibliographie

53~61   여유기呂維祺(1587~1641), 『번역관의 원칙들四譯館則』(교토,

---

1   「연자부鷰子賦」는 둔황 석굴에서 폴 펠리오가 발굴한 문학작품으로, 제비와 참새의 다툼을 '구어'로 쓴 부
    賦 작품이다.

1928) - 폴 펠리오

61~67   오스발드 시렌Osvald Sirén(1879~1966), 『미국 컬렉션에 보이는 중국 그림들Les peintures chinoises dans les collections américaines』(3책, 파리 & 브뤼셀, 1927~1928) - 폴 펠리오

고인의 약력 또는 부고Nécrologie

68~70   에밀 세나르Émile Senart(1847~1928) - 폴 펠리오
70~72   왕국유王國維(1877~1927) - 폴 펠리오

—— 제2~3호 (1928) ——

73~95   얀 율리우스 로드베익 뒤벤다크Jan Julius Lodewijk Duyvendak, 「순자荀子 연보The Chronology of Hsün-tzŭ」

96~109 호머 하센프러그 덥스Homer Hasenpflug Dubs(1892~1969), 「중국인들이 철학 체계를 만들지 못한 점에 대하여The Failure of the Chinese to Produce Philosophical Systems」

110~112 폴 펠리오, 「751~762년 아바시드 수도에 있었던 중국 장인들Des artisans chinois à la capitale abbasside en 751~762」

113~182 폴 펠리오, 「왕국유王國維 저술의 교감한 판본들L'édition collective des œuvres de Wang Kouo-wei」

도서 목록Bibliographie

183~187 앙드레 고다르André Godard(1881~1965), 고다르Y. Godard, 조셉 아캥Joseph Hackin(1886~1941), 『바미얀의 불교 유적들Les Antiquités

Bouddhiques de Bāmiyān』[1](파리, 1928) - 폴 펠리오

188~189　새로 들어온 도서 설명Notes bibliographiques - 폴 펠리오

고인의 약력 또는 부고Nécrologie

190~199　앙리 보스망 예수회 신부Henri Bosmans, S. J.(1852~1928) -폴 펠리오

통신Correspondance

200　라이오넬 자일스Lionel Giles가 「연자부鷰子賦」에 관하여 『통보』 편집장에게 보내는 편지

—— 第4~5호 (1929) ——

201~266　폴 펠리오, 「중앙아시아에 관한 문제에 대한 아홉 주석Neuf notes sur des questions d'Asie centrale」[2]

267~356　앙리 마스페로Henri Maspero, 「한나라 이전 중국의 천문학L'Astronomie chinoise avant les Han」

357~366　폴 펠리오, 「동양문고東洋文庫의 간행물들Les publications du Tōyō Bunko」

1　이 책에는 폴 펠리오의 추가 주석이 들어있다.
2　1. 브마-카드피세스Vema-kadphiese라는 이름의 중국어 음차; 2. 튀르크인들에게 12간지의 가장 오래된 예; 3. 고대 튀르크인들의 오덕건烏德鞬 산; 4. 현장玄奘의 텍스트에 보이는 두 튀르크어 단어; 5. 중국어 튀르크어 전사의 특징; 6. 빌가 가한의 중국어 비문; 7. 마히스타그mayistag라는 마니교 호칭이 잘못 알려진 사례; 8. 당나라 시기의 몽골 단어; 9 투루판의 몇몇 자료에 관하여 다루었다.

신『통보』
제27책 (1930)

────── 제1호 (1930) ──────

1~11   에두아르트 에르케스Eduard Erkes, 「고대 초나라의 언어Die Sprache des alten Ch'u」

12~56   폴 펠리오Paul Pelliot, 「바실리 바르톨트의 『투르키스탄』에 대한 해설Notes sur le "Turkestan" de M. W. Barthold」[1]

57~61   루이 리주티Louis Ligeti, 「원나라 문종文宗의 몽골 이름Les noms mongols de Wen-tsong des Yuan」

도서 목록 Bibliographie

62~67   호세아 발루 모르스Hosea Ballou Morse(1855~1934), 『동인도회사의 대중국 무역 연대기, 1635~1834The Chronicles of the East India Company Trading to China 1635~1834』(제5권, 증보, 1742~1774, 옥스퍼드, 1929) - 폴 펠리오

68~91   리하르트 빌헬름Richard Wilhelm(1873~1930), 『여불위呂不韋의 여씨춘추呂氏春秋 | Frühling und Herbst des Lü Bu We』(예나, 1928) - 폴

---

1   이 텍스트는 러시아의 이슬람과 튀르크 민족사를 연구한 바실리 블라디미로비치 바르톨트Vasily Vladimirovich Bartold(1869~1930)의 『몽골 침략까지의 투르키스탄Turkestan Down to the Mongol Invasion』에 대한 서평 형식의 논문이다. 이 책은 세인트 페테르부르크에서 1900년 출간된 『몽골 침략 시기의 투르키스탄Туркестан в эпоху монгольского нашествия』을 스코틀랜드 동양학자인 해밀턴 알렉산더 로스킨 깁Hamilton Alexander Rosskeen Gibb(1895~1971)이 번역하여 런던에서 1928년 출간되었다.

펠리오

91~106   알프레트 포르케Alfred Forke(1867~1944), 『중국 고대 철학사 Geschichte der alten chinesischen Philosophie』(함부르크, 1927) -폴 펠리오

106~108   르네 그루쎄René Grousset, 『부처의 발자취를 따라서Sur les traces du Bouddha』(파리, 1929) -폴 펠리오

109~118   새로 들어온 책Livres reçus

───── 제2~3호 (1930) ─────

119~178   루이 리주티Louis Ligeti, 「{프랑스} 연구소 도서관에 있는 쉴링 폰 칸스타트의 몽골 컬렉션La collection mongole Schilling von Canstadt a la bibliothèque de l'Institut」[1]

179~188   아서 크리스토퍼 모울Arthur Christopher Moule, 「이역도지{異域圖志}, 케임브리지 웨이드 컬렉션에 들어있는 『이상한 나라들의 그림과 묘사』에 대한 소개An Introduction to the "I yü t'u chih" Or "Pictures and Descriptions of Strange Nations" in the Wade Collection at Cambridge」

단편 모음Mélanges

189~190   「현장玄奘 책에서 '천천千泉'의 튀르크어 명칭Le nom turc des "Mille Sources" chez Hiuan-tsang」 -폴 펠리오

190~192   「기욤 루브릭의 책에서 소위 '이아스콧'이란 단어Le prétendu mot

---

1   파벨 쉴링의 티베트 컬렉션은 자끄 바코Jacques Bacot가 『아시아 저널Journal Asiatique』, 1924년 10~12월 호, 321~348쪽에 소개한 바 있다. 파벨 쉴링Pavel Schilling(1786~1837)은 뮌헨에 있는 러시아 대사관에서 언어 장교로 복무하며 전자기 전보를 발명한 사람으로 잘 알려졌다.

"iascot" chez Guillaume de Rubrouck」 – 폴 펠리오

192~195 「'역참驛站'이란 의미의 얌(yam 또는 jam)에 관하여Sur yam ou jam, "relais postal"」 – 폴 펠리오

195~198 「코코-다브타르와 호구청책Les kökö-däbtär et les 戶口青冊 hou-k'eou ts'ing-ts'eu」 – 폴 펠리오

199~202 「『몽골비사』의 옛 몽골 텍스트에서 변경된 단락Un passage altéré dans le texte mongol ancien de "l'Histoire secrète des Mongols"」 – 폴 펠리오

도서 목록Bibliographie

203~211 게오르게 브라티아누Gheorghe I. Brătianu(1898~1953), 『13세기 흑해에서의 제노아 무역에 관한 연구Recherches sur le commerce génois dans la Mer Noire au XIIIe siècle』(파리, 1929) – 폴 펠리오

211~212 카를 헨츠Carl Hentze, 『장례용 인형들: 고대 중국의 신앙과 민속 연구 자료Les figurines de la céramique funéraire. Matériaux pour l'étude des croyances et du folklore de la Chine ancienne』(2책, 드레스덴, {1926}) – 폴 펠리오

213~216 새로 들어온 도서 설명Notes bibliographiques

217~231 새로 들어온 책Livres reçus

소식Chronique

232~234 페르디난드 페르비스트Ferdinand Verbiest(1623~1688)의 서신 목록; 1931년 9월 7일~12일에 라이덴에서 열릴 18차 국제동양학자 학술대회 알림

고인의 약력 또는 부고Nécrologie

235~236   샤를 외드 보냉Charles Eudes Bonin(1865~1929) - 폴 펠리오

236   아놀드 비씨에르Arnold Vissière(1858~1930)

236~237   요제프 마르크바르트Josef Markwart(1864~1930) - 폴 펠리오

237~239   리하르트 빌헬름Richard Wilhelm(1873~1930) - 폴 펠리오

239~241   프리드리히 빌헬름 카알 뮐러Friedrich Wilhelm Karl Müller - 폴 펠리오

241~243   알베르트 폰 르 콕Albert von Le Coq(1860~1930) - 폴 펠리오

243~244   아우구스트 헤르만 프랑케August Hermann Francke(1870~1930) - 폴 펠리오

244   요르크 트뤼브너Jörg Trübner(1903~1930) - 폴 펠리오

244~245   하인리히 글뤽Heinrich Glück(1887~1930) - 폴 펠리오

245   알프레트 디르Alfred Dirr(1867~1930) - 폴 펠리오

245~246   프레데릭 꾸르트와Frédéric Courtois | 柏永年(1860~1929) - 폴 펠리오

246   마티아스 창Mathias Tchang(1852~1929) - 폴 펠리오

--------- 제4~5호 (1930) ---------

247~358   폴 펠리오, 「위구르어로 쓰인 우구즈 칸의 전설에 관하여Sur la légende d'Uruz-khan en écriture ouigoure」[1]

359~406   폴 펠리오, 「월터 퍼시발 예츠가 간행한 유모포풀로스 컬렉션의 청동기 I, IILes bronzes de la collection Eumorfopoulos publiés par M. W. P. Yetts, I et II」

407~420   폴 펠리오, 「아놀드 비씨에르Arnold Vissière」

---

[1] 이 글은 리자 누르Riza Nur(1879~1942)가 표음 문자로 전사하고, 프랑스어로 역주한 「튀르크 서사시 우구즈 나메Oughouz-namé, épopée turque」(1928)에 대한 서평 형식으로 작성된 논문이다.

단편 모음Mélanges

421~424 「북경에 있었던 마누엘 살다냐의 사절L'ambassade de Manoel de Saldanha à Pékin」² - 폴 펠리오

424~426 「'진묘陳昴'인가, 진앙陳昂인가"Tchin-mao" ou Tch'en Ngang?」 - 폴 펠리오

427~428 「바다코끼리Rosmarus」 - 루이 바네Louis Vanhée

도서 목록 Bibliographie

429~434 안네마리 폰 가바인Annemarie von Gabain, 『군주의 교육서: 육가陸賈의 신어新語 | Ein Fürstenspiegel: Das Sin-yü des Lu Kia』(베를린, 1930) - 폴 펠리오

235~249 새로 들어온 책Livres reçus

소식Chronique

250 중국에 새로 생긴 성省들Les nouvelles provinces chinoises³

고인의 약력 또는 부고Nécrologie

451~454 마리누스 빌렘 데 피쎄르Marinus Willem de Visser(1875~1930) - 얀 율리우스 로드베익 뒤벤다크Jan Julius Lodewijk Duyvendak

454~457 조르주 부이야르Georges Bouillard(1862~1930) - 폴 펠리오

457~458 앙뜨완 조셉 앙리 샤리뇽Antoine Joseph Henri Charignon(1872~1930) - 폴 펠리오

---

2 마누엘 데 살다냐Manuel de Saldanha(?~1659)는 포르투갈 비제우Viseu의 66대 주교이자 코임브라 대학 총장을 지냈다. 이 단편 글은 1928~1929년도 『통보』, 195쪽에서 앙리 코르디에가 1667년 말이라고 제기한 것에 대한 이의 제기이다.

3 이 소식은 1930년 9월 30일 자 『중국 주간 리뷰The China Weekly Review』에 실린(87~90쪽) '장단자張丹子'라는 사람의 글을 발췌한 것이다.

신『통보』
제28책 (1931)

─── 제1~2호 (1931) ───

1~24 니콜라이 트미트리예프비치 미로노프Nikolay Dmitrievich Mironov (1880~1936), 「니아야프라베샤Nyāyapraveśa」[1]

25~70 베른하르드 칼그렌Bernhard Karlgren, 「티베트어와 중국어Tibetan and Chinese」

71~77 얀 율리우스 로드베익 뒤벤다크Jan Julius Lodewijk Duyvendak, 「왕씨의 한자 배열 시스템, 개정된 왕운오王雲五 사각번호 한자 검색법Wong's System for Arranging Chinese Characters. The Revised Four-Corner Numeral System 改訂四角號碼檢字法 by Y. W. Wong 王雲五」[2]

단편 모음Mélanges

78~86 「중국 네스토리우스교 신도의 십자가 사용The Use of the Cross among the Nestorians in China」 - 아서 크리스토퍼 모울Arthur Christopher Moule

86~87 「노래하는 모래Singing Sands」[3] - 아서 크리스토퍼 모울Arthur Christopher Moule

---

1 「니아야프라베샤」는 '논리입문서'란 의미로, 현장玄奘이 『인명입정리론人明入正理論』으로 한역했다. 저자는 상갈라주商羯羅主 | Śaṅkarasvāmin(450~530?)로 알려져 있다.
2 상하이 상무인서관. 1928년 출간. 왕운오王雲五(1888~1979)는 광동 출신의 학자.
3 이 글은 『타임』지에 기고했으나, 실리지 않은 편지를 입수하여 수록했다고 한다. 이 편지는 1931년 3월 3일 작성되었다.

87~88   「조르주 부이라르Georges Bouillard(1862~1930)의 출판 저술 목록 보충Addenda à la bibliographie des publications de G. Bouillard」 - 폴 펠리오

도서 목록Bibliographie

89~92   마리오 롱에나Mario Longhena(1876~1967), 『니콜로 데 콘티, 지롤라모 아도르노, 지롤라모 다 산투 스테파노의 페르시아, 인도, 자바 여행기Viaggi in Persia, India e Giava di Nicolò de' Conti, Girolamo Adorno e Girolamo da Santo Stefano』(밀라노, 1929) - 폴 펠리오

92~95   림붕갱(林文慶), 『이소離騷』, 굴원屈原의 슬픔을 만난 엘레지The Li Sao, an Elegy on Encountering Sorrows, Ch'ü Yüan』(상하이, 1929) - 폴 펠리오

95~104   『호보기린(法寶義林), 중국, 일본 자료에 따라 편찬된 불교 백과사전Hôbôgirin, Dictionnaire encyclopédique du bouddhisme d'après les sources chinoises et japonaises』(제2책, 뭄바이 & 도쿄, 1930) - 폴 펠리오

104~108 오타니 다이가쿠 도서관大穀大學圖書館, 『강희 연간 북경에서 편집된 티베트 대장경과 현재 도쿄 오타니 대학 도서관에 소장된 칸주르 비교 분석 목록A Comparative Analytical Catalogue of the Kanjur Division of the Tibetan Tripiṭaka edited in Peking during the K'ang-hsi era, and at present kept in the Library of the Otani Daigaku Kyoto in which the contents of each sutra are collated with their corresponding parts in the existing Sanskrit, Pali and Chinese texts, and in which page-references to the Narthang and the Derge edition of the Tripiṭaka are also entered』(제1책, 교토, 1930) - 폴 펠리오

108~110 세르게이 미하일로비치 시로코고로프Sergei Mikhailovich Shirokogorov(1887~1939), 『북방 퉁구스의 사회 조직, 이러한 집단의 지리적 분포와 역사에 관한 서론 첨부Social Organization of the Northern Tungus, with Introductory Chapters concerning Geographical Distribution and

History of These Groups』(상하이, 1929) - 폴 펠리오

111~113 니콜라이 니콜라이예비치 포페Nikolaï Nikolaïevitch Poppe (1897~1991), 『다우르 방언Dagurskoe narečie』[1] (세인트 페테르부르크, 1930) - 폴 펠리오

113~118 가르마 단카라노비치 산체프Garma Dancaranovič Sanžeev, 『만주어-몽골어 대조Mančžuro-mongol'skie yazykovye paralleli』(세인트 페테르부르크, 1930) - 폴 펠리오

118~125 베데마이어A. Wedemeyer, 『일본 고대사, 5세기 이래 고대 일본의 연대 및 강역 구성에 관한 연구Japanische Frühgeschichte. Untersuchungen zur Chronologie und Territorialverfassung von Altjapan bis zum 5. Jahrh. n. Chr.』(도쿄, 1930) - 폴 펠리오

125~128 베르톨트 라우퍼Berthold Laufer, 『중국어-히브리어 필사본, 중국 유대인의 역사에 관한 새로운 자료Chinese-Hebrew Manuscript, a New Source for the History of the Chinese Jews』[2] - 아서 크리스토퍼 모울Arthur Christopher Moule

129~240 새로 들어온 책Livres reçus

고인의 약력 또는 부고Nécrologie

241 오귀스트 보니파시Auguste Bonifacy(1856~1931) - 폴 펠리오

241~242 기욤 카퓌스Guillaume Capus(1857~1931) - 폴 펠리오

242 스타니슬라스 슈발리에Stanislas Chevalier | 蔡尙質(1852~1930) - 폴 펠리오

243~244 찰스 엘리엇 경Sir Charles Eliot(1862~1931) - 폴 펠리오

---

1 다우르Dahur | Daur, 또는 다구르Dagur | Daghur, 중국어로는 다워얼達斡爾로 표기하는 몽골족의 한 부로이며 원래는 다우리아에서 현재는 중국 동북부와 시베리아 지역에 산다.

2 이 책은 『셈어족과 문학에 관한 아메리칸 저널The American Journal of Semitic Languages and Literatures』 46권, 1930년 4월, 3호, 189~197쪽의 별쇄본이다.

—— 제3~5호 (1931) ——

245~342   지우 비엔 밍周辨明(1891~1984), 「흔히 아모이 방언으로 알려
          진 하구(廈語)의 음운구조와 성조 방식 및 중국어 언어학 문제
          와의 관계The Phonetic Structure and Tone Behaviour in Hagu (Commonly
          Known as the Amoy Dialect) and Their Relation to Certain Questions in Chinese
          Linguistics」

343~345   폴 펠리오, 「지우 비엔 밍의 논고에 대한 간략한 평론Brèves remarques
          sur l'article de M. Chiu Bien-ming」

346~354   아서 웨일리Arthur Waley, 「중국 민간 문학사에 관한 기술Notes on the
          History of Chinese Popular Literature」[1]

355~368   에두아르트 에르케스Eduard Erkes, 「중국 창세 신화의 흔적Spuren
          chinesischer Weltschöpfungsmythen」

단편 모음Mélanges

369~378   「서안부西安府 비문의 불분명한 구절Une phrase obscure de l'inscription
          de Si-ngan-fou」[2] - 폴 펠리오

378~380   「몽골 시기에 관한 몇몇 한문 필사본Sur quelques travaux chinois
          manuscrits concernant l'époque mongole」 - 폴 펠리오

380~382, 517   「705년의 미륵보살 좌상Une statue de Maitreya de 705」 - 폴 펠
          리오

---

1   풍몽룡馮夢龍; 「금고기관今古奇觀」; 능몽초凌濛初. 김성탄金聖歎을 소개했다.

2   그 문장은 "間平大於此是之中 隙冥同於彼非之內"이다.

도서 목록 Bibliographie

383~413 아서 웨일리Arthur Waley, 『대영박물관 동양의 인쇄물과 필사본 분과 그리고 델리 중앙아시아 고고 박물관에 보존된 아우럴 스타인 Aurel Stein 경이 둔황에서 다시 찾아낸 그림들의 목록A Catalogue of Paintings Recovered from Tunhuang Sir Aurel Stein, K.C.I.E., Preserved in the Sub-Department of Oriental Prints and Drawings in the British Museum, and in the Museum of Central Asian Antiquities, Delhi』(런던, 1931) - 폴 펠리오

413~428 아서 웨일리Arthur Waley, 『연금술사의 여행, 도사 장춘진인(長春眞人)이 칭기즈칸의 부름을 받고 중국에서 힌두쿠시로 가는 여정, 제자 이지상(李志常) 기록함The Travels of an Alchemist, the Journey of the Taoist Ch'ang-ch'un from China to the Hindukush at the Summons of Chingiz Khan, Recorded by His Disciple Li Chih-ch'ang』[3](런던, 1931) - 폴 펠리오

428~436 마리누스 빌렘 드 비쎄르Marinus Willem de Visser(1875~1930), 『일본 고대 불교: 7~8세기 불경과 의례와 그 후의 역사Ancient Buddhism in Japan, Sūtra and Ceremonies in Use in the Seventh and Eighth Centuries A.D. and Their History in Later Times』(제1책, 파리, 1931) - 폴 펠리오

436~444 찰스 헨리 토니Charles Henry Tawney(1837~1922) 번역, 『이야기의 바다The Ocean of Story』[4](런던, VI, 1926; VII, 1927; VIII, 1927; IX, 1927; X, 1928) - 폴 펠리오

444~450 에밀 시에크Emil Sieg(1866~1951), 빌헬름 시에클링Wilhelm

---

3 이 책은 장춘진인長春眞人 구처기丘處機(1148~1227)가 1222년 중앙아시아를 여행한 기록인 『서유기西遊記』를 말한다.

4 『통보』, 1927~1928연도 3·4, 333~345쪽에 이어, 제6권~제10권까지의 해제이다. 제6권에는 아우구스투스 로말두스 라이트Augustus Romaldus Wright(1813~1891), 제7권에는 모리스 붐필드Maurice Bloomfield(1855~1928), 제8권에는 윌리엄 레지날드 할리데이William Reginald Halliday(1886~1966), 제9권에는 아툴 찬드라 차터리Sir Atul Chandra Chatterjee(1874~1955)의 사전 설명이 들어 있다.

Siegling(1800~1946), 빌헬름 슈체Wilhelm Schutze, 『토하라어 어법 Tocharische Grammatik』(괴팅겐, 1931) - 폴 펠리오

450~452 에드몽 부롱Edmond Buron(1874~1942), 『깡부레 주교이자 파리 대학 총장 피에르 댈리(1350~1420)의 이마고 문디Ymago mundi de Pierre d'Ailly, Cardinal de Cambrai et Chancelier de l'Université de Paris, 1350~1420』(파리, 1930) - 폴 펠리오

452~457 오토 피셔Otto Fischer, 『중국 한나라의 회화Die chinesische Malerei der Han-Dynastie』(베를린, 1931) - 폴 펠리오

457~463 한스 라이헬트Hans Reichelt(1877~1939), 『대영박물관 소그드어 필사본 잔권 전사와 번역Die soghdischen Handschriftenreste des Britischen Museums in Umschrift und Uebersetzung』(제2책, 비불교 문헌과 불교 문헌에 대한 보충, 하이델베르크, 1931) - 폴 펠리오

463~470 빌헬름 코퍼스Wilhelm Koppers(1886~1961), 「환태평양 민족 신화 속의 개Der Hund in der Mythologie der zirkumpazifischen Völker」(『문화사 와 언어학을 위한 비엔나 논고Wiener Beiträge zur Kulturgeschichte und Linguistik』, I, 1930, 359~399쪽) - 폴 펠리오

471~472 니콜라이 니콜라이예비치 포페Nikolaï Nikolaïevitch Poppe (1897~1991), 『다우르 방언Dialecte dahur)』(Leningrad』(1930) - 가르 마 단카라노비치 산체프Garma Dancaranovič Sanžeev

472~474 앙뜨완 모스타르트Antoine Mostaert(1881~1971), 『남부 우르두스 몽골어 방언Le Dialecte des Mongols Urdus Sud』(생 가브리엘-뫼들링, 1927) - 가르마 단카라노비치 산체프Garma Dancaranovič Sanžeev

474~477 니콜라이 니콜라이예비치 포페Nikolaï Nikolaïevitch Poppe (1897~1991), 『알라르 방언Dialecte alar』[1](세인트 페테르부르크, I, 1930, II, 1931) - 가르마 단카라노비치 산체프

---

1 알라르Alar 방언은 몽골어 부랴트Buryat 계열이다.

——— 제1~3호 (1932) ———

1~42   얀 율리우스 로드베익 뒤벤다크Jan Julius Lodewijk Duyvendak,「덥스
         의 『순자荀子』 번역에 관한 주석Notes on Dubs' Translation of Hsün-
         tzŭ」[1]

43~54   폴 펠리오Paul Pelliot,「세록탄의 실제 이름Le vrai nom de "Seroctan"」[2]

55~99   헐리 글레스너 크릴Herrlee Glessner Creel(1905~1994),「공자는 불
         가지론자였는가?Was Confucius Agnostic?」

100~103 구 예칭[葛毅卿](1906~1977),「유喩계 글자들의 자음 음가에 관하
         여On the Consonantal Value of 喩-Class Words」

단편 모음Mélanges

104~109 「러시아에 보존된 몇몇 중국학 관련 필사본에 관하여Sur quelques
         manuscrits sinologiques conservés en Russie」- 폴 펠리오

109~111 「강희康熙 연간 선교사들의 세 중국어 이름Trois noms chinois de
         missionnaires sous K'ang-hi」- 폴 펠리오

---

1 호머 하센프러그 덥스Homer Hasenpflug Dubs(1892~1969)는 미국의 중국 학자, 철학자로, 반고의 『한서漢書』 부분 번역으로 가장 잘 알려져 있다.

2 '세록탄Seroctan'은 소르학타니 베키Sorghaghtani Beki, 중국어로는 사로화첩니唆魯禾帖尼(1192?~1252)의 라틴어 표기이다. 칭기즈칸의 4남 툴루이의 아내로, 뭉케, 쿠빌라이, 훌루게, 아리크부카의 어머니이다.

111~114 「마르코 폴로 번역본A Marco Polo Translation」-아서 크리스토퍼 모울Arthur Christopher Moule

114~118 「웁살Upsal에서 발견된 예수회의 오래된 중국어 간행물 묶음Une liasse d'anciens imprimés chinois des Jésuites retrouvée à Upsal」-폴 펠리오

118~121 「이슬람교도와 중국인의 공통된 생각Mohamedans and Chinese Common Opinion」-허버트 뮐러Herbert Mülle   r

도서 목록Bibliographie

122~125 아네사키 마사하루{姉崎 正治}(1873~1949), 『키리시탄 선교 (16~17세기 일본의 천주교 선교)의 역사 용어 색인A Concordance to the History of Kirishitan Missions, Catholic Missions in Japan in the Sixteenth and Seventeenth Centuries』[3](도쿄, 1930) - 폴 펠리오

125~127 한스 퓌르스텐베르크Hans Fürstenberg, 『건륭황제의 프랑스 조각품 Kaiser Kien-lung's französisches Kupferstichwerk』(『필로빌론Philobiblon』, IV(1931), 9호, 371~377쪽) - 폴 펠리오

127~130 에슨 맥도웰 게일Esson McDowell Gale(1886~1975), 『염철론{鹽 鐵論}, 중국 고대 상공업의 국가 통제에 관한 논고, 제1장~제19 장Discourses on Salt and Iron, a Debate on State Control of Commerce and Industry in Ancient China, Chapters I-XIX』(라이덴, 1931) - 폴 펠리오

130~135 아서 윌리엄 흄멜Arthur William Hummel(1884~1975) 역주, 『한 중 국 역사가의 자서전(고사변{古史辨}), 중국 고대사 심포지엄의 서 문The Autobiography of a Chinese Historian, Being a Preface to a Symposium on Ancient Chinese History [Ku shih pien]』(라이덴, 1931) - 폴 펠리오

135~136 한스 요르겐센Hans Jórgensen 편역, 『불교 전설 모음집Vicitrakarṇi

---

3   키리시탄Kirishitan은 크리스천의 일본어 표기이다.

kāvadānoddhṛta」[1] (런던, 1931) - 폴 펠리오

136~138 『라이덴의 동양학 연구와 관련된 초고 4편Quatre esquisses détachées relatives aux études orientalistes à Leiden』(라이덴, 1931) - 폴 펠리오

138~140 요한 베이크P. Johann Weig, 『중국인의 성姓, 백가성百家姓에 근거하여Die chinesischen Familiennamen nach dem Büchlein 百家姓』(칭다오, 1931) - 폴 펠리오

141~275 새로 들어온 책Livres reçus[2]

———— 제4~5호 (1932) ————

276~386 레오폴드 드 쏘쉬르Léopold de Saussure(1866~1925), 「중국 연대표와 주나라의 출현La Chronologie Chinoise et l'avènement des Tcheou」[3]

---

1 이 불교 설화집은 네팔어인 네와리nevâri어로 작성된 텍스트이다.

2 여기 '새로 들어온 책' 란은 편집장인 폴 펠리오의 학문과 『통보』를 향한 열정을 잘 보여준다. 펠리오는 동서양 동양학 자료 총 213건을 다 읽고 각 자료에 대한 한 페이지 정도의 해설과 서평을 남겼다. 하나만 예를 들어보자면, 프랑스의 '한국학 아버지'로 일컬어지는 샤를 아그노에Charles Haguenauer(1896~1976)의 책과 논문이 6종이 소개되어 있다. 이 중에서 아그노에 씨가 「의정의 계귀와 역사 속의 계림Le Ki-kouei 雞貴 de Yi-tsing et le Kye-rim 鷄林 de l'histoire」, 『카노 잡지Mélanges Kano 狩野』. 13~25쪽에서 발표한 논문의 추가 주석을 『프랑스 일본 우정의 집 회보Bulletin de la maison franco-japonaise』. III, 2(1931), 17~18쪽에 실었는데, 이 자료에 대해 폴 펠리오는 다음과 같은 논평을 남겼다(191~192쪽). "10세기 중반으로 거슬러 올라가는 아주 흥미로운 이 텍스트는 정대창程大昌(1123~1195)의 『연번로演繁露』에 들어있다. 아그노에 씨의 번역은 그다지 정확하지는 않은 것 같다. 나는 다음과 같이 이해한다. '계림 지역에서는 항상 쌀로 조상들에게 제사한다. 어떤 이는 계림의 {사람들이} 수탉의 후예라고 한다. 고려高麗에서 수탉을 삶지 않는데, 수탉을 삶으면 즉시 집안에 불행이 닥친다고 한다. 생각건대, 개를 터부시했던 견융(犬戎)과 같다.' 쌀로 제사했다는 점은 틀림없이 닭의 후예와 연관되어 있다. 우리가 '닭'으로 번역하고 있지만, '수탉' 또는 '암탉'도 마찬가지로, 터부시되었다는 사실을 말해주지는 않는다. 대체로 닭과 같은 부류일 것이다. 마지막 문장에 대해서, 내 생각은 정대창의 언급과 같다. 그는 10세기 중국 사신이 진술한 관습을 언급한 뒤에 상고시대 견융犬戎 사람들과 나란히 놓고 있다." 지면상 하나의 예만 들지 못했지만, 왜 우리가 『통보』란 자료를 해제하고 역주해야 하는 지를 잘 보여준다.

3 『통보』. 권23(1924), 287쪽에 이이 두 번째.

제30책 (1933)

—————— 제1~2호 (1933) ——————

1~25   요제프 뮐리Jozef Mullie(1886~1976), 「요遼나라 왕들의 무덤, 요경 릉Les sépultures de K'ing des Leao 遼慶陵」[1]

26~36   루이 리주티Louis Ligeti, 「초머가 편집한 티베트 저서들Ouvrages tibétains rédigés a l'usage de Csoma」[2]

37~84   에드몽 샤씨노Edmond Chassigneux(1875~1967), 「오로 리카와 플라 타 리카 (두 개의 작은 섬)Rica de oro et Rica de plata」[3]

85~99   폴 펠리오Paul Pelliot, 「파피얀에서 파순波旬으로Pāpīyān〉波旬 Po-siun」

100~181   제임스 롤랜드 웨어James Roland Ware, 「위수魏收의 불교론Wei Shou on Buddhism」[4]

182~223   요제프 뮐리, 「요약수饒樂水 | La rivière Jao-Lo 饒樂水」[5]

---

1   요경릉遼慶陵은 중국 요나라 성종聖宗(980~982년 재위)의 영경릉永慶陵, 흥종興宗(1021~1031년 재위) 의 영흥릉永興陵, 도종道宗(1055~1101년 재위)의 영복릉永福陵으로, 내몽골 바린우기巴林右旗에 있다.

2   알렉산더 초머 쾨뢰스Alexander Csoma de Körös(1784~1842)는 헝가리의 문헌학자이자 동양학자였으며 최초의 티베트어-영어 사전 및 문법에 관한 책을 낸 바 있다. 『통보』 제12책(1911), 436쪽을 보시오.

3   오로와 리카는 일본과 하와이 사이의 앤슨 군도에 있는 작은 섬이다.

4   위수魏收(507~572)는 북제北齊 고조高祖(550~559년 재위)의 칙명을 받아 북위北魏의 건국에서부터 동 위東魏 효정제孝靜帝(534~550년 재위)까지 165년간의 역사서 『위서魏書』를 편찬하였다.

5   요약수饒樂水는 내몽골 자치구 동부를 흐르는 시라무룬강을 말한다.

224~230   조르주 세데스Georges Cœdès, 「캄보디아인 연구Études cambodgiennes」[6]

231~236   요제프 뮐리Jozef Mullie(1886~1976), 「중국어의 이중 주격Le double nominatif en Chinois」

237~452   폴 펠리오, 「15세기 초 중국의 대항해Les grands voyages maritimes chinois au début du XVe siècle」

단편 모음Mélanges

453~455   「대영박물관에 소장된 '고개지顧愷之'의 가장 오래된 소장품Le plus ancien possesseur connu du "Kou K'ai-tche" du British Museum」 - 폴 펠리오

456   정오표

457~458   색인

---

6   이 논고 조르주 세데스가 「극동 프랑스학교 학보Bulletin de l'École française d'Extrême-Orient』, II, 123~177 쪽에 실린 「진랍풍토기역주」 중에서 148~151쪽에서 기술한 팔사유八思惟에 관한 새로운 주석이다. 박세욱 역주, 「진랍풍토기역주』, 144~146쪽을 참고하시오.

─────── 제1~2호 (1934) ───────

1~57   프리차드E. H. Pritchard, 「매카트니 사절과 관련된 북경 선교사들의 편지, 1793~1803년Letters from Missionaries at Peking Relating to the Macartney Embassy, 1793~1803」

58~94   폴 펠리오Paul Pelliot, 「마카오의 초창기에 관한 저술Un ouvrage sur les premiers temps de Macao」[1]

95~151 폴 펠리오, 「미하우 보임Michel Boym」[2]

도서 목록 Bibliographie

152~157 세베리아노 알코벤다스R. P. Fr. Severiano Alcobendas, O.F.M., 『중국 주재 프란체스칸 선교, 편지, 보고서 및 부에나벤투라 이바녜스 신부(1650~1690)와의 관계Las misiones Franciscanas en China, Cartas, Informes y Relaciones del Padre Buenaventura Ibáñez, 1650~1690』(마드리드,

---

1   이 글은 장천택張天澤의 「중국-포르투갈 1514~1644년의 무역. 포르투갈-중국 자료 집성Sino-Portuguese trade from 1514 to 1644. A synthesis of Portuguese and Chinese sources」(라이덴, 1934)에 대한 서평 형식의 논문이다.

2   이 논고는 로베르 샤브리에Robert Chabrié의 「폴란드 예수회 선교사 미셸 보임과 중국 명나라 말, 1646~1662, 극동 선교사에 관한 논고Michel Boym, jésuite polonais, et la fin des Ming en Chine, 1646~1662, contribution à l'histoire des missions」(파리, 1933)에 대한 서평 형식의 글이다. 미하우 표트르 보임Michał Piotr Boym(1612?~1659)은 중국에 파견된 폴란드 예수회 선교사로 아시아 동물군, 식물군 및 지리학에 관한 수많은 저술을 남겼다.

1933) - 폴 펠리오

157~167 에리히 해니쉬Erich Haenisch(1880~1966), 「칭기즈칸의 마지막 원정과 동아시아 전승에 따른 그의 죽음Die letzten Feldzüge Cinggis Han's und sein Tod nach der ostasiatischen Ueberlieferung」(『아시아 메이저Asia Major』, IX, 1933, 503~551쪽) - 폴 펠리오

167~172 에드워드 데니슨 로스Edward Denison Ross(1871~1940), 『앤서니 셜리Anthony Sherley 경과 그의 페르시아 모험기, 여기에 관련된 몇 가지 동시대 기술 포함Sir Anthony Sherley and His Persian Adventure, including Some Contemporary Narratives Relating hereto』(런던, 1933) - 폴 펠리오

172~176 에드워드 조셉 토마스Edward Joseph Thomas(1869~1958), 『불교 사상사The History of Buddhist Thought』(런던, 1933) - 폴 펠리오

176~178 구스타프 욘 람스테트Gustaf John Ramstedt(1873~1950), 「알타이어의 구개음화Die Palatalisation in den altaischen Sprachen」(『페니키아 과학 아카데미 연보Annales Academiæ Scientiarum Fennicæ』, 23, 1932, 239~251쪽) - 폴 펠리오

178~187 알퐁스 바트Alfons Väth(1874~1937), 『요한 아담 샬 폰 벨 신부 Johann Adam Schall von Bell S.J.』[3](쾰른, 1933) - 폴 펠리오

─────── 제3~5호 (1935) ───────

188~236 빌리 하트너Willy Hartner, 「『시경詩經』의 일식에 관한 데이터Das Datum der Shih-Ching-Finsternis」

---

3 요한 아담 샬 폰 벨Johann Adam Schall von Bell(1591~1666)은 독일 쾰른 출신의 로마 가톨릭교회 사제, 천문학자, 예수회 선교사로 중국에서 선교하며 서양식 역법을 중국에 소개했다.

———— 제1호 (1936) ————

1~14   오토 멘헨 헬펜Otto Mänchen-Helfen(1894~1969), 「일본의 백조 요
        정 이야기Das Märchen von der Schwanenjungfrau in Japan」

15~58   폴 펠리오Paul Pelliot, 「항원변項元汴의 도자 도록Le prétendu album de
        porcelaines de Hiang Yuan-pien」[1]

59~64   호머 하센프러그 덥스Homer Hasenpflug Dubs(1892~1969), 「한나라
        고조高祖의 이름과 조상The Name and Ancestry of Han Kao-tsu」

도서 목록Bibliographie

65~68   루이 슈람Louis Schram, 『중국 감숙 지방 현지인들의 결혼Le mariage
        chez les T'ou-jen du Kan-sou, Chine』(상하이, 1932) - 요제프 뮐리Jozef
        Mullie(1886~1976)

68~76   알렉산더 폰 스타엘-홀스타인Alexander von Staël-Holstein(1877~1937),
        『카샤파파리바르타, 라트나쿠타 품品의 마하야나수트라The
        Kāçyapaparivarta, a Mahāyānasūtra of the Ratnakūṭa class』[2](상하이, 1926);

---

1   항원변項元汴(1524~1590)은 명나라 때의 수집가, 화가이며, 자는 자경子京, 호가 묵림산인墨林山人이다.
2   이 책은 대보적경 가섭품의 산스크리트어-티베트어-중국어본 6종을 합쳐 간행한 「대보적경가섭품범장
    한육종합각大寶積經迦葉品梵藏漢六種合刻을 번역한 도서이다. 『대보적경大寶積經』은 120권으로 주로 보
    살 수행법에 대해 논하고 있으며, 대승불교의 5대 경전 중 하나이다. 당나라 시기, 보디루치菩提流志 등
    이 한역漢譯했다.

『카샤파파리바르타 주석A Commentary to the Kāçyapaparivarta』(북경, 1933); 프리드리히 벨러Friedrich Weller, 『카샤파파리바르타의 티베트어 번역본 색인Index to the Tibetan Translation of the Kāçyapaparivarta』(북경, 1933) - 폴 펠리오

76~79 어번 타이너 홈즈Urban Tigner Holmes, 「중국어에서 기원한 프랑스어 단어French Words of Chinese Origin」(『언어Language』, X, 1934, 280~285쪽) - 폴 펠리오

79~80 프리드리히 리슈Friedrich Risch, 『빌헬름 폰 루브릭, 1253~1255년 몽골 여행기Wilhelm von Rubruk. Reise zu den Mongolen 1253~1255』(라이프치히, 1934) - 폴 펠리오

80~81 헨리 버나드Henri Bernard, 『예수회 선교사 벤투 데 고이스, 오뜨 아지Haute Asie의 이슬람교도들, 1603~1607Le Frère Bento de Goes. Chez les Musulmans de la Haute Asie, 1603~1607』(톈진, 1934)¹ - 폴 펠리오

81 에드먼드 백하우스Edmund Backhouse(1873~1944)와 존 오트웨이 퍼시 블랜드John Otway Percy Bland(1863~1945), 『만주 황제들, 북경 조정의 기록Les empereurs mandchous. Mémoires de la Cour de Pékin』²(파리, 1934) - 폴 펠리오

81~82 로스웰 브리튼Roswell S. Britton, 『중국의 신문中國報紙 | the Chinese Periodical Press』(상하이, 1938) - 폴 펠리오

82~83 스말레 백작Comte de Semallé, 『북경에서의 4년, 1880년 8월~1884년 8월까지. 통킹Quatre ans à Pékin, Août 1880-Août 1884. Le Tonkin』(파리, 1933) - 폴 펠리오

---

1 벤투 데 고이스Bento de Góis(1562~1607)는 포르투갈의 예수회 선교사이자 탐험가이다. 영어식으로 'Bento de Goes' 또는 'Bento de Goës' 등으로 표기되었다. 인도에서 아프가니스탄과 파미르 고원을 넘어 중국으로 간 최초의 유럽인으로 알려져 있다. '오뜨 아지'란 '상부 아시아'라는 의미로 폴 펠리오가 사용한 지리학 용어로 알려져 있다. 대체로 중앙아시아, 시베리아 그리고 히말라야 사이의 영역을 지칭한다. 박세욱 편역주, 『파리에서 둔황까지』 서문을 참고하시오.
2 이 책은 미첼L. M. Mitchell이 프랑스어로 번역하고 앙리 마스페로의 서문을 붙였다.

83~84 다니엘 조지 에드워드 홀Daniel George Edward Hall(1891~1979),
『달후지와 파이어의 통신문, 1852~1856년The Dalhousie-Phayre
Correspondence 1852~1856』(런던, 1932)³ - 폴 펠리오

—— 제2~3호 (1936) ——

85~161 헐리 글레스너 크릴Herrlee Glessner Creel(1905~1994), 「중국 표의
문자의 본질에 대하여On the Nature of Chinese Ideography」
162~166 폴 펠리오, 「중국 문자 속 음운론에 대한 간략한 고찰Brèves
remarques sur le phonétisme dans l'écriture chinoise」
167~204 스튜어트 노리스 울펜든Stuart Norris Wolfenden(1889~1938), 「티
베트 동부 자룽[嘉戎] 방언에 관한 기술Notes on the Jyarung Dialect of
Eastern Tibet」

—— 제4호 (1936) ——

205~209 제임스 롤랜드 웨어James Roland Ware, 「탁발위[拓跋魏] 간의 죄를 시
험하는 방법An Ordeal among the T'o-pa Wei」
210~222 폴 펠리오, 「정화[鄭和]의 항해에 관해 다시 논함Encore à propos des
voyages de Tcheng Houo」
223~229 폴 펠리오, 「1608년 시암과 네덜란드의 관계Les relations du Siam et de

---

3 달하우지는 인도 서북부 참바Chamba 시 근처에 있는 산간 도시로, 영국 총독이었던 달하우지 백작, 즉
제임스 브라운 람세이James Broun-Ramsay(1812~1860)의 작위에서 비롯된 명칭이다. 그는 1847년부터
1856년까지 인도의 영국 총독을 지냈다. 파이어Phayre는 바로 로버트 파이어Robert Phayre(1820~1897)
인도 군대 장군을 말한다.

la Hollande en 1608」

230~237 폴 펠리오, 「소화掃花 | Sao-houa, saura, saurat, saguate」[1]

238~258 비런 보너자Biren Bonnerjea, 「히말라야 지역의 일부 티베트-버마어 방언의 음운론Phonology of Some Tibeto-Burman Dialects of the Himalayan Region」

259~284 폴 펠리오, 「'토하라어'에 관하여A propos du "tokharien"」

285~292 얀 율리우스 로드베익 뒤벤다크Jan Julius Lodewijk Duyvendak, 「네덜란드 주재 최초의 시암 대사관The First Siamese Embassy to Holland」

──── 제5호 (1936) ────

293~344 얀 율리우스 로드베익 뒤벤다크Jan Julius Lodewijk Duyvendak, 「네덜란드의 초기 중국학 연구Early Chinese Studies in Holland」

단편 모음Mélanges

345~346 「『소흥계고록紹興稽古錄 | Le Chao-hing ki-kou lou』」 - 폴 펠리오

346~352 조지 보우나코프George W. Bounacoff,[2] 「갑골 연구의 새로운 기고문 New Contributions to the Study of Oracle Bones」

도서 목록 Bibliographie

353 메흐메드 푸아드 쾨프뤼루Mehmed Fuad Köprülü, 『오스만제국의 기원Les origines de l'empire ottoman』(파리, 1935) - 폴 펠리오

354~355 뤼시엥 지베르Lucien Gibert, 『만주의 역사-지리 사전Dictionnaire

---

1 'r'의 음가는 'γ', 'g', 즉 'ㄱ'에 해당한다.
2 보우나코프는 소련 과학아카데미 언어와 정신 마르N. J. Marr 연구소 소속으로 소개되어 있다.

historique et géographique de la Mandchourie』(홍콩, 1934) – 폴 펠리오

355~359 에리히 해니쉬Erich Haenisch(1880~1966), 『원조비사元朝秘史│ Mangḥol un niuca tobca'an(Yüan-ch'ao pi-shi). Die Geheime Geschichte der Mongolen)』(라이프치히, 1935) – 폴 펠리오

359~360 알베르트 헤르만Albert Herrmann(1886~1945), 「흉노시기의 고비 사막Die Gobi im Zeitalter der Hunnenherrschaft」(『지리학 연보Geografiska Annaler』, 1935, 130~143쪽) – 폴 펠리오

361~363 알베르트 헤르만Albert Herrmann(1886~1945), 「최초의 튀르키예 세계지도, 1076년Die älteste Türkische Weltkarte, 1076 n. Chr.」(『세계의 이미지Imago Mundi』, 1935, 21~28쪽) – 폴 펠리오

363~372 알베르트 헤르만Albert Herrmann(1886~1945), 『중국의 역사와 상 업 지도Historical and Commercial Atlas of China』(케임브리지, 1935) – 폴 펠리오

372~374 리하르트 켈링Richard Kelling, 『중국의 주택Das Chinesische Wohnhaus』 (도쿄, 1935) – 폴 펠리오

374~375 에두아르트 호르스트 폰 촤르너Eduard Horst von Tscharner(1901~1962), 『아드몬터 필사본에 근거한 중세 독일 문헌의 마르코 폴로Der mitteldeutsche Marco Polo nach der Admonter Handschrift』(베를린, 1935) – 폴 펠리오

375~379 구스타브 욘 람스테트Gustaf John Ramstedt(1873~1950), 『칼미크어 사전Kalmückisches Wörterbuch』[3] (헬싱키, 1935) – 폴 펠리오

379~384 아나스타시우스 판 덴 빈가에르트P. Anastasius van den Wyngaert와 파 비아노 볼렌P. Fabiano Bollen, 『중국 프란시스코회Sinica Franciscana』(제 3책, 카라치, 1936) – 폴 펠리오

---

3 칼미크어는 반적으로 오이라트 어의 방언으로 취급되며, 몽골어족에 속한다. 러시아 연방에 속한 칼미 크 공화국 주변의 약 13만 명이 칼미크어를 모국어로 사용한다.

신 『통보』
제33책 (1937)

—— 제1호 (1937) ——

1~14   호머 하센프러그 덥스Homer Hasenpflug Dubs(1892~1969), 「전한前漢 시기의 '금인金人'The "Golden Man" of Former Han Times」

15~90   빅토리아 콘타크Victoria Contag(1906~1973), 「개자원芥子園 인물화화전Das Mallehrbuch für Personenmalerei des Chieh tzŭ yüan」[1]

단편 모음Mélanges

91~94   「퍼거슨 박사와 항원변項元汴의 앨범Le Dr. Ferguson et l'album dit de Hiang Yuan-pien」-폴 펠리오

94~95   「중국에서 헤엄치는 소가 끄는 배Boats Towed by a Swimming Buffalo in China」-아서 크리스토퍼 모울Arthur Christopher Moule

도서 목록Bibliographie

95~100   볼프강 프랑케Wolfgang Franke, 『강유위康有爲와 그 학파의 변법 유신 운동: 중국의 서양과의 지적 충돌에 관한 논고Die Staatspolitischen Reformversuche K'ang Yu-weis und seiner Schule. Ein Beitrag zur geistigen

---

1   개자원芥子園은 명나라 말과 청나라 초 이어李漁(1611~1680)의 남경 별장 명칭이다. 그로부터 유래한 『개자원화보芥子園畫譜』 또는 『개자원화전芥子園畫傳』는 왕개王槪, 왕시王蓍, 왕얼王臬 세 형제가 중심이 되어 만든 화보이다. 콘타크의 글은 바로 제2권에 수록된 '인물보'를 해설한 논고이다.

Auseinandersetzung Chinas mit dem Abendlande』(함부르크, 1935) - 얀 율
리우스 로드베익 뒤벤다크

100~102   베르너 아히호른Werner Eichhorn(1899~1990), 『주돈이周敦頤, 11
세기 중국 학자의 생애Chou Tun-i, ein Chinesisches Gelehrtenleben aus
dem 11 Jahrhundert』(라이프치히, 1936) -얀 율리우스 로드베익
뒤벤다크

102~104   더트 보드Derk Bodde와 헨리 베치Henri Vetch, 『돈례신敦禮臣의 『연
경세시기燕京歲時記』에 기록된 연례 풍습과 명절Annual Customs and
Festivals as Recorded in the Yen-ching Sui-shih-chi by Tun Li-ch'en』(북경,
1936) - 얀 율리우스 로드베익 뒤벤다크

——— 제2호 (1937) ———

105~128   아서 크리스토퍼 모울Arthur Christopher Moule, 「마르코 폴로의 킨사
이杭州에 대한 묘사Marco Polo's Description of Quinsai」[1]

129~133   제니스Jos. Jennes, 「17세기 초 중국의 기독교 예술, 동기창董其昌
그림의 모델이 된 앙뜨완 베이릭스의 판화L'art chrétien en Chine au
début du XVIIe siècle, une gravure d'Antoine Wierx identifiée comme modèle
d'une peinture de Tong k'i-tch'ang」[2]

134~149   에두아르트 에르케스Eduard Erkes, 「하나라는 역사에 속하는가?Ist
die Hsia-Dynastie geschichtlich?」

150~157   요제프 뮐리Jozef Mullie(1886~1976), 「1214년의 지폐 원판Une

---

1   이글은 버링턴 하우스Burlington House에서 열린 중국 예술 국제 전시회와 연계하여 1936년 1월 20일 런
던에서 이루어진 강의록이다.
2   앙뜨와 베이릭스Antoine Wierx는 네덜란드 화가 안토니우스 베이릭스Antonius Wierix(1555~1604)일 것
이다.

planche à assignats de 1214」

158~183   샤를 아그노에Chales Haguenauer(1896~1976), 「고대 일본에서의
           죽음 표상의 특징Du caractère de la représentation de la mort dans le japon
           antique」

단편 모음Mélanges

184~190   「존 해즈델 르바이스John Hazedel Levis의 『중국 뮤지컬 예술의
           기초Foundations of Chinese Musical Art』」[3] -야프 쿤스트Jaap Kunst
           (1891~1960)
191~192   호머 하센프러그 덥스Homer Hasenpflug Dubs(1892~1969), 「덥스
           '전한前漢 시대의 금인' 포스트스크립트Postcript to Dubs, the Golden
           Idol of Former Han Times」

──── 제3~4호 (1937) ────

193~219   아서 크리스토퍼 모울Arthur Christopher Moule, 「깅코 빌로바와 그 나
           무의 다른 이름들The Name Ginkgo Biloba and Other Names of the Tree」
220~267   프리츠 룸프Fritz Rumpf(1856~1927), 「일본 동화 하고로모羽衣에
           대하여Über Japanische Märchen Hagoromo, Das Federkleid」
268~294   얀 율리우스 로드베익 뒤벤다크Jan Julius Lodewijk Duyvendak, 「경선景
           善의 일기의 황당함Ching-shan's Diary, A Mystification」[4]

---

3   존 해즈델 르바이스의 책은 1936년 북경에서 출판되었다.
4   만주족 출신 정치인 경선景善(1823~1900) 일기의 진위 문제를 다룬 글이다.

단편 모음Mélanges

295~298 「1936년 8월 22일~1937년 1월 20일까지, 귀보-리오따르 탐사 대의 베이스캠프 대리부大理府에서 루쯔기앙(바항)의 티베트 경 계까지의 행군Marche de la Mission Guibaut-Liotard de Tali Fou, base de départ, aux Marches Tibetaines du Loutseukiang(Bahang), 22 août 1936~20 janvier 1937」[1]

고인의 약력 또는 부고Nécrologie

299~300 시몬 하르트비흐 샤안크Simon Hartwich Schaank(1861~1935) - 로베 르트 한스 반 훌리크Robert Hans van Gulik(1910~1967)

─── 제5호 (1937) ───

301~360 비런 보너자Biren Bonnerjea, 「히말라야 지역의 일부 티베트-버 마어 방언의 형태론Morphology of Some Tibeto-burman Dialects of the Himalayan Region」

361~379 에두아르트 에르케스Eduard Erkes, 「『노자老子』 제50장Zu Lao-tse cap. 50」

380~394 데니스 시노르Dénes Sinor, 「'연기緣起'에 대한 개략적인 해석을 시 도함Entwurf eines Erklärungsversuches der Pratītyasamutpāda」

---

1 프랑스의 두 탐험가 앙드레 귀보André Guibaut(1903~1966)와 루이 리오따르Louis Liotard(1904~1940)의 제1차 탐사 개요이다.

신『통보』
제34책 (1938~1939)

────── 제1~2호 (1938~1939) ──────

1~137　　얀 율리우스 로드베익 뒤벤다크Jan Julius Lodewijk Duyvendak, 「중국
　　　　　조정에 있었던 마지막 네덜란드 사절, 1794~1795The Last Dutch
　　　　　Embassy to the Chinese Court(1794~1795)」

138~145　허버트 채틀리Herbert Chatley(1885~1955), 「중국 60갑자의 실제
　　　　　연대The True Era of the Chinese Sixty Year Cycle」

146~152　폴 펠리오Paul Pelliot, 「중국 자료에서 '화리즘'이란 명칭Le nom du
　　　　　χwārizm dans les textes chinois」

────── 제3호 (1938~1939) ──────

153~164　오스발드 시렌Osvald Sirén(1879~1966), 「18세기 초 이후 회화에
　　　　　관한 주요 화론An Important Treatise on Painting from the Beginning of the
　　　　　XVIIIth Century」

165~173　스튜어트 노리스 울펜든Stuart Norris Wolfenden(1889~1938), 「티베
　　　　　트어 '갸드'와 중국어 '팔八'의 어원에 관하여Concerning the Origins of
　　　　　Tibetan brgjad and Chinese 八 pwât "Eight"」

174~178　제임스 롤랜드 웨어James Roland Ware, 「한 번 더 금인金人에 관하여

Once More the "Golden Man"」

179~190 케네스 첸Kenneth Ch'en, 「중국 인근 지역에 관한 마테오 리치의 기술을 위한 가용한 자료A Possible Source for Ricci's Notices on Regions near China」

191~222 폴 펠리오, 「15세기와 16세기 중국에 있었던 프란체스코 선교사들Les Franciscains en Chine au XVIe et au XVIIe siecle」

223~227 얀 율리우스 로드베익 뒤벤다크Jan Julius Lodewijk Duyvendak, 「'실록實錄'에서 마지막 네덜란드 사절The Last Dutch Embassy in the "Veritable Records"」

단편 모음Mélanges

228~230 「보들레이안 도서관Bodleiana」 - 얀 율리우스 로드베익 뒤벤다크Jan Julius Lodewijk Duyvendak

230~237 「중국 항해의 지침Sailing Directions of Chinese Voyages」[1] - 얀 율리우스 로드베익 뒤벤다크

도서 목록 Bibliographie

238~239 찰스 시드니 가드너Charles Sidney Gardner(1900~1966), 『중국의 고전 사서Chinese Traditional Historiography』(하버드, 1938) - 얀 율리우스 로드베익 뒤벤다크

239~240 찰스 랄프 박서Charles Ralph Boxer(1904~2000), 『일본의 네덜란드 동인도 회사: 17세기에서 19세기까지 네덜란드인들이 일본에 미친 문화적, 예술적, 학문적 영향에 관한 논고Jan Compagnie in Japan, 1600~1817: An Essay on the Cultural, Artistic and Scientific Influence Exercised by the Hollanders in Japan from the Seventeenth to the Nineteenth Centuries』

---

1 보들레이안 도서관에 소장된 필사본 『순풍상송順風相送』에 관한 해설이다.

(헤이그, 1936);「초기 포르투갈의 선하 증권들, 1625~1708Some Early Portuguese Bills of Lading 1625~1708」(『나가사키 고등 상업 학교 연보Annals of Nagasaki Higher Commercial School』, 1937~1938, 18, 107~122쪽);「역사적 발굴Escavaçòes Historicas」(『마카오 교구 회보 Boletim Eclesiastico da Diocese de Macau』, 1937~1938) - 얀 율리우스 로드베익 뒤벤다크

240~243 헤에르트 테르프스트라Heert Terpstra(1884~1964), 『파타니에 있는 동인도 회사의 공장De Factory der Oostindische Compagnie te Patani』(헤이그, 1938) - 얀 율리우스 로드베익 뒤벤다크

244 에드워드 해밀턴 존스톤Edward Hamilton Johnston(1885~1942), 『초기 상키아, 텍스트에 따른 역사적 발전에 관한 논고Early Sāṁkhya, an Essay on its historical Development according to the texts』(런던, 1937) - 얀 율리우스 로드베익 뒤벤다크

244~245 플로렌스 아이스코Florence Ayscough(1875~1942), 『어제와 오늘의 중국 여인Chinese Women Yesterday and To-day』(런던, 1938) - 얀 율리우스 로드베익 뒤벤다크

245~246 발터 요세프 피셸Walter Joseph Fischel(1902~1973), 『중세 이슬람의 정치 경제적 삶에서의 유대인들Jews in the Economic and Political Life of Mediaeval Islam』(런던, 1937) - 얀 율리우스 로드베익 뒤벤다크

246~248 아서 크리스토퍼 모울Arthur Christopher Moule과 폴 펠리오, 『마르코 폴로, 세계의 기술Marco Polo, the Description of the World』(제2책, 런던, 1938) - 얀 율리우스 로드베익 뒤벤다크

─────── 제4호 (1938~1939) ───────

249~264 얀 율리우스 로드베익 뒤벤다크Jan Julius Lodewijk Duyvendak,「『전한

서前漢書』에 묘사된 한 전쟁담An Illustrated Battle-Account in the History of the Former Han Dynasty」[1]

265~294   헐리 글레스너 크릴Herrlee Glessner Creel(1905~1994), 「고대 한어 에서 상형문자에 관하여On the Ideographic Element in Ancient Chinese」

295~333   에두아르트 에르케스Eduard Erkes, 「순임금에 관하여Zur Sage von Shun」

도서 목록Bibliographie

334~340   아서 크리스토퍼 모울Arthur Christopher Moule과 폴 펠리오, 『마르코 폴로, 세계의 기술Marco Polo, the Description of the World』(2책, 런던, 1938) - 얀 율리우스 로드베익 뒤벤다크

——— 제5호 (1938~1939) ———

341~413   얀 율리우스 로드베익 뒤벤다크Jan Julius Lodewijk Duyvendak, 「15세 기 초 중국의 바다 원정에 관한 실제 연대The True Dates of the Chinese Maritime Expeditions in the Early Fifteenth Century」

고인의 약력 또는 부고Nécrologie

413   앙리 부쉐 예수회 신부Henri Boucher, S.J.(1857~1939) - 폴 펠리오

413   정오표

---

1   1938년 9월 9일 브뤼셀에서 열린 제20차 국제동양학 학술대회의 발표문.

신『통보』
제35책 (1939~1940)

—— 제1~3호 (1939~1940) ——

1~154   롤프 스타인Rolf Stein(1911~1999),「요지遼志」

155~184   로버트 파지Robert Fazy(1872~1956),「무어크로프트 사건, 티베트 탐험의 문제Le cas Moorcroft, un problème de l'exploration tibétaine」[2]

185~210   에두아르트 에르케스Eduard Erkes,「중국 고대 죽음의 신The God of Death in Ancient China」

단편 모음Mélanges

211~215   「기원전 35년 기술된 전쟁담에 관한 해설A Comment on an Illustrated Battle-Account in 35 B.C.」-얀 율리우스 로드베익 뒤벤다크

215~218   「확인된 '미리고麋[麖]里羔'The "Mi-li-kao" Identified」[3]-얀 율리우스 로드베익 뒤벤다크

---

1   거란契丹 민족 중심의 중국 동북방 지역의 대요大遼(916~1125)의 역사서로, 원나라 섭융례葉隆禮가 편찬한 책이다. 원나라 토크토脫脫 등이 지은 『요사遼史』와는 다른 사서이다.

2   윌리엄 무어크로프트William Moorcroft(1767~1825)는 동인도 회사에 소속된 탐험가로 티베트와 중앙아시아 예술품들을 많이 수집했다. 티베트 탐사는 1812년에 이루어졌다.

3   '미리고麋里羔'라는 짐승은 전곡錢穀의 『오도문수속집吳都文粹續集』(사고전서본, 권28, 36a)에 실린 정화鄭和의 「루동 유가항 천비궁 석각 통번사적기婁東劉家港天妃宮石刻通番事蹟記」에서 캘리컷(古里)이 헌상한 짐승으로 언급되었다. 이 자료를 얀 율리우스 로드베익 뒤벤다크는 『통보』, 권34, 「15세기 초 중국의 바다 원정에 관한 실제 연대The True Dates of the Chinese Maritime Expeditions in the Early Fifteenth Century」에서 해설하면서 이 짐승을 발음만 옮겨 놓았는데(348, 354쪽), 여기서는 그 짐승을 고증했다.

—— 제4호 (1939~1940) ——

219~265　호머 하센프러그 덥스Homer Hasenpflug Dubs(1892~1969), 「왕망王莽과 그의 경제개혁Wang Mang and His Economic Reforms」

266~288　피터 알렉시스 부드버그Peter Alexis Boodberg(1903~1972), 「'표의문자' 또는 우상 숭배?'Ideography' or Iconolatry?」

289~328　아서 크리스토퍼 모울Arthur Christopher Moule, 중계원Chung Kei-Won, 「케임브리지와 프린스턴의 『대명실록大明實錄』The Ta-Ming Shih-lu (Cambridge and Princeton)」[1]

—— 제5호 (1939~1940) ——

329~353　얀 율리우스 로드베익 뒤벤다크Jan Julius Lodewijk Duyvendak, 「'중국 조정에 있었던 마지막 네덜란드 사절'에 관한 보충 자료 Supplementary Documents on the Last Dutch Embassy to the Chinese Court」

354~363　사이러스 헨더슨 피크Cyrus Henderson Peake(1900~1979), 「『청사고淸史稿』의 여러 판본 비교A Comparison of the Various Editions of the Ch'ing Shih Kao | 淸史稿」

364~370　에두아르트 에르케스Eduard Erkes, 「중국 고대 갑골문Zum Altchinesischen Orakelwesen」

도서 목록Bibliographie

371~376　윌리엄 찰스 화이트William Charles White(1873~1960), 『중국 고대 무덤 타일 그림들, 기원전 3세기경의 하남 서부 무덤에서 출토된

1　중계원Chung Kei-Won은 한국 부산 출신의 학자 정기원鄭基元(1899~1986)이다.

자기 타일에 관한 고고학적 연구Tomb Tile Pictures of Ancient China, an Archæological Study of Pottery Tiles from Tombs of Western Honan, Dating about the Third Century B.C.』(토론토, 1939) - 얀 율리우스 로드베익 뒤벤다크

376~385, 428   윌리엄 찰스 화이트William Charles White, 『중국 대나무 화첩, 1785년의 수묵 대나무 그림들에 관한 연구An Album of Chinese Bamboos, a Study of a Set of Ink-Bamboo Drawings A.D. 1785』(토론토, 1939)[2] - 얀 율리우스 로드베익 뒤벤다크

385~398   파스칼 델리아Pascal M. D'Elia, 『중국 기독교 예술의 기원, 1583~1640Le Origini Dell' Arte Cristiana Cinese, 1583~1640』(로마, 1939) - 얀 율리우스 로드베익 뒤벤다크

399~403   오토 프랑케Otto Franke(1863~1946), 이지李贄, 「16세기 중국의 저항 역사에 관한 논고Li Tschi, Ein Beitrag zur Geschichte der Chinesischen Geisteskämpfe im 16. Jahrhundert」(『프로이센 과학 아카데미 논문집 Abhandlungen der Preussischen Akademie der Wissenschaften』, 1937); 「이지李贄와 마테오 리치Li Tschi und Matteo Ricci」(『프로이센 과학 아카데미 논문집Abhandlungen der Preussischen Akademie der Wissenschaften』, 1938) - 얀 율리우스 로드베익 뒤벤다크

403   안토이네트 코스체락 고든Antoinette Koscherak Gordon(1892~1975), 『티베트 라마교의 도상 연구The Iconography of Tibetan Lamaism』(뉴욕, 1939) - 얀 율리우스 로드베익 뒤벤다크

403~404   존 오트웨이 퍼시 블랜드John Otway Percy Bland와 에드먼드 백하우스Edmund Backhouse(1873~1944), 『자희태후慈禧太后 치하의 중국, 조정 기록과 집정관 개인 일기에서 편집한 자희慈禧의 생애와 시대China under the Empress Dowager, Being the History of the Life and Times of

---

2   저자가 연구한 중심 자료는 이간李衎의 『죽보상록竹譜詳錄』이다.

Tz'u Hsi, Compiled from State Papers and the Private Diary of the Comptroller of Her Household』(북경, 1939) - 얀 율리우스 로드베익 뒤벤다크

404~407   한스 스튀벨Hans Stübel(1885~1961), 『해남도海南島 여족黎族, 남 중국 민속에 관하여Die Li-Stämme der Insel Hainan, Ein Beitrag zur Volkskunde Süd-Chinas』(베를린, 1937) - 얀 율리우스 로드베익 뒤벤 다크

407~416   한스 오토 하인리히 스탄게슈탕에Hans Otto Heinrich Stange(1903~1978) 역주, 『왕망王莽 전론, 『전한서』, 권99Die Monographie über Wang Mang, Ts'ien-Han-shu Kap. 99』(라이프치히, 1939) - 얀 율리우스 로드베익 뒤벤다크

417~427   새로 들어온 책Livres reçus

신 『통보』
제36책 (1940~1942)

——— 제1호 (1940) ———

1~25 볼프람 에버하르트Wolfram Eberhard(1909~1989),「한나라 시기 통계 데이터에 관하여Bemerkungen zu statistischen Angaben der Han-Zeit」

26~63 에두아르트 에르케스Eduard Erkes,「중국 고대의 말Das Pferd im alten China」

64~80 호머 하센프러그 덥스Homer Hasenpflug Dubs(1892~1969),「기원전 36년 중국인과 로마인 간의 군사적 접촉A Military Contact between Chinese and Romans in 36 B.C.」

단편 모음Mélanges

85~86 「소위『경선일기景善日記』에 대해 재차 논함Once More: The So-Called Diary of Ching-Shan」- 얀 율리우스 로드베익 뒤벤다크

도서 목록Bibliographie

87~94 카렐 쿤라드 크리에허Carel Coenraad Krieger(1884~1970),『18세기 유럽 문명의 일본 침투에 관한 연구The Infiltration of European Civilization in Japan during the 18th Century』(라이덴, 1940) - 요하네스 라더Johannes Rahder(1898~1988)

―――― 제2호 (1941) ――――

95~158 　파울 나겔Paul Nagel, 「진례陳澧의 『절운고切韻考』에 근거한 『절운切韻』 음의 재구성Beiträge zur Rekonstruktion der 切韻 Ts'ieh-Yün-Sprache auf Grund von 陳澧 Ch'en Li's 切韻考 Ts'ieh-Yün-K'au」

159~173 　에두아르트 에르케스Eduard Erkes, 「하나라 시기의 반고盤古 신화?Eine P'an-ku-Mythe der Hsia-Zeit?」

단편 모음Mélanges

174~180 　「1054년의 '객성客星'The "Guest-Star" of 1054」 - 얀 율리우스 로드베익 뒤벤다크와 얀 헨드릭 오르트Jan Hendrik Oort(1900~1992)

―――― 제3~5호 (1942) ――――

181~400 　요제프 뮐리Jozef Mullie(1886~1976), 「허사 '지之'Le mot-particule 之 tchē」

단편 모음Mélanges

401~407 　「시몬 스티븐의 '항해하는 수레'Simon Stevin's "Sailing-Chariot"」² - 얀 율리우스 로드베익 뒤벤다크Jan Julius Lodewijk Duyvendak

---

1　'객성客星'이란 이전에 관찰되지 않은 갑자기 출현한 혜성을 말한다. 『사기史記』, 권27, 「천관서天官書」 (1294쪽)에 처음 언급되었다.

2　시몬 스테빈Simon Stevin(1548?~1620)는 네덜란드 수학자이자 과학자이다. 그는 믿을 수 없을 정도로 빠른 '항해하는 수레'를 고안했다고 한다.

──── 부록 (1942) ────

1~506   볼프람 에버하르트Wolfram Eberhard(1909~1989),『중국 변경 지역
의 문화와 부락Kultur und Siedlung der Randvölker Chinas』

신『통보』
제37책 (1942~1944)

──── 제1호 (1942) ────

1~14   밀더W. Z. Mulder, 「『무비지武備志』의 항해도The "Wu Pei Chih" Charts」[1]

15~34   에두아르트 에르케스Eduard Erkes, 「고대 중국의 조류 사육Vogelzucht Im Alten China」

──── 제2호 (1943) ────

35~72   폴 펠리오Paul Pelliot, 「나이만으로 오인한 부족: 바탁킨 사람들Une tribu méconnue des Naiman : Les Bätäkin」[2]

──── 별책 (1944) ────

vii-viii 얀 율리우스 로드베익 뒤벤다크와 폴 드미에빌Paul Demiéville

---

1   『무비지武備志』는 모원의茅元儀(1594~1640)가 지은 총 240권의 역대 병법과 무예를 집대성한 책이다. 「정화항해도」는 권240에 수록되어 있다. 박세욱 역주, 「도이지략역주」 표지 설명을 참고하시오.

2   나이만Naiman ｜ 乃蠻은 고대 튀르크-몽골 혼합 부족으로, 대략 11세기부터 몽골고원 서부에 거주하였다. 이 논문은 「아시아 저널」에 기고하기로 예정되어 있었으나 현재 상황이 여의찮아 「통보」에 싣는다는 설명이 들어있다.

(1894~1979)의 서문

1~377 「이전 총 47책(1890~1944)의 색인Index Général des Quarante-Sept Premiers Volumes, années 1890~1944」

381~596 「분야별 보충 색인Index Complémentaire par Matières」

597~602 『통보』의 권수와 연대 대조표와 목차; 정오표

——— 제3~4호 (1944) ———

73~101 폴 펠리오, 「튀르크어와 몽골어에서 'q-(k-)' 초성이 있고 없는 형태들Les formes avec et sans q-(k-) initial en turc et en mongol」

102~113 폴 펠리오, 「시롤하~시랄하Širolra-Širalra」

114~124 폴 펠리오, 「'케렉수르'라는 단어Le terme "kereksur"」

125~134 폴 펠리오, 「음역 글자, '워' 또는 '와'로 발음하는 '斡'과 '바이'로 발음하는 '仈'Les caractères de transcription 斡 wo ou wa et 仈 pai」[3]

135~152 데니스 시노르Dénes Sinor, 「특히 우랄-알타이어에서 널리 사용되는 형태소D'un morphème particulièrement répandu dans les langues ouralo-altaïques」

——— 제5호 (1944) ———

153~164 폴 펠리오, 「'퀴브슈리-퀴브시르'와 '퀴브치우르-퀴브쉬르'Qubčiri-qubčir et qubči'ur-qubčur」

---

3 '仈' 자는 『강희자전』에 음을 '가伽'로 표기하고 있다. '바이'란 음가를 어디에 근거했는지 모르겠다. 소리를 담당한 '백白' 자에 근거한 것 같다.

신『통보』
제38책 (1945~1948)

———— 부록 (1945) ————

1~181   루이 앙비스Louis Hambis(1906~1978), 「『원사元史』, 권 107Le Chapitre CVII du Yuan Che」

———— 제1호 (1947) ————

1~15   얀 율리우스 로드베익 뒤벤다크, 「폴 펠리오, 1878년 5월 28일 ~1945년 10월 26일Paul Pelliot, May 28th 1878-October 26th 1945」

16~42   폴 드미에빌Paul Demiéville(1894~1979), 「앙리 마스페로와 중국 연구의 미래Henri Maspero et l'avenir des études chinoises」

43~74   요제프 뮐리Jozef Mullie(1886~1976), 「『좌전』에서 보이는 맹세의 형식들Les formules du serment dans le Tso-Tchouan」

75~80   새로 들어온 책Livres reçus

———— 제2~5호(1948) ————

81~292   폴 펠리오Paul Pelliot, 「호자와 『명사明史』의 사이드 후세인Le Ḫōja et

le Sayyid Ḥusain de l'Histoire des Ming」

단편 모음Mélanges

293~294 「중국학에서 색인들Les index en sinologie」 - 루이 바네Louis Vanhée

도서 목록Bibliographie

295~301 로베르 데 로투르Robert des Rotours(1891~1980), 『'백관지百官志' 와 '병지兵志'Traité des Fonctionnaires et Traité de l'Armée』(라이덴, 2책, 1947~1948)¹ - 얀 율리우스 로드베익 뒤벤다크Jan Julius Lodewijk Duyvendak

301~307 알렉세이예프V. M. Alexeiev, 「서예의 미묘함에 있어서의 서예가와 시인Artist-kalligraf i poet o tainakh v iskusstve pis'ma」(『러시아 동양학보 Sovetskoe Vostokovedenië』, 4, 19-33쪽, 1947?) - 얀 율리우스 로드베익 뒤벤다크

308~313 아치발드 깁슨 웬리Archibald Gibson Wenley(1898~1962), 「황태후 문명文明과 방산方山의 북위北魏 공동묘지The Grand Empress Dowager Wên Ming and the Northern Wei Necropolis at Fang Shan」(『프리어 예술 갤러리 잡록Feer Gallery of Art Occasional Papers』, I, 1947, 총 28쪽) - 얀 율리우스 로드베익 뒤벤다크

313~318 대그니 카터Dagny Carter, 『중국 예술 4,000년Four Thousand Years of China's Art』(뉴욕, 1948) - 얀 율리우스 로드베익 뒤벤다크

318~320 베른워드 헨리 윌케Bernward Henry Willeke(1913~1997), 『제국 조정과 1784~1785년간 중국에서의 가톨릭 선교Imperial Government and Catholic Missions in China during the Years 1784~1785』(뉴욕, 1948) - 얀 율리우스 로드베익 뒤벤다크

---

1 이 책은 『신당서新唐書』, 권 46~50을 번역한 도서이다. 중화서국 표점본으로는 권 36~40에 해당한다.

320 폴 세루이스Paul Serruys(1912~1999), 「중국학 연구에 있어서 문헌학과 언어학Philologie et linguistique dans les études sinologiques」(『모누멘타 세리카Monumenta Serica』, VIII, 1943, 167~219쪽) – 얀 율리우스 로드베익 뒤벤다크

320~321 볼프강 프랑케Wolfgang Franke, 「1937~1945년 전쟁 시기 동안 해방 중국에서 중국학 연구물Sinological Research Work in Free China during the War Period 1937~1945」(『중국문화연구휘간中國文化研究彙刊』, VI, 137~171쪽) – 얀 율리우스 로드베익 뒤벤다크

321~329 파스칼 델리아Pascal M. D'Elia, 『중국에서의 갈릴레오Galileo in Cina』(로마, 1947) – 얀 율리우스 로드베익 뒤벤다크

329~332 야로슬라프 프루쉑Jaroslav Průšek(1906~1980), 「중국 시장과 바자르의 놀라운 이야기들 '전기傳奇'Podivuhodné Příběhy z čínských tržišť a bazarů 傳奇」(브노로비, 연도 없음, 총 325쪽); 『유악劉鶚의 '노잔유기', 늙고 쇠잔한 사람의 떠돌아다님Liu O 老殘遊記 Putování Starého Chromce』(멜란트리흐, 연도 없음, 총 403쪽); 『중국인들의 문학과 교육에 관하여O čínském písemnictví a vzdělanosti』(프라하, 1947) – 얀 율리우스 로드베익 뒤벤다크

332~339 쿠어트 불프Kurt Wulff, 『'도덕경' 8장Acht Kapitel des Tao-tê-king』(코펜하겐, 1942) – 얀 율리우스 로드베익 뒤벤다크

339~343 카알 뷩어Karl Bünger(1903~1997), 『당나라 시기의 법제사 자료Quellen zur Rechtsgeschichte der T'ang-Zeit』(북경, 1946) – 판 데어 팔크 H. van der Valk

344~353 새로 들어온 책Livres reçus

353 정오표

신 『통보』
제39책 (1950)

──── 부록 (1944) ────

1~260   알베르 캉므레Albert Kammerer(1875~1951), 「16세기 포르투갈인
         들의 중국 발견과 해도 제작La Découverte de la Chine par les Portugais au
         XVIème Siècle et la Cartographie des Portulans」

──── 제1~3호 (1950) ────

1~82   아서 크리스토퍼 모울Arthur Christopher Moule, 「『주사어보硃砂魚譜』
         의 한 판본A Version of the Book of Vermilion Fish」[1]
83~131   에띠엔 발라즈Etienne Balázs(1905~1963), 「한나라 말의 사회적 위
         기와 정치 철학La crise sociale et la philosophie politique à la fin des Han」
132~160 로렌스 팔머 브릭스Lawrence Palmer Briggs, 「1593~1603년 스페인의
         캄보디아 간섭Spanish Intervention in Cambodia 1593~1603」

---

1   명나라 말 장겸덕張謙德이 지은 중국 최초의 금붕어의 생태와 기르는 방법을 기술한 책으로, 만력 24년
     (1596)에 처음 간행되었다.

단편 모음Mélanges

161~163 쿠르트 불프의『도덕경 8장』에 관한 뒤벤다크 교수의 서명에 관
한 주석A Note on Professor Duyvendak's Review of Kurt Wulff: Acht Kapitel
des Tao-te-king - 빅토르 단체Victor Dantzer

163~164 「에르케스의 '고대 중국의 개에 관하여'에 대한 보유Nachträge zu
Erkes, Der Hund im alten China」[2] - 에두아르트 에르케스Eduard Erkes

도서 목록Bibliographie

165~183 안토니오 시스토 로쏘Antonio Sisto Rosso(1904~1990),『중국 주재
교황 사절Apostolic Legations to China』(사우스패서디나, 1948) - 얀
율리우스 로드베익 뒤벤다크

183~197 찰스 랄프 박서Charles Ralph Boxer(1904~2000),『1550~1770년
중국에서의 피달고. 마카오 역사의 허와 실Fidalgos in the Far East,
1550~1770. Fact and Fancy in the History of Macao』(헤이그, 1948) - 얀
율리우스 로드베익 뒤벤다크

197~199 발터 푹스Walter Fuchs,『주사본朱思本의 중국 '몽골 지도'와 '광여도
廣興圖The "Mongol Atlas" of China by Chu Ssŭ-pen and the Kuang-yü-t'u』
(북경, 1946) - 얀 율리우스 로드베익 뒤벤다크

199~203 헨리 버나드Henri Bernard, 「1655년 마르티니 지도의 몽골과 중국
자료Les sources mongoles et chinoises de l'atlas Martini, 1655」(『모누멘타 세
리카Monumenta Serica』, XII, 1947, 127~144쪽) - 얀 율리우스 로드
베익 뒤벤다크

203~204 페프해렌H. Verhaeren, 「마르티노 마르티니의 '신 중국 지도'의 독일
본A German Edition of Fr. Martini's "Novus Atlas Sinensis"」(『모누멘타 세
리카Monumenta Serica』, XII, 1947, 260~265쪽) - 얀 율리우스 로드

---

2 『통보』, 제37책, 186~225쪽.

베익 뒤벤다크

204~205 쉰들러B. Schindler 편집장, (신)『아시아 메이저Asia Major』(런던, 1949) - 얀 율리우스 로드베익 뒤벤다크

206~210 새로 들어온 책Livres reçus

211~212 정오표 - 얀 율리우스 로드베익 뒤벤다크

─────── 제4~5호 (1950) ───────

213~227 에밀 가스파르돈Émile Gaspardone(1895~1982), 「안남 문학의 언어들Les langues de l'annamite littéraire」

228~329 루이 바쟁Louis Bazin(1920~2011), 「탁발拓跋이라고 말하는 사람들에 관한 연구(기원후 5세기 이후)(Recherches sur les parlers T'o-pa(5e siècle après J.C.)」

330~346 루치아노 페테크Luciano Petech(1914~2010), 「티베트 텍스트에 따른 조지 보글George Bogle(1746~1781)과 사무엘 터너Samuel Turner(1759~1802)의 사신 임무The Missions of Bogle and Turner According to the Tibetan Texts」

도서 목록 Bibliographie

347~355 카알 아우구스트 비트포겔Karl August Wittfogel(1896~1988)과 펑 지아-셩 등등, 『중국 사회사: 요나라, 907~1125History of Chinese Society: Liao, 907~1125』(필라델피아, 1949) - 폴 드미에빌Paul Demiéville

356~357 루이 바쟁Louis Bazin, 「4세기 최초의 튀르크어 텍스트: 『진서晉書』의 '흉노匈奴'어 두 구Un texte proto-turc du IVe siècle: le distique hiongnou

du Tsin-chou」[1] (『동양Oriens』, V. I, 라이덴, 1948, 208~219쪽) - 폴
드미에빌Paul Demiéville

357~364 헐리 글레스너 크릴Herrlee Glessner Creel(1905~1994), 『공자, 인간
과 신화Confucius, the Man and the Myth』(뉴욕, 1949) - 얀 율리우스
로드베익 뒤벤다크

365~369 풍우란馮友蘭과 더트 보드Derk Bodde, 『간명 중국 철학사A Short
History of Chinese Philosophy』(뉴욕, 1948) - 얀 율리우스 로드베익 뒤
벤다크

369~374 볼프람 에버하르트Wolfram Eberhard(1909~1989), 『중국사Chinas
Geschichte』(베른, 1948) - 얀 율리우스 로드베익 뒤벤다크

375~386 새로 들어온 책Livres reçus

386 정오표- 얀 율리우스 로드베익 뒤벤다크

---

1 바쟁이 말하는 흉노어 두 마디는 『진서晉書』, 권95, 「불도징佛圖澄열전」(2486쪽)에 "秀支替戾岡, 僕谷劬
禿當"라고 한 것을 말한다.

| 색인 |

ㄱ

가라단呵羅單 113
가라부사라哥羅富沙羅 118
가라哥羅 118
가릉訶陵 108
가베 317
가융嘉戎 355
갑골문 368
갑두磕頭 51
강남 38
강승회康僧會 216
강희자전 111
강희康熙 344
개 381
개미 205
개봉부開封府 178
개자원芥子園 247, 249, 250, 359
객가 261
객성客星 372
갸드 363
거란 문자 306
거록鉅鹿 306
거미로 치는 점 266
거미줄 116
거북 289
검은 손 인장 73
격치경원格致鏡原 24
결의형제 287
경교 199

경붕經棚 311
경선일기景善日記 371
경선景善 361
경세대전經世大典 322
경원부慶遠府 174
경친왕慶親王 128, 242
계시 종교 61
고개지顧愷之 214, 349
고구려 204
고금기관今古奇觀 315
고깔형 여성 모자 45
고대 그릇 219
고대 발음 288
고대의 말 371
고대 일본 361
고란족 198
고빌A. Gaubil 104, 276
고영固靈 265
곤륜산崑崙山 297
공자 53, 56, 321, 344
곽수경郭守敬 284
광서 145, 147, 148
광서제 123, 124, 126, 159
광서통지집요廣西通志輯要 145, 147, 148
광저우 81, 152, 201
광학렌즈 273
교리 문답 165
교민국敎民國 57
교통로 41

교황 91
구나바르만 165
구면球面 284
구변九辯 352
구장산술 270
국사國師 244
국학계간國學季刊 308
군자국君子國 55
귀덮개 부족 148
귀보-리오따르 362
귀주貴州 178
규기窺基 169
귤록橘錄 304
그르나르 74
그리스 253
극동 352
극동 프랑스학교École Française d'Extrême-Orient 9
금고기관今古奇觀 26
금인金人 359, 361, 363
급란단急蘭丹 113
기독교 271, 277, 279, 283, 317, 360
기생충 137
기욤 루브릭 332
깅코 빌로바 361
까띠나호 189

ㄴ

나이만 374
나폴레옹 1세 136
남비엣 189
남중국 266
낭아수狼牙修 106
네덜란드 43, 131, 355, 356, 363, 364, 368
네덜란드령 인도 49, 51
네스토리우스교 91, 95, 244, 321, 337

네팔 269
네페마코 256
노르망디 110
노리토 222
노자老子 362
논리 321
노Nô 가면 93
누기婁機 265
니르바나 315
니리국泥離國 63
니아야프라베샤 337
니코바르 106
니콜라이 라드린체프 41
니콜로 드 콘티 116

ㄷ

다낭 189
다록茶錄 24
단단單單 118
달걀흰자 100
달단韃靼 49
달라이라마 226
달력 30, 176
달사達嵯 80
당나라 305, 324
대구법 84
대두 62
대리부大理府 362
대명실록大明實錄 368
대수표對數表 261
대수代數 249, 251
대영박물관 349
대요大遼 299
대인국大人國 55
대장경 232

대진 277
대청율례大淸律例 24
대청大淸 45
대한국大漢國 55
대항해 349
도덕경 176, 250, 381
도롱농 274
도병賭餅 172
도비闍毗 107
도자기 81, 303
도정계都貞繼 71
도종道宗 306
도쿄 77
독화라獨和羅 113
돈손頓遜 111
돌궐어 92
동기창董其昌 360
동방학회東方學會 307
동석凍石 58
동아시아 253
동양문고東洋文庫 329
동인도 91
동銅 261, 263
두건荳乾 26
두부荳腐 26, 62
둔황 276
드 기니 206
드깡Decaen 131
디브야바다나 193
디아르 266
디프테리아 25, 26, 28
띠 동물 253

ㄹ
라마 157

라마 사원 58
라싸 226, 317
라오스 75, 124, 150
라이rye 352
라자리스트 293
란나 237
람장 124
랍비 벤자민 308
랑선 51
랩차어 90
량치차오 285
러시아 147, 198, 200, 344
러시아-일본 조약 181
런던 타워 37
레싱 325
레옹 위제 324
로강瀘江 193
로도비코 드 바르테마 116
로로 199, 208, 217, 219, 222, 235, 237,
239, 242, 244, 247
로마인 371
로민국勞民國 57
로프 노르 148
록하르트 99
롱Róng 43
루브르 박물관 168, 319
루세이 쿠키 255
루손 44
루앙프라방 124
루옥비엔 남비엣 수끼 릿찌에우 니엔끼 59
루쯔기앙 362
뤼덴베르크 325
류머티즘 57
류큐어 211
르세르프 62

□

마누엘 살다나 335
마니교 305
마다가스카르 183
마두관세음 109
마르코 폴로 68, 189, 250, 316, 345, 360, 366
마사麼些 211
마안마 37
마엽옹麻葉甕 109
마일동麻逸凍 109
마일麻逸 109
마조파 109
마카도 45
마카오 350
마테오 리치 292, 364
막대기 61
만랄가滿剌加 118
만주 26, 147, 207, 255, 256
만주어 97, 105, 266, 300, 305, 315
만청 황제 226
말라바르 73
말라유 108
말라카 49, 83
말레이 93
말레이반도 49, 83
말레이어 28, 165
말리우르 108
망가치니 214
망갈로르 214
망드라고르 283
매카트니 350
맥고麥糕 26
맨드레이크 76
맹장염 137

메르잠 142
메시아 91
면화 107
명사明史 377
모기 127
모래 337
모이족 25
모자이혹론牟子理惑論 290
목성 206
목왕穆王 292
몽골 41, 87, 97, 169, 174, 283, 299, 340
몽골비사 333
몽골어 375
몽골인 127
몽골 컬렉션 332
몽자蒙自 201
무강武姜 79
무비지武備志 374
무슬림 사원 243
무어크로프트 367
무역항 79, 85
무창武昌 130
무호 38
묵자墨子 321
묵철가한默啜可汗 249
문단文單 268
문부文賦 324
문신국文身國 46
문종文宗 331
문헌학 279
미국 88
미라 43
미륵보살 좌상 340
미리고 367
미신 252

미얀마 21, 25, 30, 255, 256, 310
미엔닝 시엔 206
미트레야 327
미하우 보임 350
민간요법 116
밀랍 100

ㅂ

바다코끼리 258, 280, 335
바닷가재 40
바린 299
바수반두 168, 169, 172
바실리 바르톨트 331
바탁 61
바탁킨 374
바후앙 191
박닌Bac-ninh 82
박레 51
반고班固 324
반랑 189
반어법 36, 38
반용班勇 185
반초班超 185
방승方勝 99
방언 310
방장주方丈洲 71
방정식 259
배명국背明國 63
배우 123
백계술百雞術 256, 259
백구白駒 81
백민국 55
백부당산학총서 264
백성百姓 77
백장청규百丈淸規 211

백조 요정 353
뱀 289
버닝-렌즈 276
버마 165, 174, 183, 184
번역명의翻譯名義 231
베네치아 23
베르땡Bertin 257, 260, 261, 268, 272, 273, 285, 301
베트남 58, 140
베틀 후추 66
벼룩 238
별부別賦 324
보들레이안 도서관 364
보르도 171, 203
보스턴 53
복건福建 139, 305
본포Bonpo 134
봉구蓬丘 71
봉래산蓬萊山 71
봉발로 30, 32
보輔 265
부다 가야 90, 93, 95, 97, 101
부상扶桑 41, 46, 56
부조 247, 263
북경 36, 53, 56, 293, 335, 350
북경 선교단 280, 282
북두칠성 206
북원록 165
북중국 130
불가리아 233
불가지론자 344
불경 91
불교 65, 244, 257, 288
불교론 348
불교문학 196

붉은 안료 100
부傅 265
브루자 201
비니 315
비당가 273
비마媲摩 189
비행 40

ㅅ
사각번호 337
사라그 321
사림광기事林廣記 23
사마천 46
사무엘 터너 382
사뮤크타가마 168
사바闍婆 115
사상충 127
사쓰마 방언 154
사우스 켄싱턴 박물관 219
사원辭源 319
사이드 후세인 377
사조국斯調國 280
사천왕 304
사할린Sakhalin 61
사형 집행 115
산스크리트어 87, 168, 250
산해경 59, 61
살전撒殿 104
삼보동三寶洞 104
삼사라 55
삼선산三仙山 71
삼자경三字經 317
삼재도회 71, 186
상교象敎 321, 327
상도上都 275

상미상相美像 43
상아 258
상인 152
상하이 319
상형문자 366
사四 265
생주生洲 71
샴발라 293
서경 53, 56
서돌궐西突厥 164
서안부西安府 95, 178, 340
서유기西遊記 84
서자기적西字奇跡 4
서투르키스탄 263
서하西夏 279
석가모니 327
석란산錫蘭山 106
석면 274
석탄石炭 33, 34
설당인귀전說唐仁貴傳 35
설부說郛 311
성년례 159
성배 157
성조 340
성지聖旨 174
세록탄 344
세르누치 박물관 257
소비蘇毗 296
소인국小人國 54
소화掃花 356
소흥계고록紹興稽古錄 356
송옥宋玉 325, 352
쇄복瑣服 68
쇼군 45
수레 310

수론파數論派 169
수마트라섬 136, 138, 142
수열 265
숙주肅州 257
순임금 366
순자荀子 311, 328, 344
쉐브닝겐 88
쉴링 폰 칸스타트 332
스탬프 93
스페인 327, 380
슬라브어 233
승지노僧祇奴 104
시경詩經 351
시계 292
시롤하 375
시베리아 97
시암 64, 150, 193, 195, 252, 352, 355, 356
시암어 144
식민정책 214, 216, 217, 222, 233, 235, 237
식용 백합 83
신녀부神女賦 325
신도神道 203
신장神將 79
신정新鄭 312
신조어 42
신주新州 250
신信 40
실록實錄 364
실론 106, 126
실뱅 샤리아 191
실크 무역 294
심라Simla 248
십자가 337
쌍계취은집雙溪醉隱集 34

ㅇ
아놀드 비씨에르 334
아담 91
아랍 258
아랍 문자 200
아랍어 178
아리아데바 315
아모이 340
아바시드 328
아벨 레무사 147
아시아 107
아시아 메이저 306
아쌈 165, 174, 183, 184
아우렐 슈타인 269
아이노 38, 46
아테네 253
아편 242
아히 235, 237, 239, 242, 244, 247
악성 농포 63
악수 304
안남 25, 100, 117, 149, 156, 159, 260, 289, 382
안다만 106
알타이어 73
암살자 64
앙굴렘 42
앙뜨완 베이릭스 360
앙리 마스페로 377
앰덴 289
야드린쵸프Yadrintzoff 26
야마카타 백작 75
야마토 마다시이 85
야마野馬 81
야율주耶律鑄 34
얌 333

양근梁懂 185
양도부兩都賦 324
양행洋行 152
어찬의종금감御纂醫宗金鑒 139
에냉Hennin 45
에도 249
에르케스 321
엘람 34
여강麗江 251
여건黎鞬 277
여국女國 46
여기태呂岐太 21
여와女媧 33, 34
여인국女人國 74
여진 66
여진-독일어 93
역경易經 85, 321
역병 238
역참驛站 333
연극 123
연기緣起 362
연자부鷰子賦 327, 329
연호 37
염소 63
영국 157, 198, 232, 256
영국-일본 조약 145, 180
영국-중국 조약 152
영주瀛州 71
예니세이 34
예수회 280, 282, 345
오도릭 드 포르데논 133, 268, 269, 295, 296,
301
오디세이 123, 124, 126
오람파烏藍婆 136
오로 리카 348

오룡강烏龍江 44
오르혼 97
오월 왕국 279
오일렌슈피겔-스리 타농사이 64
옥 257
온주溫州 304
올론 대장 201, 212, 214, 225
오吳 279
와인 269
완원阮元 172
왕국유王國維 328
왕망王莽 368
왕운오王雲五 337
왕현책王玄策 249
외도外道 315
외래어 음역법 123, 124, 126
요경릉遼慶陵 348
요약수 348
요전堯典 196, 198
요지遼志 367
용주龍州 51
요遼 306, 348
우공禹貢 176
우구즈 칸 334
우랄-알타이어 375, 376
우람분盂蘭盆 136
우상 숭배 368
우슈 304
우편 59, 243
운각韻脚 24
운남 21, 25, 49, 111, 113, 116, 118, 131,
180, 193, 201
울이국鬱夷國 63
웁살Upsal 345
원고국元股國 56

원나라 331
원사元史 377
원정 295
원조비사元朝秘史 255
월터 퍼시발 예츠 334
월越 279
위구르 196, 334
위구르어 266
위략魏略 180
위수魏收 348
윅Huc 신부 51, 317
위魏 308
유구국琉球國 73
유귀국流鬼國 55
유대인 292
유럽 106
유럽 스포츠 100
유럽 판화 292
유리 34
유모포폴로스 334
유불국柔佛國 111
유휘劉徽 292
육십갑자 261, 266, 363
육조六朝 305
윤문자尹文子 271
윤인 226, 237
유喩 344
은기隱起 312
음운론 355
음차 288
응아이Ngai 292
의년록疑年錄 321
의례儀禮 106
이드리시 191
이디쿳-샤흐리 317

이로하 195
이슬람교 165, 244, 345
이슬람 사원 178
이신貳臣 265
이아스콧 332
이야李冶 261
이역도지異域圖志 332
이용면李龍眠 195
이율 143
이홍장 85, 88
인과경因果經 325, 327
인구통계 247
인도 279
인도네시아 26
인도양 260, 268, 272, 274, 276, 277
인도 어휘 128
인도-유럽어 376
인도차이나 23, 43, 93, 147, 149, 157, 161,
            167, 174, 203, 214, 216, 217,
            219, 222, 230, 231, 233, 235,
            237, 312
인물화 359
일각돌고래 67, 258, 280
일곱 악마 68
일본 55, 64, 77, 103, 123, 142, 200, 244,
        249
일본 동화 361
일본어 216
일본어 사전 51, 54
일본-한국 조약 181
일본 협회 53
일식 351
임칙서林則徐 40

ㅈ

자나하리 183
자바 157
자이툰Zaitun 25
자일스 99
장로 91
장모長毛 99, 102
장인국長人國 55
장주漳州 25, 79, 85
장지동張之洞 159
전고 107
전당강錢塘江 305
전례 논쟁 313
전손典遜 111
전염병 57
전한서前漢書 365
전한前漢 359, 361
전傳 265
절강 304
절기 131
점술 25
정기의丁機宜 108
정명正名 187, 312
정치 가요 114
정화鄭和 352, 355
제7 고등학교 145
제곱근 270
제과 62
제르빌롱 189
제齊 325
조류 사육 374
조르주 부이라르 338
조맹부趙孟頫 174
조여괄趙汝适 73
조주祖洲 71

조지 보글 382
종이 21, 208
좌전左傳 43, 79, 377
좌화坐化 106
주가견朱家犍 271
주나라 313, 346
주례 59, 61
주사어보硃砂魚譜 380
주사朱砂 317
주화 107, 112
죽면粥面 24
죽음의 신 367
줄라사카라즈 193
중계원 368
중국 64, 77, 106, 111, 113, 118, 136, 137,
    139, 143, 147, 156, 157, 207, 244,
    253, 258, 259, 274, 279, 283, 293,
    294, 308, 310, 311
중국 고문 324
중국 극서 217, 219, 222
중국 문헌사 76, 78, 87, 89
중국 뮤지컬 361
중국-미국 319, 321
중국 민간 문학사 340
중국 변경 지역 373
중국-아메리카 315
중국어 79, 90, 93, 95, 97, 99, 101, 103, 114,
    123, 124, 126, 128, 147, 224, 272,
    275, 298, 310, 327, 337, 340, 349
중국 여행 198, 200
중국 연구 156, 159, 161
중국의 개 376
중국의 바다 원정 366
중국인 277, 328, 345, 371
중국 창세 신화 340

중국 탐사 214
중국학 연구 356
중국 항해 364
중국 해관 150, 189
중산中山 244
중앙아시아 30, 32, 100, 198, 256, 271, 283,
　　　　294, 329
중용中庸 281
중일조약 183
지나굽타 179
지우 비엔 밍 340
지진계 308
지폐 360
진강부鎭江府 277, 279
진묘陳昴 335
진부음秦婦吟 319, 324
진앙陳昂 335
진정陳鼎 180
진화제鎭火祭 203
지之 372
쭐랄롱꼰 149
쯔다디 206

ㅊ
차 131
차문화 126
차용어 273, 281
참파 226, 228, 230, 231, 233, 235, 238,
　　　239, 242, 243, 256
창터우 112
천문학 198, 215, 217, 228, 231, 233, 240,
　　　259, 271, 293, 300, 329
천방자모해의天方字母解義 199
천부하범조서 115
천자문 265, 317, 318

천주 244
천천千泉 332
천하노정天下路程 32
철로 81, 147
첨籤 100
청구국靑丘國 56
청동 37
청동기 312, 334
청동북銅鼓 23, 164
청동 불상 319
청문감淸文鑒 75, 77, 83, 95, 108, 116, 134
청사고淸史稿 368
초나라 331
초머 348
총기 145
총독 149
추근秋瑾 256
춘추 43, 53
취안저우 79, 85
치아 물들이기 149
칙서 317
침 266

ㅋ
카니슈카 왕 249
카라 발가순 32
카스 75
카케모노 247
카펫 214
칼무크 256
칼야남카라 266
칼야남카라라 270
칼파 327
캄보디아 349, 352, 380
케렉수르 375

케바오Kébao 136
케임브리지 368
케임브리지 웨이드 컬렉션 332
코걸이Anneaux nasaux 43, 44, 178
코운붐 58
코친차이나 85, 171, 189, 191, 198, 203
코코-다브타르 333
코킨와카슈古今和歌集 33, 44
코펜하겐 208
콩빵 62
퇼 타긴Köl Tägin 83
쿄토 테이코쿠 다이가쿠 분가쿠 308
쿠릴 43
쿠차 268, 304
쿰단 321
퀴브슈리-퀴브시르 375
퀴브치우르-퀴브쉬르 375
퀼테긴 249
큐베브 273
크리스마스-트리 38
크리스티아나Christiania 8
키우에 테긴 34
킨사이杭州 68, 316, 360

ㅌ

타림 376
타이빈 58
타이어 40
타이Tây 193
타직 100
타화국墮和國 113
탁발위 355
탁발拓跋 382
탄-이옥-보 21
탄호아 187

탈사脫沙 312
탕그림 376
태국 93, 219
태평천국 68, 150, 154
태풍 90
터키석 263
톈진 53
토마스 프랜시스 웨이드Thomas Francis Wade 4
토욕혼土谷渾 296
토지소유권 26
토하라어 273, 356
토하라 A어 273
토하라 B어 268
통계 371
통지通志 131
통킹 21, 25, 41, 51, 131, 140, 147, 193, 260
투델 308
투루판 216, 304
투르키스탄 193, 214, 331
튀르크 비문 105
튀르크어 87, 269, 332, 375
특근特勤 83
특륵特勒 83
티베트 134, 206, 212, 238, 244, 256, 261,
        264, 268, 272, 275, 317, 348, 355,
        362, 367, 382
티베트 문자 56
티베트-버마어 356, 362
티베트어 281, 337, 363

ㅍ

파드마삼바바 201
파라마르타 168, 172
파리 85, 117
파순波旬 348

파이巴夷 40, 66
파자破字 25
파팜카라 266, 270
파페 226, 237
파포八百 40
파피얀 348
파황국婆皇國 111
판자 직조 253
판화 360
팔八 363
팽갱국彭坑國 111
팽형국彭亨國 111
퍼거슨 박사 359
페구 310
페로 피달고 44
페르비스트 신부 305
페르시아 97
페르시아어 178, 317
펠리오 컬렉션 262
포도밭 110
포도주 315
포르모사 83, 103
포르투갈 42, 44, 242, 380
표의문자 355, 368
푸젠 59, 79, 85
푸투Pootoo 78
프란체스코 364
프랑스 157, 159, 189, 195, 214, 216, 217,
      222, 233, 235, 237, 249, 265
프러시안 회사 289
프린스턴 368
플라타 리카 348

ㅎ
하고로모羽衣 361

하나라 360
하남河南 157
하노이 138, 140, 152, 154
하야시 컬렉션 146
하어廈語 340
한국 37, 46, 81, 103, 109, 253
한국 문자 50
한국 종교 128
한나라 259, 329, 371, 380
한나라 고조高祖 353
한나라 연표 99
한범집요漢梵集要 87, 95
한센병 139
한어 97
한어 병음漢語拼音 5
한언직韓彦直 304
함명국含明國 64
함부르크 152
항원변項元汴 353, 359
항주杭州 243, 275
항해도 374
항해음초航海吟草 123, 124, 126
항해하는 수레 372
해구海口 201
해남海南 187
해도 380
해도산경海島算經 292
허버트 알렌 자일스Herbert Allen Giles(1845~
      1935) 5
헤엄치는 소 359
헬레니즘 민간 전설 274
혁명 131
현장玄奘 296, 332
형벌 133
호구조사 276

『통보』60년의
여정

초판인쇄 2024년 9월 30일
초판발행 2024년 9월 30일

지은이 박세욱 · 이연주
펴낸이 채종준
펴낸곳 한국학술정보(주)
주 소 경기도 파주시 회동길 230(문발동)
전 화 031-908-3181(대표)
팩 스 031-908-3189
홈페이지 http://ebook.kstudy.com
E-mail 출판사업부 publish@kstudy.com
등 록 제일산-115호(2000. 6. 19)

ISBN   979-11-7217-551-1 93300